Rückenwind vom Universum

SARAH PROUT

RÜCKENWIND VOM UNIVERSUM

So nutzt du die erstaunliche Kraft
deiner Gedanken

200 Mini-Meditationen,
um negative Gefühle in liebevolle zu verwandeln

Aus dem Amerikanischen übertragen von
Diane von Weltzien

Ansata

Die Originalausgabe erschien 2019 unter dem Titel »Dear Universe«
bei Houghton Mifflin Harcourt Publishing Company Inc., Boston (USA)

Die Verlagsgruppe Random House weist ausdrücklich darauf hin,
dass im Text enthaltene externe Links vom Verlag nur bis zum Zeitpunkt der
Buchveröffentlichung eingesehen werden konnten. Auf spätere Veränderungen hat der Verlag
keinerlei Einfluss. Eine Haftung des Verlags für externe Links ist stets ausgeschlossen.

Verlagsgruppe Random House FSC® N001967

Erste Auflage 2019
Copyright © 2019 by Sarah Prout
Illustrations Copyright © 2019 by
Houghton Mifflin Harcourt Publishing Company
Originally published in 2019 by Houghton Mifflin Harcourt
Publishing Company Inc., Boston (USA)
Copyright © der deutschsprachigen Ausgabe 2019 by Ansata Verlag,
München, in der Verlagsgruppe Random House GmbH,
Neumarkter Straße 28, 81673 München
Alle Rechte sind vorbehalten. Printed in the Czech Republic.
Redaktion: Dr. Ulrike Strerath-Bolz
Umschlaggestaltung: Guter Punkt, München,
unter Verwendung des Originalcovers (Cover design: Allison Chi)
und Fuzler/Adobestock (Stern)
Satz: Satzwerk Huber, Germering
Druck und Bindung: Těšínská Tiskárna, a. s., Český Těšín
ISBN 978-3-7787-7551-6

www.ansata-verlag.de
www.facebook.com/Integral.Lotos.Ansata

Für die Liebe meines Lebens:
SEAN PATRICK SIMPSON

Inhalt

9	**TEIL EINS** WIE MEINE ZWIESPRACHE MIT DEM UNIVERSUM BEGANN	419	**TEIL VIER** DIE DYNAMIK DER INSPIRATION AUFRECHTERHALTEN
11	Die ersten Ahnungen	420	Die zehn Grundelemente der Manifestation
14	Liebe statt Angst		
16	Die heilige Einladung annehmen	426	Die Essenz der Visualisierung entfachen
19	Einssein finden	428	Wie man eine Traumcollage anfertigt
20	Von einem Gebet leben		
21	Alles ist Energie	430	Ihren geheiligten Raum entwerfen
23	Der göttliche Plan		
		432	Tägliche Rituale als Bindeglied
27	**TEIL ZWEI** 100 MEDITATIONEN GEGEN DIE ANGST	433	»Universelle Augenblicke« mit anderen teilen
221	**TEIL DREI** 100 MEDITATIONEN FÜR DIE LIEBE	434	Dank
		437	Hilfsmittel

Teil eins

WIE MEINE ZWIESPRACHE MIT DEM UNIVERSUM BEGANN

»Intuition ist eine spirituelle Fähigkeit, die nichts erklärt, sondern einfach *den Weg weist.*«

FLORENCE SCOVEL SHINN

DIE ERSTEN AHNUNGEN

Ich spürte es intuitiv, als der Moment zum Aufbruch gekommen war. Es war der 31. Dezember 2008. Ich war gerade neunundzwanzig Jahre alt geworden, und es war eine weitere träge, enttäuschende Neujahrsnacht. Meine Kinder schliefen, mein Mann und ich sahen zur Feier des Tages einen Film. Max lümmelte in seinem Fernsehsessel, den seine Eltern ihm zum vierzigsten Geburtstag geschenkt hatten. Ich saß auf dem roten Kunstsamtsofa auf der anderen Seite des Zimmers. Dass jeder sich in seiner Ecke aufhielt, war häufig am sichersten.

Der Film war ziemlich schlecht. Ich kann mich nicht einmal mehr an den Titel erinnern. Ich weiß nur, dass mein Mann mir die Schuld dafür gab und wütend wurde, weil er sich langweilte. Es brauchte nicht viel, um seinen Zorn zu wecken. In zehn Jahren Ehe hatten wir nicht gelernt, als Paar zu leben und den anderen spüren zu lassen, dass er angenommen und geliebt wird. Gelegentlich, wenn ich mich auflehnte und für meine Bedürfnisse eintrat, kam es zu einer gewaltsamen Eskalation. Beim ersten Mal war ich im vierten Monat schwanger mit meinem Sohn. Ich wurde im Badezimmer gegen einen Handtuchhalter gedrängt. Ich spürte das kalte Metall an meiner Wirbelsäule, während ich versuchte, meinen Bauch vor dem Schlag der geballten Faust zu schützen.

In den Jahren zwischen zwanzig und dreißig schämte ich mich sehr für die Gewalt in unserer Beziehung und fühlte mich allein und isoliert. Doch ich blieb, weil ich hoffte, Max würde sich ändern. Max (das ist natürlich nicht sein richtiger Name) versprach mir nach unseren erbitterten und hitzigen Auseinandersetzungen immer wieder, er würde sich »bessern«. Doch die Kräfteverteilung zwischen uns wechselte manchmal rascher als die Wetterfronten in Melbourne/Australien, wo wir damals lebten. Es heißt, in Melbourne gäbe es vier Jahreszeiten an einem

Tag, und das ist auch die exakte Beschreibung meiner Ehe mit Max. Ich besaß Macht, solange er wegen seiner gewalttätigen Übergriffe ein schlechtes Gewissen hatte, und er hatte umgekehrt die Oberhand, wenn er zuschlug. Mein Leben war ein giftiger Kreislauf aus Vergeben und Vergessen. Ich fühlte mich wie in einem Labyrinth gefangen. Wir waren beide unfähig, unsere Gefühle unter Kontrolle zu halten und unsere Energien zu lenken.

Diese besondere Neujahrsnacht entfachte nicht nur meine Wut, sondern den Wunsch, wirklich etwas zu verändern. Nachdem Max schlecht gelaunt ins Bett gegangen war, zog ich meinen flauschigen weißen Bademantel an. Ich steckte mir meinen iPod in die Tasche und ging hinaus in den Garten, um das Feuerwerk anzusehen, denn Mitternacht stand kurz bevor.

Ich erinnere mich daran, dass ich fror, als ich mich am Hintereingang mit Blick auf den Kumquatbaum auf die kalten Stufen setzte. Ich hört Leute in der Nähe lachen und Sektkorken knallen. Es wurde laute Musik gespielt, und die ersten vereinzelten Raketen zeigten sich am Nachthimmel. Ich fühlte mich entsetzlich allein, isoliert, ungesehen und ungeliebt.

Ich steckte mir die Kopfhörer in die Ohren, um irgendwelche klassische Musik anzuhören. Als der Jahreswechsel kam, hörte ich, wie die Leute den Countdown zählten. Ich fing an, zu weinen. Brennende Tränen liefen mir die Wangen hinunter. Genau in diesem Augenblick spürte ich plötzlich eine ernüchternde Klarheit in meinem Herzen, als hätte ich aus Versehen einen Eiswürfel hinuntergeschluckt. Ich blickte zum Himmel hinauf und flehte das Universum an:

Liebes Universum,

bitte befrei mich von diesem Schmerz.
Ich möchte mich nie mehr so einsam fühlen.
Hilf mir, mein Leben zu verändern. Hilf mir, von hier wegzukommen. Schick mir eine inspirierende Idee.

Zu diesem Zeitpunkt in meinem Leben hatte ich kein Geld, sehr wenig Selbstvertrauen und auch nicht die geringste Vorstellung, wie ich meine seit zehn Jahren andauernde Ehe mit zwei kleinen Kindern verlassen und von vorne anfangen könnte. Mir war überhaupt nicht klar, dass dieser schmerzhafte Augenblick der mächtige Katalysator war, der mir half, meine Sehnsucht nach Veränderung in die Tat umzusetzen. Tatsächlich zwingt uns ein unerträglich großer Schmerz manchmal, uns einen Schlachtplan auszudenken. Doch es ist nie leicht fortzugehen. Im Durchschnitt braucht ein Mensch, der unglücklich in einer missbräuchlichen Beziehung gefangen ist, sieben Anläufe, um den Absprung endgültig zu schaffen. Jeder Versuch, sich aus der Situation zu retten, ist der Anfang einer äußerst unsicheren und ungewissen Zeit.

Ich brauchte sogar neun Anläufe. Als ich schließlich den Mut aufbrachte, Max zu verlassen, tat ich es mit mehr als dreißigtausend Dollar Schulden, zwei Koffern und einem Herzen randvoll mit Hoffnung auf eine bessere Zukunft. Doch ich versichere Ihnen, es war eine Herausforderung! Es gab Tage, an denen ich nicht wusste, womit ich meine Kinder satt bekommen sollte, denn die Sozialhilfe ermöglichte uns nur ein Leben unterhalb der Armutsgrenze. Doch meine neue Freiheit fühlte sich so unglaublich gut an! Zum ersten Mal in meinem Leben als Erwachsene spürte ich so etwas wie Frieden.

Wenn man mir damals gesagt hätte, dass ich zehn Jahre später zusammen mit meinem Seelengefährten, vier Kindern und drei Hunden in Las Vegas leben und ein millionenschweres Unternehmen leiten würde, das Menschen weltweit hilft, ihre Träume zu verwirklichen, dann hätte ich das gewiss nicht geglaubt.

Das ist das Faszinierende an unserem Leben: dass der Schmerz zu einem Tor werden kann, wenn man bereit ist, sich auf die Energie des Universums einzulassen, und wenn man sich an die eigene Macht erinnert, das erträumte Leben zu manifestieren.

LIEBE STATT ANGST

Wir sind fühlende Wesen. Das heißt, wir sind so veranlagt, dass wir Dinge emotional erfassen. Wenn in unserem Leben Veränderungen unausweichlich werden, müssen wir auf der Basis unserer Gefühle handeln. Mehr noch: Unsere Motivation zum Handeln beruht meistens, eigentlich immer, auf unserem Bauchgefühl oder auf unserer Intuition oder zumindest auf unserem Einsichtsvermögen, das uns zu Schlussfolgerungen und zu entsprechendem Handeln veranlasst. Außerdem neigen wir dazu, die Dinge auf der Grundlage unserer eigenen Lebenserfahrung mit Sinn zu erfüllen. Ob wir dabei unser Leben durch eine rosarote Brille betrachten oder unser Glas grundsätzlich immer als halbleer wahrnehmen, ändert nichts an den eigentlichen Zusammenhängen.

Letztendlich sind wir der Kanal für die Verwirklichung unserer Emotionen, gleichgültig, ob wir sie als Gefühle, Intuition, Empathie, Selbstwerdung oder Bewusstheit bezeichnen. Es gibt Hunderte unterschiedlicher Arten von Emotionen und Gefühlen. Und es gibt Hunderte von Bezeichnungen für sie in Wechselwirkung mit allen nur denkbaren Ereignissen, die sich in unserem Leben entfalten. Das Spektrum umfasst alles, angefangen bei euphorisch bis hin zu vernichtet. Doch letztendlich läuft alles auf die Wahl hinaus, die uns in jedem einzelnen Augenblick offensteht: uns entweder einer Geisteshaltung der Isolation und Abtrennung zu überlassen (die auf Angst beruht) oder zu einer Geisteshaltung der Einheit und Gemeinsamkeit zu finden (die auf Liebe fußt). Oder noch einfacher ausgedrückt: Entweder Sie erinnern sich daran, dass es in Ihrer Macht liegt, Ihre Emotionen zu lenken und unmittelbar eine neue Wirklichkeit zu manifestieren. Oder Sie verharren in Ihrem Vergessen und überlassen sich weiterhin der permanenten Angst. Diese Angst schneidet Sie ab von Ihrem unendlichen Potenzial. Man könnte diesen Zustand mit einer abgerissenen Internetverbindung vergleichen. Die Verbindung ist unterbrochen, doch Sie werden wieder und wieder dazu eingeladen, sich der Party von Neuem anzuschließen. Es ist ein endloser Tanz.

Dabei ist es wichtig, uns zu vergegenwärtigen, dass wir nicht immer nur Liebe wählen. Das ist unmöglich, denn auch Angst und negative Haltungen können dem

Zweck dienen, Sie zum Wachstum und Lernen zu veranlassen. Die emotionale Arbeit mit den weniger schönen Zeiten im eigenen Leben ist ein viel zu selten genutztes menschliches Superpotenzial. Könnten wir uns doch nur daran erinnern, dass wir fähig sind, diese Energie zu lenken, und könnten wir doch nur darauf vertrauen, dass sie ein Teil des Plans ist, um letztlich eine wunderschöne Geschichte entstehen zu lassen! Dann würden wir die vorübergehenden Tiefpunkte unseres Lebens nicht mehr als so schwierig empfinden.

Bei jeder spirituellen Reise geht es letztlich ums Erinnern und Vergessen.

Die Erkenntnis dieser Zusammenhänge verdanke ich meiner geliebten Seelenschwester Dallyce. Sie hat mir klar gemacht, dass es vollkommen in Ordnung ist, gelegentlich das eine oder andere zu vergessen, solange wir uns daran erinnern, dass *alles* ein unabdingbarer Teil des großen Gesamtbildes und des Prozesses ist. Manchmal kommt es zu langen Phasen des »Erinnerns«, und dann folgen wieder Zeiten des »Vergessens«. Dallyces einzigartige Philosophie besagt, dass alles »okay« ist, ganz egal, was gerade dran ist.

Wir müssen uns daran erinnern, dass wir das Universum sind und dass wir unser Leben als Macher führen und nicht als Opfer erdulden sollen.

Die drei wichtigsten Anweisungen dieses Buches lauten:

1. Wachsen Sie hinaus über die *Angst*.
2. Machen Sie sich die *Liebe* zu eigen.
3. Erinnern Sie sich an Ihre *Kraft*.

Das gelingt Ihnen, indem Sie innige Zwiesprache mit dem Universum halten, doch zunächst müssen Sie Ihre eigene heilige Einladung annehmen. Sind Sie dazu bereit?

DIE HEILIGE EINLADUNG ANNEHMEN

Stellen Sie sich vor, dass ein Umschlag mit aufgeprägter goldener Schrift in Ihrem Briefkasten gelandet ist. Die verschlungenen goldenen floralen Muster wirken wie aus einer anderen Welt, und Sie fühlen sich sofort von ihnen angesprochen. Sie lösen das Siegel auf der Rückseite des Umschlags und finden im Inneren die Karte, die für Sie gedacht ist. Ihr Text lautet:

> Vielen Dank, dass du hier bist. Dies ist deine heilige Einladung zu deiner Reise der Manifestation. In dir wohnt die Weisheit, die es dir gestattet, dich an unsere beseelte Einheit im Reich außerhalb von Zeit und Raum zu erinnern. Nimm meine Unterstützung in Anspruch, wann immer du dich dazu inspiriert fühlst, deiner Energie eine Richtung zu geben. Damit bekräftigst du unseren Bund und erinnerst dich an deine Macht, mit der du deine eigene Wirklichkeit erschaffen kannst. Bediene dich der nachfolgenden Meditationen, um dich für die Manifestation deiner Wünsche mit dieser überbewussten Energie zu verbinden. So bereicherst du dein Leben und setzt die magische Essenz grenzenloser Möglichkeiten in dir frei. Dir steht eine wilde und aufregende Zeit bevor!
> Sei ruhig und wisse, dass ich hier bin und dass ich du bin.
> Das Universum

Die meisten Menschen suchen nur in krisenhaften Zeiten den Kontakt mit dem Universum oder mit Gott, so wie ich es vor langer Zeit in jener Neujahrsnacht getan habe. Sie versuchen, eine höhere Macht anzurufen, damit sich ein Wunder in ihrer Wirklichkeit manifestiert. Das, was ich gerne als einen »universellen Augenblick« bezeichne, ereignet sich für gewöhnlich dann, wenn man sich an einem Scheideweg oder vielleicht auf dem Tiefpunkt wiederfindet. Oder es geschieht, wenn man auf einer Welle der Unsicherheit reitet, die uns scheinbar nur die Möglichkeit lässt, uns dem zu ergeben, was ist, im Augenblick zu leben und auf das

Beste zu hoffen. Meistens bewirkt Angst in uns den Wunsch, Unterstützung und göttliche Führung zu suchen. Möglicherweise wird bei Ihnen dieses heilige Zwiegespräch ausgelöst, sobald Sie meinen, alle Optionen aufgebraucht zu haben. Oder es ergibt sich, wenn Sie sich mit jeder Faser ein glückliches Ende wünschen, eine Verwandlung, die Ihre Emotionen stabilisiert.

Ein Beispiel:

> Liebes Universum, ich brauche ein Wunder. Am besten jetzt gleich. Oder noch besser, gestern! Wenn du meinen Wunsch erfüllst, verspreche ich, von heute an ein besserer Mensch zu sein.

Wir mühen uns ab, um mit einer Macht außerhalb von uns selbst einen Handel einzufädeln. Doch kann sich die ersehnte Veränderung nur dann sofort manifestieren, wenn wir die Verbindung mit dieser Macht in unserem Inneren in Gang setzen. Solche Augenblicke erleben Menschen unabhängig von ihren religiösen Glaubensvorstellungen, Praktiken, Lehren und Dogmen. Finden wir die Macht in uns, dann vermag sie Hautfarbe, Geschlecht und politische Überzeugungen zu transzendieren, und sie gewährt Ihnen den Blick auf das Leben durch eine alles verschmelzende Linse. Da ich mich vor meinem eigenen mein Leben verändernden »universellen Augenblick« viele Jahre lang mit Meditation beschäftigt habe, bin ich der Meinung, dass es vor allem um Ehrfurcht geht. Sie ist der rote Faden, der uns alle miteinander verbindet, ganz egal, ob wir Kirchen, Tempel, Moscheen, Gurdwaras oder Synagogen aufsuchen. Es geht darum, sich bewusst mit der Macht des Überbewussten zu vereinigen und sich daran zu erinnern, wo wir unseren Ursprung haben: in der göttlichen Essenz unbegrenzter Möglichkeiten. Ob Sie sie nun als Gott, das Göttliche, Allah, Jahwe, Buddha, Quellenkraft, *die* Kraft oder das Universum* bezeichnen, die lebendige Energie hinter allem ist immer die gleiche. Sie ist allmächtig, allgegenwärtig, unaufhörlich, formlos, alles durchdringend und zugleich die bedingungslose liebende Schwingung all dessen, was ist und was

---

* *Es gibt viele Namen und Bezeichnungen für dieses höchste Bewusstsein. Um der Einheitlichkeit willen bezeichne ich sie in diesem Buch durchgehend als »das Universum«.*

jemals sein wird. Auch Sie selbst und Ihre Reise, die Ihre Seele bisher zurückgelegt hat, um Sie an den Punkt zu führen, an dem Sie sich heute befinden, sind diese lebendige Energie. Und genau deshalb ist es so wichtig, dass Sie aus Ihrem Kopf heraustreten und in Ihr Herz gelangen, um sich für dieses gewaltige Potenzial zu öffnen. Es ist die gleiche Kraft, die auch die Sterne am Himmel und das Wasser im Ozean hält.

EINSSEIN FINDEN

Denken Sie einen Moment lang darüber nach: Wir alle bestehen aus dem gleichen Sternenstaub, aus dem auch die Galaxien zusammengesetzt sind. Die zahllosen unerklärlichen Phänomene im Leben zwingen uns förmlich, an die Existenz eines größeren Zusammenhangs zu glauben. Vorahnungen, Nahtoderfahrungen, Erinnerungen an frühere Leben, geisterhafte Erscheinungen, Begegnungen mit Engeln, Wunderheilungen, Zwillingsflammenvereinigungen, merkwürdige Zufälle und die Frage, warum Pandababys so unglaublich süß aussehen, sprechen dafür. Die einfache Erklärung für diese Merkwürdigkeiten lautet, dass Makrokosmos und Mikrokosmos einander gleichen. Das heißt, alles im Leben ist Teil des großen Ganzen, des Universums. Und Sie sind es ganz besonders.

Im Leben geschehen so viele Dinge, die eine geheimnisvolle Bedeutung zu haben scheinen, dass sie alle letztlich auf Ganzsein und Einssein verweisen. Selbst dem größten Skeptiker ist es kaum möglich, einige der Geheimnisse des Lebens in Zahlen auszudrücken. Wie zum Beispiel lässt sich die Wahrscheinlichkeit beziffern – und das ist bereits das größte Geheimnis –, dass wir als Mensch geboren werden? Die Chancen, in der »Menschwerdungslotterie« zu gewinnen, stehen angeblich bei eins zu vierhundert Billionen! Diese Erkenntnis allein macht uns alle zu Gewinnern und letztlich zu mächtigen Schöpfern. Sie sollten das kostbare Wesen Ihrer Inkarnation zu schätzen wissen und zutiefst würdigen. Wir alle sind Bestandteile eines viel größeren Gesamtzusammenhangs, als wir uns erinnern oder bewusst machen. Deshalb ist es so verblüffend, wie leicht wir manchmal den göttlichen Plan aus dem Blick verlieren, wenn uns das Leben in unerwartete Situationen wirft.

VON EINEM GEBET LEBEN

Die »universellen Augenblicke« und ihre Manifestationen treten in zahlreichen Maskierungen und in Wiederholungen auf. Sie sind die Essenz dessen, was unser Sein definiert. Aufgrund der unterschiedlichen Zeiten und Bewusstseinsschichten, die sich im Verlauf der Reise offenbaren, kommen sie in allen nur denkbaren Lebenserfahrungen vor. Mütter erleben sie, wenn sie in atemloser Spannung bei der ersten Ultraschalluntersuchung den Herzschlag ihres Babys hören. Der Ehemann erlebt sie, wenn er betet, dass seine Frau nach einem schrecklichen Unfall aus dem Koma aufwachen möge. Der Umweltaktivist, der sich leidenschaftlich für Veränderung einsetzt, weil es fünf vor zwölf ist. Der kranke Lehrer, der voller Sorge auf das Ergebnis einer Biopsie wartet. Die alleinerziehende Mutter, die sich von ganzem Herzen wünscht, ihre Söhne mögen nicht abrutschen. Das Leben ist voller Überraschungen und wird es immer sein. Sie wissen nicht, wann sich Ihre Seele aufgefordert fühlt, aufzustehen und in einem »universellen Augenblick« ein Wunder oder ein Tor zur Wiedervereinigung herbeizurufen.

Ob man nun beim leidenschaftlichen Sex oder beim Wechseln einer stinkigen Windel Gott anruft: Alle Momente sind Ausdruck von Seelenverwandtschaft. Sie sind ein Ruf nach Unterstützung und Gemeinschaft, ein Ausdruck von Authentizität und tiefem Respekt für die Verbindung mit dem Göttlichen in unserem Inneren.

Tiefenmeditation bereitet den Weg für Veränderung, indem sie es ermöglicht, die ganze emotionale Bandbreite der Verbindung mit dem Universum zu spüren.

Um Bon Jovi zu zitieren:

»Whoa, we're halfway there. Whoa, livin' on a prayer.«

Doch was geschähe, wenn wir die Macht des Gebets jenseits von Krisenbewältigung, körperlichen und emotionalen Ausnahmezuständen oder Notfällen einsetzten? Was würde passieren, wenn wir uns täglich und ganz bewusst an das Universum anschlössen, um gemeinsam mit ihm ein unglaubliches Leben des Wohlergehens, der Freude, des Friedens, der Liebe und der Fülle auszuhecken und zu erschaffen?

ALLES IST ENERGIE

Menschen erinnern sich einfach nicht an die Macht, die Ihnen für die Erschaffung ihrer eigenen Wirklichkeit und für die Lenkung ihres Energieverbrauchs zur Verfügung steht. Das ist einer der Gründe dafür, dass sie sich bewusst nur in Zeiten der Not dem Universum zuwenden. Gelegentlich erleiden wir eine Art »spirituellen Gedächtnisverlust« und vergessen, dass wir zur einzigartigen Infrastruktur des Einsseins gehören und dass wir jederzeit uneingeschränkten Zugang zu unendlicher Weisheit haben. Wenn wir uns nur auf sie einlassen, sie anzapfen und unseren Zugriff auf die Supermacht vervollkommnen, den wir alle von Haus aus haben.

Wir sind hier, um uns daran zu erinnern, dass alles Energie ist und dass wir alle miteinander verbunden sind. Es geht nicht darum, uns bloß irgendwie die Zeit zu vertreiben, auf der Stelle zu treten und uns schließlich wieder von diesem irdischen Wirrwarr zu verabschieden. Erst kürzlich wurden mir diese Zusammenhänge durch einen Klassiker von Ursula Gestefeld, einer Schriftstellerin der Neugeist-Bewegung, ins Gedächtnis gerufen. Sie schreibt: »Manifestation ist der Sinn der Existenz.«

Das ist tatsächlich eine entscheidende Wahrheit, denn als Menschen sind wir abhängig davon, dass die Dinge in unserer Wirklichkeit erscheinen, die wir zum Überleben und Gedeihen brauchen und mit denen wir uns normal fühlen können. Wir müssen ein Dach über dem Kopf, Nahrung zum Essen, Wasser zum Trinken und Menschen zum Lieben manifestieren. Diese Notwendigkeiten sind die Produkte von Intention, inspiriertem Handeln, Manifestation und letztendlich dem Erinnern daran, dass das Universum den Laden im Hintergrund schmeißt. Wir verfügen über die unglaubliche Fähigkeit, Dinge, Menschen, Orte und Erfahrungen anzuziehen und in unser Leben zu holen. Falls Sie mit dieser Vorstellung bisher noch nicht in Berührung gekommen sind, dann kann sich das eben Gelesene für Sie abgedreht oder verrückt anhören. Doch tatsächlich handelt es sich hier nur um das Gesetz der Anziehung, ein universelles Gesetz, das besagt, dass gleiche Energie gleiche Energie anzieht oder, anders ausgedrückt: Gleich und Gleich gesellt sich gern.

Wenn man einen beliebigen Gegenstand oder Stoff unter ein ausreichend starkes Mikroskop legt, dann sieht man, dass die Teilchen dieses Gegenstands oder Stoffes sich in beständiger Bewegung befinden. Protonen, Neutronen und Elektronen, die Bausteine der Materie, sind vibrierende potenzielle Energie. Ob es sich um einen Felsen handelt, einen Mehlkloß, ein Stück Rosenquarz, eine silberne Gabel, eine Barbiepuppe aus den Achtzigern, den Klang eines Lachens oder um einen Regenbogen, alles hat, alles ist Energie. Menschen bilden da keine Ausnahme. Jeder von uns schwingt und oszilliert in einer bestimmten Frequenz. Gedanken und insbesondere unsere Gefühle erschaffen unsere Wirklichkeit, basierend auf unserer Schwingung. Im Verlauf des Buches werden Sie noch mehr über diese Zusammenhänge erfahren, vor allem darüber, wie Sie Ihre Energie in einer bestimmten Gefühlslage lenken können. Außerdem will ich Sie an einigen persönlichen Geschichten und Einsichten aus meinem Leben und meiner Arbeit teilhaben lassen.

Seit mehr als zehn Jahren helfe ich Menschen überall auf der Welt, ihre Wünsche zu manifestieren, indem ich eine ständige heilige Zwiesprache zwischen ihnen und dem Universum in Gang bringe. Ich berichte Ihnen von meinen Erfahrungen in der Hoffnung, Sie damit in Ihrem Herzen zu berühren und Ihnen einen Dienst zu erweisen.

DER GÖTTLICHE PLAN

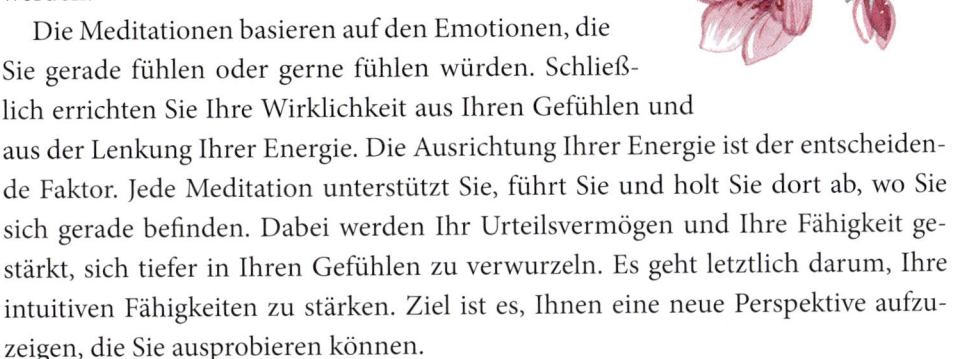

Dieses Buch ähnelt einem Abenteuerspielbuch aus den Achtzigern. Blättern Sie nach Belieben darin herum und lesen Sie die Meditationen in der Reihenfolge, die Ihnen am besten geeignet erscheint. Vertrauen Sie darauf, dass Sie zum rechten Zeitpunkt in die passende Richtung geführt werden.

Die Meditationen basieren auf den Emotionen, die Sie gerade fühlen oder gerne fühlen würden. Schließlich errichten Sie Ihre Wirklichkeit aus Ihren Gefühlen und aus der Lenkung Ihrer Energie. Die Ausrichtung Ihrer Energie ist der entscheidende Faktor. Jede Meditation unterstützt Sie, führt Sie und holt Sie dort ab, wo Sie sich gerade befinden. Dabei werden Ihr Urteilsvermögen und Ihre Fähigkeit gestärkt, sich tiefer in Ihren Gefühlen zu verwurzeln. Es geht letztlich darum, Ihre intuitiven Fähigkeiten zu stärken. Ziel ist es, Ihnen eine neue Perspektive aufzuzeigen, die Sie ausprobieren können.

Sobald Sie erst einmal anfangen, spielerisch mit der Energie des Universums umzugehen, werden Sie erleben, wie sich umwerfende, magische und einzigartige Wunder in Ihrem Leben ergeben und in Ihrem Alltag manifestieren.

In den beiden nachfolgenden Teilen des Buchs wird eine große Bandbreite von Themen abgedeckt. Der erste Teil, »100 Meditationen gegen die Angst«, unterstützt Sie in Zeiten, in denen Sie Aufmunterung brauchen. Der zweite Teil, »100 Meditationen für die Liebe«, hilft Ihnen, sich in dem Schwung zu verankern, den Sie zur Manifestierung Ihrer Träume aufbauen, und ihn zu würdigen. Er ist ein Aufruf, der Sie zur Liebe und zu neuen Möglichkeiten führen soll.

Aufgeführt werden die Top 100 der angstbasierten Gefühle, gefolgt von den Top 100 der Gefühle, die auf Liebe beruhen. Lesen und empfangen Sie jede Meditation für die entsprechende Emotion, damit Sie sie entweder hinter sich lassen oder sie als Essenz der Energie feiern können, die Sie verstärkt erleben möchten.

Bitte beachten Sie: Sie brauchen Mut, um sich selbst klar zu sehen. Ihre Hingabe an Ihre Verwandlung wird Ihnen die Kraft geben, um über Ihre gegenwärtige Situation hinaus auf den Gesamtzusammenhang zu blicken. Ich biete Ihnen verschiedene Übungen oder Tagebuchvorgaben an, um Sie auf Ihrer Reise zu inspirieren. Sie werden im Verlauf dieser Reise alle Ihre Gefühlsebenen durchlaufen.

Die Liste der Emotionen habe ich intuitiv zusammengestellt. Ich habe mich dabei leiten lassen von meinen Kenntnissen in Psychologie, Mythologie, der Neugeist-Bewegung und von meinen Schülern in der Manifesting Academy, die mich ständig an das gesamte Spektrum von Gefühlen erinnern. Einige der zweihundert Emotionen waren bereits Bestandteil meiner »universellen Affirmationen«, die über die sozialen Netzwerke millionenfach zur Anwendung kamen. Ich weiß also, dass sie im Leben anderer Menschen etwas bewirken können. Es kann sein, dass der eine oder andere Abschnitt in diesem Buch Sie zutiefst anspricht. Ich habe dieses Buch mit der Intention geschrieben, dass die einzelnen Abschnitte und die in ihnen enthaltene Führung möglichst zum besten Zeitpunkt im Verlauf Ihres Lebens ins Schwarze treffen.

Dieses Buch ist die heilige Einladung an Sie, sich der Energie des Universums zu bedienen und sich an Ihre Macht zu erinnern. Es soll Sie in den Notlagen Ihrer »universellen Augenblicke« unterstützen, aber auch solche »universellen Augenblicke« auslösen, in denen Sie bewusst Ihre eigene Wirklichkeit schaffen und manifestieren. Im Grunde ist es eine Mischung aus praktischem Ratgeber, beseelten Übungen, persönlichen Erkenntnissen, Fallgeschichten, Weisheitsperlen und wirkungsvollen Stichworten, die die Verbindung zum Göttlichen in Ihnen stärken sollen. Ihre Rolle besteht dabei darin, sich auf Ihre Gefühle einzustimmen und dann inspiriert auf die Weise zu handeln, zu der Sie sich berufen fühlen.

Ich wünsche Ihnen, dass Sie, sobald Sie gelernt haben, Ihre Energie zu lenken und Ihre Emotionen zu kontrollieren, wie durch ein Tor in das nächste bedeutsame Kapitel Ihres Leben eintreten.

Lassen Sie uns nun mit einer Intentionsmeditation beginnen, um die Party in Gang zu bringen:

Liebes Universum,

möge ich mich jetzt an die höchste und reinste Quelle göttlicher Energie erinnern und mich mit ihr verbinden. Mögen wir eine heilige Zwiesprache und einen beseelten Dialog in Gang setzen, um tiefe und bedeutende Veränderung von innen heraus und zur Transformation meines Lebens auszulösen. Mein Herz ist für alle Möglichkeiten offen.
So sei es, und so ist es.

Teil zwei

100 MEDITATIONEN GEGEN DIE ANGST

Wenn es Ihnen gelingt, Selbstmitgefühl aufzubringen, Ihre Gefühle unverstellt wahrzunehmen und Ihre Energie bewusst in neue, stärkende Bereiche zu lenken, dann wird das Universum in Ihrer gegenwärtigen Wirklichkeit mit bedingungsloser Liebe und Unterstützung zur Stelle sein.

Angstbasierte Emotionen werden schneller und mit größerer Leichtigkeit und mit größerem Anstand vorübergehen, wenn Sie bereit sind, innezuhalten und die Situation zu beleuchten. Bringen Sie den Mut auf, sich selbst mit Wahrhaftigkeit zu begegnen. Dann kann sich der Schmerz einer Situation in ein Tor zu magischer Transformation verwandeln.

In den Meditationen dieses Abschnitts lernen Sie, das Universum um Führung, Unterstützung, Perspektive und Weisheit zu bitten. Sie für Ihre Vereinigung mit dem Universum zu begeistern, ist der erste Schritt, um Veränderung zu bewirken und eine neue Wirklichkeit zu manifestieren.

Indem Sie Ihre Emotionen nicht beiseiteschieben oder unter den Teppich kehren, machen Sie es möglich, dass sich wirkgewaltige Erkenntnisse in Ihnen entwickeln können. Indem Sie sich dafür öffnen, in einer neuen Perspektive mitzuschwingen, und heiliges Bewusstsein als Ausgangspunkt wählen, verarbeiten Sie Ihre Gefühle auf eine authentische Weise. So finden Sie zu der wunderschönen Wahrheit, dass Ihre Gefühle, ganz egal welche, letztlich einem göttlichen Zweck dienen.

Es gelingt Ihnen, über Ihre Angst hinauszuwachsen und stattdessen nach der Liebe zu greifen, weil Sie sich an die Macht des gegenwärtigen Augenblicks erinnern. Das ist Mitgefühl in Aktion.

Jedes im Nachfolgenden aufgeführte angstbasierte Gefühl wird in Verbindung mit einer Geschichte, einer Weisheitsperle oder Inspiration präsentiert. Danach folgt eine »universelle« Meditation, die Ihnen hilft, Ihre gegenwärtige Situation zu akzeptieren, loszulassen und Ihren Frieden mit ihr zu machen.

Darüber hinaus werden Ihnen drei thematisch passende und auf Liebe beruhende Meditationen vorgeschlagen, von denen Sie sich inspirieren lassen können und die Sie zu emotionalem Wohlergehen führen werden.

Denken Sie daran

WAS IMMER SIE sich auch wünschen, es befindet sich auf der anderen Seite Ihrer Angst.

Welche Erfahrungen Sie auch machen, sie sind Ihre ureigenen. Sobald Sie bereit dazu sind, stimmen Sie sich ein und beantworten Sie für sich die folgende Frage:

WIE fühle ich MICH JETZT IN DIESEM AUGENBLICK?

1. Abgelenkt
2. Abgeschnitten
3. Abhängig
4. Abstoßend
5. Aggressiv
6. Angeschlagen
7. Angespannt
8. Ängstlich
9. Aufgebracht
10. Aufgedreht
11. Bekümmert
12. Benutzt
13. Beschämt
14. Besorgt
15. Betäubt
16. Betrogen
17. Beunruhigt
18. Blockiert
19. Defensiv
20. Egoistisch
21. Einsam
22. Entfremdet
23. Entsetzt
24. Erstickt
25. Faul
26. Gedankenverloren
27. Gedemütigt
28. Gefangen
29. Gelangweilt
30. Genervt
31. Gequält
32. Gereizt
33. Geschlagen
34. Gestresst
35. Getriggert
36. Gleichgültig
37. Grausam
38. Hilflos
39. Hin und her gerissen
40. Hoffnungslos
41. Kaputt
42. Kontrollierend
43. Launisch
44. Lebensmüde
45. Leer
46. Machtlos
47. Mäkelig
48. Mangelhaft
49. Manipulierend
50. Manisch
51. Misstrauisch
52. Müde
53. Nachtragend
54. Negativ
55. Neidisch
56. Niedergeschlagen
57. Nutzlos
58. Panisch

59. Paranoid
60. Peinlich
61. Pessimistisch
62. Reserviert
63. Schlecht
64. Schockiert
65. Schüchtern
66. Schuldig
67. Starr
68. Stecken geblieben
69. Traumatisiert
70. Traurig
71. Überarbeitet
72. Überfordert
73. Überlastet
74. Unbeständig
75. Undankbar
76. Ungehört
77. Ungeliebt
78. Ungeschützt
79. Ungesehen
80. Unglücklich
81. Unsicher
82. Unterdrückt
83. Unverstanden
84. Unzufrieden
85. Verängstigt
86. Verärgert
87. Verfolgt
88. Verlassen
89. Verlegen
90. Verletzlich
91. Verloren
92. Vernichtet
93. Verschlossen
94. Verunsichert
95. Verurteilt
96. Verwirrt
97. Voreingenommen
98. Wertlos
99. Wütend
100. Zwanghaft

1 ABGELENKT

LASSEN SIE SICH leicht von dem ablenken, was Sie eigentlich tun sollten? Ein Amerikaner verbringt durchschnittlich mehr als zweieinhalb Stunden pro Tag am Telefon. Im Verlauf eines Lebens ist das eine Gesamtzeit von mehr als fünf Jahren! Mehr Zeit, als man in der Regel mit Essen und Trinken zubringt. Aufgrund der endlosen Einspeisungen sozialer Medien, durch die wir ohne Unterlass scrollen können, wird unsere Aufmerksamkeitsspanne immer kürzer. Wir sind täglich einer astronomischen Zahl nutzloser Informationen ausgeliefert. Kein Wunder, dass wir so leicht den Faden verlieren.

Darauf kommt es an

SIE LEBEN IHRE Macht, indem Sie ruhig und bewusst im gegenwärtigen Augenblick sind.

Gönnen Sie sich eine Herausforderung, und stöpseln Sie sich jeden Tag für einen festgesetzten Zeitraum aus. Ich selbst kam mit meiner Konzentration auf das

Wesentliche einen großen Schritt voran, als ich mein Handy aus dem Schlafzimmer verbannte. Ich ersetzte es einfach durch einen altmodischen Wecker. Sofort gelang es mir besser, präsent zu sein und den Tag bewusst zu beginnen. Falls es Ihnen schwerfällt, sich zu konzentrieren, und Sie sich leicht ablenken lassen, dann versuchen Sie es folgendermaßen:

Liebes Universum,

meine Energie ist präsent im gegenwärtigen Augenblick.
Ich bin zur Stelle, um mich hier und jetzt und mit ganzer Kraft
der momentanen Aufgabe zu widmen. Meine Energie ist geerdet
und zielgerichtet. Das ist die Essenz meiner Seelenmission.
So sei es, und so ist es.

31: Fließend • 2: Fokussiert • 73: Präsent

2 ABGESCHNITTEN

DAS LEBEN KANN geschäftig, verrückt, austauschbar, überwältigend und beängstigend sein. Wenn Sie sich abgeschnitten fühlen, dann vermutlich deshalb, weil Sie Ihren Zeiger unbewusst auf Rot statt auf Grün gestellt haben. In diese Falle kann man so leicht hineintappen. Wir alle flattern zu den unterschiedlichen Zeiten in unserem Leben wie ein Schmetterling zwischen »zugehörig« und »abgeschnitten« hin und her, weil wir ausgerechnet auf diese Weise an den fortgesetzten Tanz der Möglichkeiten erinnert werden.

Darauf kommt es an

IM LEBEN GEHT es um nichts anderes als um den Kreislauf des Erinnerns und Vergessens.

Wenn Sie sich vom Universum, von Menschen oder Inspirationen abgeschnitten fühlen, dann befinden Sie sich in einer Phase des Vergessens. Diese Phase geht vorüber. Doch wenn Sie erkennen, dass Sie sich abgeschnitten fühlen, dann bitten Sie das Universum um Unterstützung und Führung, damit Sie sich erinnern, wie süß es schmeckt, wenn man an den Fluss magischer Gelegenheiten angeschlossen ist.

Liebes Universum,

möge ich mich daran erinnern, dass wir alle eins sind mit dem gemeinsamen Stoff des Einsseins. Ich suche jetzt Anschluss durch die Dinge und Erfahrungen, die mich erfreuen. Ich kann die Wiederanbindung auslösen, indem ich dafür sorge, dass mein Herz erfüllt ist. So sei es, und so ist es.

73: Präsent • 92: Verbunden • 97: Weit

③ ABHÄNGIG

ABHÄNGIGKEIT HEISST: LIEBE wird zerrissen und schafft Raum für Heilung. Wenn Sie süchtig nach etwas sind, das Ihnen nicht guttut, dann lassen Sie sich sanft daran erinnern, dass Sie die Macht haben, sich über Ihre Sucht zu erheben und sie abzustreifen, sobald Sie dazu bereit sind.

Mein Leben in Las Vegas hat mich gelehrt, mein Mitgefühl für die Menschen, die mit einer Sucht kämpfen, auf eine neue Ebene zu heben. Ich sehe Mütter, die an Ampeln um Geld betteln, um ihre Kinder ernähren zu können. Obdachlose Männer, die kaum die Augen offen halten können, mit Pappschildern in ihren schmutzigen Händen. Ob es sich um Drogen, Alkohol, Nahrung, Sex, Glücksspiel, Games, Schönheitschirurgie oder Drama handelt: Hier in dieser verrückten Stadt mitten in der Mojave-Wüste findet sich die gesamte Bandbreite der sich als Leiden maskierenden *Condition humaine*. Glücksspielautomaten stehen in Supermärkten. Werbetafeln, die Frauen als Konsumgut anpreisen, gibt es an jeder Ecke des berühmten Las Vegas Strip. Diese Stadt stellt zugleich die höchsten Höhen und die tiefsten Tiefen zur Schau.

Die Wahrheit? Es kann ein unvergleichlicher Genuss sein, ganz egal wo auf der Welt, über jegliches Urteilen hinauszugehen und weiter zu blicken als nur auf die Maske von Traurigkeit und Selbstzerstörung.

Darauf kommt es an

WIR ALLE SIND wunderschöne Seelen auf einer Entdeckungsreise zu uns selbst.

Sensible und empathische Menschen nehmen gerne einen Umweg, um ihr Herz weit zu öffnen und den ganzen Schmerz des Lebens zu spüren.

Süchtig nach irgendetwas zu sein, stellt so lange einen schwierigen Weg dar, bis man den Gesamtzusammenhang erkennt. Die Menschen, die Sie lieben, können und werden versuchen, Ihnen zu helfen, doch wird sich nichts ändern, solange Sie selbst nicht zu den erforderlichen Schritten bereit sind.

Einen Tag nach dem anderen, einen Schritt nach dem anderen, einen Augenblick nach dem anderen können wir uns entscheiden, unsere Energie bewusst in die gewünschte Richtung zu lenken. Wir haben guten Grund, hierfür außerordentlich dankbar zu sein. Und falls Sie sich doch verloren fühlen, bedenken Sie: Das Universum hat einen Plan. Liebe heilt. Angst spaltet. Und wenn Sie es vermasseln? Dann wählen Sie neu.

Möge dies Ihre Meditation sein, mit der Sie Ihre Sucht dem Universum überantworten:

Liebes Universum,

von jetzt an treffe ich die bewusste Entscheidung,
mich selbst zu hegen und zu pflegen. Möge ich die Hilfe und Führung,
die mir angeboten wird, offen und dankbar annehmen. Ich vertraue
darauf, dass mein Herz heilt und dass die Energie der Liebe mir
unausgesetzt zur Verfügung steht. Ich verfüge über Kraft, Mut und
Weisheit, um meinen Weg einen Moment nach dem anderen zu wählen,
um eine Entscheidung nach der anderen zu treffen.
So sei es, und so ist es.

10: Beruhigt • 81: Sicher • 91: Unterstützt

4 ABSTOSSEND

ES IST SINNLOS, sich abstoßend zu fühlen. Ein Mensch kann nicht abstoßend sein! Als Menschen sind wir alle einzigartig, und keiner von uns könnte zweifelsfrei als »unansehnlich« bezeichnet werden. Falls Sie meinen, nicht attraktiv genug zu sein, dann nutzen Sie die Kraft der Affirmationen und erinnern Sie sich an Ihre wahre Schönheit. Ich habe meiner Tochter Lulu beigebracht, was multidimensionale Schönheit bedeutet. Sie kommt zum Ausdruck in ihrem Handeln und in ihren Intentionen, und beides manifestiert sich nach außen, ganz egal wie sie aussieht. Ich bringe sie jeden Tag dazu, dass sie sich selbst ihre Schönheit bestätigt. Darauf achte ich bei jeder meiner drei Töchter.

Verhalten hingegen kann tatsächlich abstoßend sein, also befassen wir uns damit. Situationen, Handlungen, Reaktionen etc. können allesamt in den Bereich des Abstoßenden fallen. Mir ist bewusst, dass bei mir alles leicht ins Abstoßende abdriftet, sobald ich mich mit meiner Mutter streite. In der Vergangenheit haben wir beide uns bei unseren Auseinandersetzungen oft für den primitiven Weg entschieden, statt einen anspruchsvolleren Weg zu wählen. Beschimpfungen – fiese Bezeichnungen, Schuldzuweisungen, Vorwürfe – fliegen hin und her, und das alles ist richtig schlimm. Abstoßendes Verhalten ist hinterhältig und sollte identifiziert und unter Kontrolle gebracht werden, sobald es in Erscheinung tritt.

Darauf kommt es an

SIE SIND FÜR Ihr Verhalten, für Ihre Reaktion auf Menschen und Situationen verantwortlich. Denken Sie immer daran, unter allen Umständen freundlich zu sein. Freundliche Worte sind nie verschwendet.

Liebes Universum,

ich bitte darum, dass alle Gefühle der Abscheu jetzt aufgelöst werden. Möge ich mich daran erinnern, meine innere Schönheit nach außen sichtbar zu machen. Ich bin eine strahlende Seele, die Lebendigkeit verbreitet. Ich bin freundlich, mitfühlend und fürsorglich.
So sei es, und so ist es.

59: Lebendig • 77: Schön • 78: Selbstbewusst

5 AGGRESSIV

WAS MACHT SIE so unleidlich? Feindseligkeit und Wut gegenüber anderen Menschen haben immer damit zu tun, dass man sie verantwortlich macht für das eigene Glück. Es ist an der Zeit, die eigene Verantwortung für diese Energie anzunehmen und sie in eine neue Richtung zu lenken. Holen Sie sich Ihre Macht zurück! Ihr Herz befindet sich am rechten Fleck, also können Sie bewusst einem anderen Menschen wohl kaum etwas Schlechtes wünschen, oder?

Darauf kommt es an

DIE AGGRESSION, MIT der Sie einem anderen begegnen, wird letztlich immer nur Ihnen selbst schaden. Es ist so, als würde man Gift trinken und erwarten, dass der andere stirbt.

Aggressivität gibt Ihnen die wunderbare Gelegenheit, sich daran zu erinnern, dass die Energie, die Sie freisetzen, immer und mit erstaunlicher Treffsicherheit zu Ihnen zurückkehrt. Ob Ihnen nun im Cartoon-Stil die Wut aus Nase und Ohren dampft, weil Ihnen jemand im Verkehr die Vorfahrt genommen hat oder Ihr Partner den Toilettensitz nicht herunterklappt: Irgendwann müssen Sie erkennen, dass solche ungelenkten Emotionen sehr rasch schädlich wirken können.

Es heißt, dass die Physiologie die Psychologie und die Art und Weise des Denkens verändert. Wenn Sie also unleidlich sind, auf jemanden losgehen und ihm wehtun wollen, dann gehen Sie an die frische Luft und bewegen Sie sich. Laufen Sie. Reißen Sie ein paar Mal die Arme hoch und die Beine auseinander wie ein Hampelmann. Nehmen Sie eine kalte Dusche, und lenken Sie dann Ihr Bewusstsein zurück auf den Augenblick. Dann finden Sie fünf Dinge, für die Sie dankbar sind, und nutzen die Meditation als Wegweiser zu einem besseren Seinszustand.

Liebes Universum,
möge ich nun die Energie des Friedens, der Liebe und
der Gegenwärtigkeit einatmen. Die Gefühle von Wut, Aggression
und Zappeligkeit atme ich aus. Ich lenke meinen Fokus darauf,
Wertschätzung zu empfinden und die Verantwortung für
die Wirklichkeit zu übernehmen, die ich erschaffe.
So ist es, und so sei es.

65: Mitfühlend • 68: Nachsichtig • 75: Ruhig

6 ANGESCHLAGEN

MEIN LIEBLINGSZITAT DES Sufi-Dichters Rumi lautet:

> »Eine Wunde ist ein Ort,
> über den das Licht in dich eindringt.«

Wenn Sie sich verletzt fühlen – sei es emotional, physisch oder spirituell –, dann wird, wenn Sie es gestatten, universelle Energie aufgebracht, um Sie zu heilen. Ihre Aufgabe ist es dabei, die Heilung zu gestatten, ohne dass Sie sich durch die Wunde definieren lassen. In einer solchen Lebensphase fühlen Sie sich möglicherweise ein wenig blockiert oder schutzlos.

Ich selbst bin fasziniert von Menschen mit Prothesen. In meinem Fitnesszentrum trainiert mit mir ein Mann, der eine Prothese vom Knie abwärts trägt. Von ihm geht eine starke Energie aus – wie er sich bewegt, wie er Gewichte hebt und wie hingebungsvoll er jeden Tag zum Training erscheint. Ich kenne diesen Mann nicht, aber ich spüre intuitiv, dass er schwerwiegende mentale Hürden überwunden haben muss, um eine solche Ausstrahlung zu entwickeln. Oft haben wir in unserem Umfeld erstaunliche und inspirierende Menschen, die schreckliche Erfahrungen durchstehen mussten, um dahin zu kommen, wo sie heute stehen. Ich schaue mir bei YouTube gerne TEDx Talks an, weil sie mich an die Möglichkeit erinnern, Schmerz in Kraft zu verwandeln.

Welcher Art auch immer Ihre gegenwärtige »Wunde« sein mag, machen Sie sich klar, dass sie ein Tor zu neuen Möglichkeiten ist.

Darauf kommt es an

ALLES, WAS SIE im Moment durchmachen, ist eine Vorbereitung auf das, worum Sie gebeten haben. Ihre heutige Wirklichkeit setzt sich zusammen aus Ihren kristallisierten Emotionen von gestern.

> ## Liebes Universum,
> möge ich die Energie der Heilung, die mich durch diese Zeit geleitet, willkommen heißen und annehmen. Ich glaube an die unendliche Weisheit meines Körpers, meines Geistes und meiner Seele, die das Gleichgewicht und die Harmonie meines Seins wiederherstellt.
> So sei es, und so ist es.

29: Ermächtigt • 41: Geheilt • 89: Transformierend

⑦ ANGESPANNT

IN DER HEUTIGEN geschäftigen Welt sind viele Menschen ständig angespannt. Anspannung kann sich emotional oder physisch manifestieren und wird für gewöhnlich durch Stress und Ängste verursacht. Zum Glück gibt es jedoch viele Möglichkeiten, um sie rasch zu überwinden.

Meditation ist ein großartiges Mittel, um den Weg aus dem Kopf zurück ins Herz zu finden. Wir wissen heute, dass Meditation Stress und Anspannung lindert und außerdem das Nervensystem beruhigt.

Darauf kommt es an

WENN SIE ANGESPANNT sind, dann müssen Sie aktiv nach Wegen suchen, um sich zu entspannen und um die Rückbindung an das Eigentliche und Wichtige zu ermöglichen. Falls es sich um eine durch die Familie oder die Beziehung verursachte Anspannung handelt, dann ziehen Sie gesunde Grenzen.

Entschärfen Sie die Anspannung in Ihrem Leben. Stattdessen könnten Sie Rituale der Selbstfürsorge als wichtigen Bestandteil Ihrer Alltagsroutine aufnehmen. Eine Massage vielleicht, ein heißes Bad, die Zubereitung einer gesunden Mahlzeit oder Zeit für ein »Konzert« in den eigenen vier Wänden – schaffen Sie Raum für etwas Beglückendes und bauen Sie damit Anspannung ab.

Die nachfolgende Meditation ist ein guter Startpunkt.

Liebes Universum,

befrei meinen Körper und meinen Geist von dieser Anspannung.
Möge ich diese Energie aus meinen Zellen entlassen, damit ich mich
wieder lebendig, kraftvoll und ganz fühlen kann.
So sei es, und so ist es.

37: Ganz • 41: Geheilt • 75: Ruhig

8 ÄNGSTLICH

WENN SIE ÄNGSTLICH sind, dann stellen Sie sich vor, wie es sich anfühlt, wenn Sie sich sicher und beschützt fühlen. Sie sind um so vieles stärker, als Sie meinen, und Sie werden es auch durch diese Zeit in Ihrem Leben schaffen. Angst zu haben, ist die Aufforderung des Universums an Sie, über ihre gegenwärtige Situation hinauszuwachsen und tapfer zu sein. Angst ist die Einladung an Ihre Seele, ihr größtes Potenzial zu entfalten.

Angst hat ihren göttlichen Zweck darin, Sie aus Ihrer Komfortzone herauszuholen. Alles Magische und Wunderbare, das sich in Ihrem Leben manifestiert, geschieht auf der anderen Seite Ihrer Angst. Aus diesem Grund haben so viele von uns vor so vielen Dingen Angst. Wir haben Angst davor, öffentlich zu sprechen, vor Höhe, dem Tod, vor Schmerzen, Krokodilen unter dem Bett, Spinnen, Verlusten und vor allem vor Unsicherheit. Wir fürchten uns, die Kontrolle zu verlieren. Wir befürchten, dass die Zukunft zahlreiche unerwünschte und unangenehme Überraschungen bereithält. Wir haben Angst, dass wir uns wehtun, wenn wir unsere Komfortzone verlassen.

Darauf kommt es an

SIE SIND EINE Nebenstelle der universellen Macht. Sie sind dazu in der Lage, sich über alles zu erheben, was sich in Ihrem Leben manifestiert. Sie können sich einstimmen auf die Energie der Stärke und immer dann Tapferkeit manifestieren, wenn Sie sie brauchen.

Indem Sie sich Ihren Ängsten stellen, befreien Sie sich von der Last der Sorgen – alles wird gut, ganz egal, was geschieht.

Irgendwann einmal habe ich den Satz gehört: »Ein angstvolles Leben ist nur ein halbes Leben.«

In den meisten Fällen macht unser Geist aus einer Mücke einen Elefanten, und wir zerbrechen uns schon den Kopf, bevor eine befürchtete Situation tatsächlich eingetreten ist. Angst tritt immer dann auf, wenn Sie dem Universum nicht vertrauen. Sobald Sie Ihr Denken auf Wertschätzung, Feiern und Genuss ausrichten, lösen sich Ihre Ängste so schnell auf wie ein Zuckerstück im Tee.

Ist Ihnen gerade ängstlich zumute, dann lassen Sie sich vom Universum dabei helfen, Ihre Gedanken zu transformieren, und sich von ihm an Ihre Chancen in der Situation erinnern.

> *Liebes Universum,*
>
> hiermit befreie ich mich von meinen Ängsten und ersetze sie durch Liebe und Vertrauen darauf, dass mir göttliche Führung zuteilwird. Möge die Angst verblassen und die Liebe in meinem Herzen erstrahlen.
> So sei es, und so ist es.

24: Ergeben • 40: Geführt • 67: Mutig

9 AUFGEBRACHT

MIT VIERZEHN JAHREN hatte ich ein Pferd namens Cecil. Es war ziemlich alt, aber ich liebte es von ganzem Herzen. Ich ritt mit ihm über unsere Vierhektarfarm und brachte Stunden mit ihm zu. Dann ließ eines Tages jemand das Gatter offen, und Cecil lief fort. In seiner wilden Flucht gelangte er auf die Straße und in den Gegenverkehr. Er wurde von einem kleinen gelben Toyota Corolla angefahren. Seine Wirbelsäule und seine Beine waren gebrochen. Kurz darauf starb er.

Am nächsten Tag stand der Fahrer des gelben Corolla vor unserer Tür, um sich zu entschuldigen.

»Sie haben mein Pferd umgebracht, Sie Mistkerl!«, kreischte ich völlig außer mir. Ich war aufgebracht. Ich war unglaublich wütend auf den armen Mann, der ja nicht wissen konnte, dass hinter der nächsten Kurve ein Pferd auf der Straße stehen würde.

Wenn uns etwas aufbringt, dann ist es für gewöhnlich unangebracht und überflüssig. Die Stoffe, die unser Körper produziert, wenn wir auf jemanden oder über etwas wütend sind, schaden uns. Deshalb ist es so wichtig, genau auszuwählen, wofür sich das Kämpfen und der Energieaufwand lohnen.

Darauf kommt es an

WENN IHNEN GEWALTFREIE emotionale Reaktionen gelingen, dann ist das das Liebevollste, was Sie für sich tun können.

Wenn Sie durch etwas oder durch jemanden aufgebracht und außer sich sind, dann suchen Sie Unterstützung beim Universum.

Liebes Universum,

bitte erinnere mich an meine Macht, meine Emotionen zu kontrollieren. Möge ich meine Reaktionen dämpfen, meine Meinung friedlich sagen und meine Wahrheit auf freundliche, gewaltfreie Weise zum Ausdruck bringen.
So sei es, und so ist es.

24: Ergeben • 68: Nachsichtig • 75: Ruhig

10 AUFGEDREHT

SIE KÖNNEN NICHT schlafen? Sie kommen nicht zur Ruhe? Sie trinken zu viel Kaffee? Oder Sie starren vor dem Schlafen zu viel auf die Mattscheibe?

Wenn es Ihnen schwerfällt, sich zu entspannen, abzuschalten oder zu sich zu kommen, dann ist es Zeit, auf die Bremse zu treten, sich aus dem Kopf zurückzuziehen und sich in Ihrem Körper zu erden.

Dabei ist es außerordentlich wichtig, sich auf den Atem zu konzentrieren.

Darauf kommt es an

UNSER ATEM IST ausgesprochen hilfreich, wenn es darum geht herauszufinden, ob wir aufgedreht und überaktiv sind oder ob wir uns jederzeit entspannt auf das gleichmäßige Tempo des Augenblicks einlassen können.

Wenn alles andere versagt, dann nehmen Sie ein heißes Bad oder gießen Sie sich ein Glas Rotwein ein.

Nutzen Sie die nachfolgende Meditation, wenn Sie Ihre außer Rand und Band geratene Energie eindämmen wollen.

Liebes Universum,

möge ich nun tief einatmen und den Atem einen Moment lang anhalten. Beim Ausatmen entlasse ich all die in meinem Körper gespeicherte fieberhafte Energie. Indem ich ausatme, befreie ich mich liebevoll von meiner hektischen Energie. Indem ich einatme, nehme ich die bewusste Energie des gegenwärtigen Augenblicks in mich auf.
So sei es, und so ist es.

6: Ausgeruht • 21: Entspannt • 39: Geerdet

11 BEKÜMMERT

ETWAS ODER JEMAND macht Ihnen Kummer? Es ist vollkommen normal, sich ab und an Sorgen zu machen, solange Sie dabei nicht Grenzen überschreiten, wenn Sie Ihren Mitmenschen mitteilen, dass ihr Verhalten Sie bekümmert. Vielleicht trinken sie zu viel, bewegen sich zu wenig oder suchen nicht die Hilfe, die sie Ihrer Meinung nach benötigen.

Ihre Unruhe beruht vermutlich auf Ihren eigenen Regeln, Vorstellungen und Werten. Doch wenn das Wohlergehen eines anderen Menschen Sie ernstlich bekümmert, dann ist es Ihre Pflicht, in angemessener Form Hilfe und Unterstützung anzubieten.

Darauf kommt es an

DAS UNIVERSUM SPART nicht mit Hinweisen darauf, wo wir uns einbringen und nützlich machen können. Der Schlüssel liegt darin, unsere Hilfe vorurteilslos anzubieten. Das erst ist wahres Mitgefühl.

Außerdem sollten Sie bedenken: Wenn es Sie nichts angeht, dann halten Sie sich heraus.

Liebes Universum,

möge ich darauf vertrauen, dass alles gut ist und sich so entfaltet, wie es soll. Ich befreie mich jetzt von meinem Bedürfnis, andere zu bevormunden, und vertraue meiner Reise. Möge meine Besorgnis in Vertrauen verwandelt werden.
So sei es, und so ist es.

61: Liebenswürdig • 70: Offen • 78: Selbstbewusst

12 BENUTZT

»ER SAGT, ER will seine Frau nun endlich verlassen! Er sagt, er liebt mich!«

Diese Sätze hatte Joanne bereits ein Dutzend Mal gesagt. Sie schienen ebenso regelmäßig aufzutreten wie die Mondphasen. Sie zweifelte an ihrer Beziehung mit James, einem Finanzberater, und war dann wieder mit ganzer Leidenschaft entflammt, wenn er sie um ein geheimes Wochenende bat.

Fünf Jahre lang versuchten Joannes Freunde ihr klarzumachen, dass sie sich benutzen ließ. Aber sie konnte sich nicht dafür öffnen, die Situation als das zu erkennen, was sie war. Dann wurde sie schwanger, und James verlangte von ihr, »es wegzumachen«, weil seine Frau ebenfalls schwanger war.

Es ist wichtig, sich daran zu erinnern, dass Beziehungen auf gegenseitiger Unterstützung beruhen.

Darauf kommt es an

WENN IHRE BEDÜRFNISSE nicht erfüllt und Ihre Werte nicht berücksichtigt werden, dann werden Sie benutzt, und es ist an der Zeit, dem ein Ende zu machen.

Holen Sie sich die Macht über Ihr Leben zurück, und machen Sie sich mit der folgenden Meditation Ihr Bedürfnis nach notwendigen Grenzen bewusst.

Liebes Universum,

ich bin fest entschlossen, mich nicht mehr länger benutzen zu lassen.
Ich ziehe einen dicken Strich im kosmischen Sand der Intention.
Möge er nicht überschritten und liebevoll beschützt werden.
So sei es, und so ist es.

1: Anerkannt • 32: Heftig • 85: Stark

13 BESCHÄMT

ICH STAND AUS dem Bett auf, küsste meinen Liebhaber auf die Stirn und zog mich an. Als ich seine Wohnung verließ, rief ich meinen Mann an, um ihm mitzuteilen, dass ich zum Abendbrot nicht da sein würde, weil ich mit einer Freundin verabredet sei. Ich log. Zum ersten Mal seit zehn Jahren hatte ich mit einem anderen Mann geschlafen. Der Schmerz in meiner Ehe war so unerträglich, dass ich verzweifelt nach einem Fluchtweg suchte. Doch ich hatte mir nicht vorgestellt, dass Lügen und Betrügen in mir solche Schamgefühle auslösen würden. Obgleich ich meinem Mann Max die jahrelange schlechte Behandlung sehr übel nahm, gelang es mir nicht, darin eine Rechtfertigung für meinen Betrug zu sehen.

Manchmal tun wir Dinge im Leben, die uns alles andere als stolz machen.

Als Menschen machen wir Fehler, und diese Fehler verfolgen uns möglicherweise jahrelang. So jedenfalls war es bei mir. Dann, eines Tages, nachdem sich der Staub endlich gelegt hatte, konnte ich einen Sinn in dem Schmerz erkennen, den ich verursacht hatte.

Darauf kommt es an

WIR SIND NICHT die Summe unserer Fehler. Wir sind nicht einmal mehr der Mensch, der damals eine sogenannte falsche Entscheidung getroffen hat.

Die Transformation wird ermöglicht durch die Erkenntnis, dass wir immer einen besseren Weg einschlagen können. Natürlich ist das kein Freifahrtschein für immer weitere schlechte Entscheidungen. Dennoch gilt: Die Suche nach Vergebung beginnt mit Selbstvergebung.

Die folgende Meditation kann Ihnen helfen, sich von den Manifestationen der Scham in Ihrem Leben zu befreien.

Liebes Universum,

vielen Dank für die Erkenntnis, dass ich für mich den Weg der Integrität wählen kann. Möge ich nun die Vergangenheit liebevoll entlassen, mir selbst vergeben und vorwärtsgehen in eine Wirklichkeit, die niemals zum Ziel hat, einem anderen Menschen zu schaden.
So sei es, und so ist es.

33: Frei • 68: Nachsichtig • 76: Schamlos

 BESORGT

ALS KIND HABE ich mir über alles Sorgen gemacht. Ich hatte Angst vor der Dunkelheit, vor Menschen, vor bestimmten Nahrungsmitteln und vor jeglicher Veränderung … die Liste ließe sich noch beliebig weiterführen. Meine Besorgnis manifestierte sich als nervenzerfetzende und zwanghafte Angst vor dem Unbekannten. Bei vielen Menschen lösen Ereignisse, die noch gar nicht eingetreten sind, Besorgnis aus. Sie versteifen sich auf irgendein Detail, von dem sie meinen, dass es sich in der Zukunft entfalten und ihnen ihr Glück stehlen wird.

Darauf kommt es an

SICH AUF DEN gegenwärtigen Augenblick einzustimmen und sich auf Ihren Atem zu konzentrieren, wird Ihnen helfen, Ihre Ruhe zurückzuerlangen.

Das beste Mittel, um Ihre Besorgnis in ein Gefühl der Erdung zu verwandeln, ist, einen Augenblick nach dem anderen in den Blick zu nehmen und darauf zu vertrauen, dass das Universum auf Sie aufpasst.

Gestatten Sie es der nachfolgenden Meditation, Ihnen Ihre Sorge um die Zukunft zu nehmen.

Liebes Universum,

ich bin in Sicherheit. Meine Besorgnis ist eine Illusion und eine Einladung an mich, meine Energie in den gegenwärtigen Augenblick zurückzuführen. Also richte ich mein Bewusstsein auf die Hoffnung und Erregung, die ich empfinde angesichts dessen, was ich im Begriff bin zu manifestieren.
So sei es, und so ist es.

40: Geführt • 75: Ruhig • 78: Selbstbewusst

15 BETÄUBT

ICH VERSTECKTE EINE Flasche Kirsch-Wodka im Wäscheschrank neben dem Schlafzimmer. Am Abend vor dem Zubettgehen nahm ich heimlich drei große Schlucke. Es war genug, um mich für den Sex mit meinem damaligen Ehemann Max ausreichend zu betäuben. Ich wollte nichts spüren, weil ich mich nie wirklich gesehen oder wertgeschätzt fühlte. Oder vielleicht ließ ich es nie zu, dass mich jemand sah, denn mein emotionaler Schmerz war zu groß. Beim Sex hatte ich das Gefühl, selbst nicht anwesend zu sein. Nähe konnte ich meist nicht ertragen, weil ich im Herzen so durcheinander war. Max und ich waren so weit voneinander entfernt, dass es für uns beide nicht schön war. Wenn sich innerhalb einer Beziehung ein solcher Zyklus entwickelt, dann kann sich die Betäubung wie ein dicker Nebel anfühlen, der sich niemals auflöst. Bis man endlich erkennt, dass man doch die Macht hat, etwas zu verändern.

Darauf kommt es an

INDEM SIE SICH betäuben, schneiden Sie sich vom gegenwärtigen Augenblick und dem Fluss des Universums ab.

Wenn Sie solche Gefühle haben, dann fleht das Universum Sie an, doch bitte aufzuwachen und den Duft der Rosen wahrzunehmen. In unserer Welt gibt es so viel Wunderbares und Schönes. Wir dürfen selbst entscheiden, wie wir uns in jedem einzelnen Augenblick zeigen, und wenn wir meinen, uns nicht entscheiden zu können, dann müssen wir unsere Wirklichkeit auseinandernehmen und neu darüber nachdenken.

Was immer Sie tun, bitte wählen Sie kein selbstzerstörerisches Verhalten, nur damit Sie sich spüren. Selbstverletzendes Verhalten ist keine Lösung, mit der Sie Ihre Emotionen aus der Reserve locken können. Als empfindendes Wesen steht es Ihnen zu, etwas zu empfinden. Sie brauchen Ihre Gefühle sogar, um ein gesundes Leben führen zu können. Das, was wir fühlen, ist der Stoff, aus dem unsere Wirklichkeit gemacht ist. Betäubung, Abstumpfung und Dumpfheit sind Symptome für den Rückzug aus dem Einssein. Wenn Sie sich in dieser Beschreibung wiedererkennen, dann bitte ich Sie, gehen Sie liebevoll mit sich um. Nutzen Sie diese Gefühle als Anstoß, um für sich einen anderen Weg auszuwählen.

Um aus Ihrer Betäubung herauszufinden, machen Sie eine Liste der liebevollsten Dinge, die Sie noch heute für sich tun können, und dann richten Sie die nachfolgende Erklärung an das Universum.

> *Liebes Universum,*
>
> möge ich es mir gestatten, die Kraft und die Schönheit
> des gegenwärtigen Augenblicks wahrzunehmen. Ab sofort ziehe ich
> mich von Menschen, Situationen und Orten zurück, die nicht die
> Herrlichkeit der Lebenskraft in mir ansprechen. Mögen meine
> Emotionen den heiligen Ort finden, den sie brauchen,
> damit ich sie authentisch zum Ausdruck bringen kann.
> So sei es, und so ist es.

5: Ausgerichtet • 19: Energiegeladen • 91: Unterstützt

BETROGEN

DIE ENERGIE UND Essenz des Betrugs kann dem Herzen stark zusetzen. Manche Menschen spüren die Manifestation dieses Schmerzes jahrelang. Wenn Sie aufs Kreuz gelegt, betrogen, an der Nase herumgeführt, geleimt wurden, dann bedenken Sie, dass Sie den Vorfall vielleicht irgendwann als Glück im Unglück erkennen könnten.

Darauf kommt es an

DIE ECHTEN FARBEN kommen immer ans Licht. Das Universum achtet auf die Ökonomie Ihrer Seele. Gestatten Sie es dem Universum, bei der Heilung Ihres Herzens mitzuhelfen und Sie daran zu erinnern, dass auch diese schmerzhafte Erfahrung einen Sinn hat. Vielleicht erkennen Sie ihn noch nicht sofort, aber mit der Zeit wird es Ihnen gelingen.

> *Liebes Universum,*
> möge ich jegliche negativen Gefühle aus meinem Körper und
> aus meinem Herzen entlassen. Ich vergebe jetzt allem Vergangenen
> und befreie mich davon. Ich gehe voran in eine Zukunft
> der Aufrichtigkeit, Integrität und Freude.
> So sei es, und so ist es.

2: Aufrichtig • 61: Liebenswürdig • 68: Nachsichtig

BEUNRUHIGT

»Beunruhigung verleiht einem kleinen Ding
einen langen Schatten.«
SCHWEDISCHES SPRICHWORT

BEUNRUHIGUNG MUSS MAN Stück für Stück auseinandernehmen und abbauen. Der merkwürdige stechende Schmerz der Angst in der Magengrube ist die Methode des Universums, um uns mitzuteilen, dass wir doch bitte auf die ordnungsgemäße Entfaltung der Abläufe vertrauen sollen. In den meisten Fällen führen Beunruhigung und Besorgnis zu nichts. Manchmal aber eben doch, und darin drückt sich die bewegliche und transformierende Natur des Lebens aus. Eine solche Erfahrung stehen Sie durch, indem Sie sich an den Mut in Ihrem Herzen halten.

Darauf kommt es an

WENN SIE BEUNRUHIGT sind, dann aktivieren Sie die Energie der Angst. Dieses Gefühl müssen Sie durch Vertrauen auf das Universum ersetzen, auch dann, wenn Ihnen alles außerordentlich unsicher erscheint.

Es war am 1. Oktober 2017, eine Stunde nach Mitternacht, und meine kleinste Tochter Ava hatte mich aufgeweckt. Ich öffnete die Augen und griff nach meinem Telefon, um nachzusehen, wie spät es war. Ich hatte über hundert Nachrichten von Menschen, die mir mitteilten, dass sie sich Sorgen um mich machten. Am Tag zuvor hatte ich Bilder vom Mandalay Bay Resort in Las Vegas bei Instagram gepostet. Die Nachrichten berichteten, dass genau dort eine Schießerei stattgefunden hatte. Auf Twitter wurde von mehreren Casinos und mehreren Schützen berichtet.

Ich weckte Sean, um ihn zu informieren. Wir saßen draußen auf unserem Balkon und blickten auf die Skyline von Las Vegas. Weder Flugzeuge noch Hubschrauber waren am Himmel zu sehen. Es war so still, wir hätten eine Nadel fallen hören können. Viele Lichter in der Stadt wirkten gedämpft oder waren vollständig gelöscht. Die unheimliche Mischung aus Beunruhigung und Stille war mit den Händen zu greifen. Wir fühlten uns nicht sicher und machten uns Sorgen um die Menschen in den Gebäuden, die wir aus der Entfernung sahen.

Wenn Sie wegen irgendjemandem oder irgendetwas beunruhigt sind, dann meditieren Sie mit dem Universum, damit es Ihre Energie lenkt und Sie unterstützt.

> *Liebes Universum,*
>
> ich befreie mich von meiner Beunruhigung und vertraue auf den Prozess der Transformation. Möge ich nun die Energie der Liebe, des Lichts, des Wohlergehens und des Ganzseins umlenken zu den Menschen, die sie gerade brauchen. Ich und die von mir geliebten Menschen sind eingehüllt in die Essenz der Unterstützung und des Wohlbefindens.
> So sei es, und so ist es.

29: Weit • 31: Fließend • 85: Stark

18 BLOCKIERT

ES IST SEHR wahrscheinlich, dass Sie sich an verschiedenen Stellen in Ihrem Leben blockiert fühlen, und das ist auch ganz normal. Es kann sehr frustrierend sein, wenn man meint, der eigene Fluss der Inspiration sei vollkommen zum Stillstand gekommen. Vielleicht haben Sie das Gefühl, dass Ihre Batterien leer sind und dass Sie keine Kraft übrig haben, um das Gesamtbild zu erkennen. Wenn wir uns auf diese Weise blockiert fühlen, dann müssen wir Raum schaffen, damit sich die Inspiration auf andere Weise einfinden kann. Sie müssen Ihrer Energie einen Schubs geben. Vielleicht mit einem Spaziergang oder einem heißen Bad oder mit einer Tasse heißen Tee. Erinnern Sie sich daran, dass das Gefühl, blockiert zu sein, eine großartige Gelegenheit ist, um darauf zu vertrauen, dass das Universum die Informationen beisteuert, die Sie brauchen. Schon bald werden Sie wieder inspiriert handeln können. Sehen Sie Ihre Blockade als Zwischenschritt, bei dem Sie hinter den Kulissen Schwung sammeln, um auf eine neue Bewusstseinsebene zu gelangen.

Darauf kommt es an

WENN SIE MEINEN, blockiert zu sein, dann erkennen Sie es bitte als das, was es ist, und machen Sie es nicht noch schlimmer. Allzu oft machen wir aus einer Mücke einen Elefanten. Meditieren Sie darüber, und bitten Sie das Universum um sanfte Unterstützung, falls es erforderlich ist.

> ### Liebes Universum,
> ich bin bereit, inspiriert zu handeln und zurück in den Energiefluss zu springen, der mich weiterbringt. Möge ich alle Blockaden auflösen und darauf vertrauen, dass mein Glück so, wie das göttliche Timing es vorsieht, zurückkehrt, sobald ich ausgeruht und erfrischt bin.
> So sei es, und so ist es.

57: Klar • 66: Motiviert • 70: Offen

19 DEFENSIV

WEIL ICH MICH vor öffentlichen Auftritten fürchtete, nahm ich an einem Kurs teil, der mir helfen sollte, meine Angst zu überwinden. In den vier Tagen lernten wir, wie man es am besten angeht, wenn man der Welt etwas mitzuteilen hat. Als Erstes mussten wir unsere Rede vor den Teilnehmern des Kurses halten. Unser Kursleiter forderte uns auf, jegliches Feedback zu berücksichtigen, ohne darauf einzusteigen, in die Defensive zu gehen oder irgendwelche Entschuldigungen vorzubringen. Es war eine sehr intensive Erfahrung. Nachdem ich zehn Minuten lang vom Podium aus gesprochen hatte, musste ich mir die Kommentare meiner Kurskollegen anhören.

»Du bist zu viel hin und her gelaufen.«

»Du hast nur mit der linken Seite des Publikums Blickkontakt gesucht.«

»Du legst deine Stirn in Falten, wenn du etwas erklärst. Das ist ein bisschen furchterregend.«

Ich reagierte auf jeden Kommentar defensiv. Aber dann entschloss ich mich, meine Gefühle einfach vorüberziehen zu lassen und das Feedback nicht persönlich zu nehmen.

Darauf kommt es an

AUF DER ANDEREN Seite unserer Defensivität befindet sich etwas Magisches, zu dem wir Zugang erlangen können.

Wenn Sie es ertragen, still zu sein und zu beobachten, statt sich in Ihrer Situation zu verteidigen, dann finden sie zu großer Kraft.

Wenn Sie das nächste Mal spüren, dass Sie die Wahrheit zurückweisen oder Ihrem Wachstum keinen Raum lassen wollen, dann bitten Sie das Universum, Ihnen mit dieser Erfahrung zu helfen.

> ### Liebes Universum,
> gestatte mir, schon beim ersten Anzeichen von Defensivität darauf zu verzichten. Möge ich die Situation als Chance erkennen, mich über meinen Egoismus zu erheben und Vertrauen in den göttlichen Plan zu entwickeln, der sich im Prozess entfaltet.
> So sei es, und so ist es.

14: Bewusst • 69: Neugierig • 97: Weit

20 EGOISTISCH

MANCHMAL IST ES absolut richtig, egoistisch zu sein – vor allem dann, wenn es um Selbstfürsorge geht. Immer vorausgesetzt, dass andere dabei nicht in ihrem Wohlergehen beeinträchtigt werden.

In der Woche, nachdem mein Sohn Thomas geboren wurde, verlor Max seinen Job. Die Verantwortung für den Kleinen zwang uns, wieder bei meinen Eltern einzuziehen. Da ich die neuseeländische Staatsangehörigkeit und Max die englische hatte, gab es für uns in Australien keine staatliche Unterstützung. Wir hatten keine Ersparnisse und keine Chance, selbst für unseren Lebensunterhalt aufzukommen. Thomas war gerade acht Wochen alt, und wir hatten nur noch etwa dreihundert Dollar für die nächsten Wochen. Meine Eltern kamen für Essen und Unterkunft auf, aber Windeln und Babynahrung mussten wir selbst finanzieren.

Eines Nachmittags kam Max mit einem Stapel Autozeitungen im Wert von über hundert Dollar nach Hause. Er sagte, er brauche sie als Inspiration. Ich drehte durch. Meiner Meinung war dieses Verhalten unglaublich egoistisch, zumal mein Mann sich ja von meinen Eltern aushalten ließ. Aber auch mein eigenes Handeln in meinem bisherigen Leben wies jede Menge beschämende Schwachstellen auf.

Darauf kommt es an

SIE MÜSSEN IHR Handeln bewusst und im Hinblick darauf betrachten, welchen Einfluss es auf das Leben anderer Menschen ausübt.

Stellen Sie fest, dass Sie sich egoistisch verhalten, dann legen Sie Ihren inneren Schalter um und machen sich fortan nützlich.

Liebes Universum,

möge ich unterscheiden lernen zwischen Egoismus und bewusster Selbstfürsorge. Möge ich immer bedenken, wie mein Handeln andere beeinflusst. Zeig mir, wie ich mich nützlich machen kann.
So sei es, und so ist es.

14: Bewusst • 61: Liebenswürdig • 74: Rücksichtsvoll

21 EINSAM

MEIN WICHTIGSTER »UNIVERSELLER Augenblick« hatte seinen Ursprung in der Einsamkeit.

Im Jahr 2004 lebte ich zwölf Monate im schwedischen Göteborg. Von Australien aus in ein nicht englischsprachiges Land zu ziehen, in dem ich niemanden kannte, war ziemlich furchterregend. In den ersten beiden Wochen redete ich mit niemandem außer mit meinem Ehemann Max, der nicht besonders gesprächig war, und meinem dreijährigen Sohn Thomas. Ich bereute den Umzug sofort, denn mir fehlten meine Familie und meine Freunde sehr.

Wir hatten in unserer Wohnung noch kein Internet, also riss ich den Stadtplan, den ich in einem Telefonbuch gefunden hatte, heraus und nahm ihn mit, damit ich mich nicht verlaufen würde. Ich wanderte über das schneebedeckte Kopfsteinpflaster und hörte, wie sich die Leute auf Schwedisch unterhielten. Ich fühlte mich entsetzlich einsam. Ich sehnte mich nach einem Gespräch! Mir war klar, dass ich meine Einsamkeit nur loswerden konnte, wenn ich mich hinauswagte und Leute kennenlernte. Zu Hause schnappte ich mir das Telefonbuch und suchte nach einer englischsprachigen Spielgruppe für Einwanderer mit Kleinkindern. Es war nur ein Kontakt in Frölunda angegeben. Dorthin musste man eine Stunde mit der Straßenbahn fahren, und mir kam es so vor, als sei der Ort mitten im Nirgendwo. Dort angekommen, traf ich auf Frauen, die in einer ähnlichen Situation waren wie ich und deren Männer ebenfalls eine Sechzig-Stunden-Arbeitswoche hatten. Damit hatte ich meine Gruppe gefunden, der ich mich zugehörig fühlte, die mich unterstützte und mich von meiner Einsamkeit befreite.

Darauf kommt es an

SIE SIND NIE allein. Das Universum ist immer an Ihrer Seite, um Sie zu leiten, zu inspiriertem Handeln anzuregen und um neue Freunde zu finden.

> *Liebes Universum,*
>
> führe mich, damit ich neue Freunde finde, mit denen ich gerne Zeit verbringe. Mögen wir gemeinsam lachen, Freude aneinander haben und miteinander unsere Unbeschwertheit genießen.
> So sei es, und so ist es.

43: Geliebt • 91: Unterstützt • 98: Willkommen

22 ENTFREMDET

WENN SIE IN sich ein Gefühl der Entfremdung entdeckt haben, dann werden Sie sich beim Lesen dieser Zeilen von allen Mitmenschen abgeschnitten fühlen.

Vielleicht haben Sie sich von Ihren Angehörigen und anderen geliebten Menschen abgewandt und Ihre Beziehung zu manchen Freunden abgebrochen. Vielleicht hat Sie jemand enttäuscht? Doch als Menschen brauchen wir zwischenmenschliche Beziehungen, sonst werden wir krank.

Darauf kommt es an

SOLLTEN SIE SICH isoliert und entfremdet fühlen, dann ist es unerlässlich, dass Sie sich Unterstützung suchen und jemanden zu erreichen versuchen, der Ihnen zuhört.

Wenn Sie jetzt diesen Text lesen, dann stellen Sie sich dabei bitte vor, wie jemand Ihre Hand hält und für Sie da ist.

Schaffen Sie Raum in Ihrem Herzen, um sich für die folgende Meditation zu öffnen.

Liebes Universum,

im Augenblick fühle ich mich von allen entfremdet, doch ich bin bereit, diese Erfahrung hinter mir zu lassen, um mich daran zu erinnern, wie wichtig zwischenmenschliche Beziehungen sind. Möge ich mich daran erinnern, dass meine Seelenessenz Feuer fängt, wenn ich anderen Menschen Zugang zu meinem Leben gestatte. Ich nehme mir vor, neue Freunde und Erfahrungen, die mich mit Freude erfüllen, willkommen zu heißen.
So sei es, und so ist es.

10: Beruhigt • 92: Verbunden • 94: Versorgt

23 ENTSETZT

IN MELBOURNE SIND Straßenbahnen das Hauptbeförderungsmittel. Als ich neunzehn Jahre alt war, war ich auf dem Heimweg vom Einkaufen und fuhr mit der Straßenbahn. Die Sitze sind in Vierergruppen angeordnet, sodass man einander gegenübersitzt. Die Bahn war sehr voll, und als ich mich auf die Suche nach einem Sitzplatz machte, hörte ich einen Kerl schreien: »Sag deinem Flittchen, sie soll sich hinsetzen, oder ich knall sie ab!«

Der Kerl hatte eine Pistole in seiner Jackentasche und richtete sie direkt auf mich. Er stand eindeutig unter Drogeneinfluss. Ich hielt den Kopf gesenkt und tat, was er wollte. Ich setzte mich neben den Mann, den der Gangster angeschrien hatte. Wir saßen schweigend in der vollgestopften Bahn und hatten keine Ahnung, wie sich die Situation entwickeln würde. Ich war entsetzt. Ging es hier um Geiselnahme? Würde ich verletzt werden? Mein Herz raste. Acht Haltestellen lang hielt ich praktisch den Atem an. Dann nahm der Mann neben mir meine Hand, als wäre ich seine Freundin, und wir flüchteten so schnell wie möglich aus der Straßenbahn.

Darauf kommt es an

WENN ENTSETZEN SIE erfasst, dann versuchen Sie, sich auf Ihre Atmung zu konzentrieren, um sich zu beruhigen. Behalten Sie weiterhin so gut wie möglich Ihr Umfeld im Blick, um Ihre Sicherheit zu gewährleisten.

Liebes Universum,

möge mein Bewusstsein im gegenwärtigen Augenblick verankert sein.
Ich bitte darum, dass dieses Gefühl von Entsetzen durch Ruhe,
Gelassenheit und Fassung ersetzt wird. Ich vertraue darauf,
dass sich alles so entwickelt, wie es soll.
So sei es, und so ist es.

14: Bewusst • 67: Mutig • 75: Ruhig

24 ERSTICKT

PATTY UND JIM waren seit mehr als vierzig Jahren verheiratet. Patty wählte jeden Tag für Jim aus, was er anziehen sollte, sie bestimmte auch, was und wann er essen und wann er schlafen sollte. In Gesellschaft beantwortete Patty sogar die Fragen für ihn, die direkt an ihn gerichtet waren. Jim hatte keinen Raum, um sich selbst zum Ausdruck zu bringen, weil Patty ihm immer vorschrieb, was er wann, wo und wie zu tun hatte. Er meinte, ersticken zu müssen, obwohl er seine Frau zutiefst liebte.

Wenn man meint, keinen Platz für die Verarbeitung der eigenen Emotionen zu haben, dann kann einem das leicht die Luft abschnüren. Wenn man von einem anderen Menschen in allen Einzelheiten Vorgaben erhält, von ihm kontrolliert oder dominiert wird, dann ist das ein Anlass für große Besorgnis. Es kann sich anfühlen, als sei der Hemdkragen zu eng oder – in extremeren Fällen – als habe man eine Plastiktüte über dem Kopf.

Falls Ihnen das bekannt vorkommt, dann will Ihnen das Universum damit dringend raten, gesunde Grenzen zu ziehen und anders auf Ihre gegenwärtige Situation zu reagieren.

Darauf kommt es an

DIE MENSCHEN WERDEN Sie so behandeln, wie Sie es zulassen. Wenn Sie mehr Platz brauchen, dann klagen Sie ihn ein.

Seien Sie in eigener Sache klar und deutlich, und sorgen Sie dafür, dass Ihr Bedürfnis nach mehr Raum respektiert wird.

Liebes Universum,

möge ich gesunde Grenzen ziehen und mich deutlich ausdrücken, damit mein Wunsch nach mehr Raum respektiert werden kann. Ich vertraue darauf, dass meine Intention nicht auf Widerstand stößt. Möge ich mit Mitgefühl und Liebe vorangehen.
So sei es, und so ist es.

21: Entspannt • 33: Frei • 65: Mitfühlend

25 FAUL

WENN SIE NICHT arbeiten und Ihre Energie nicht einsetzen wollen, dann sind Sie faul. Meine Großmutter sagte oft: »Untätige Hände tun des Teufels Werk.« Dennoch gibt es Zeiten im Leben, in denen man einfach keine Lust hat, auch nur irgendetwas zu tun. Möglicherweise können Sie sich nicht motivieren, einen Berg Wäsche zusammenzulegen. Oder vielleicht müssen Sie Termine verabreden, Rechnungen bezahlen oder haben andere Hausarbeiten, die fertig werden müssen. Mein Rat lautet (noch ein Sprichwort): Was du heute kannst besorgen, das verschiebe nicht auf morgen.

Darauf kommt es an

WENN SIE MIT kleinen Schritten beginnen, können Sie sich über die depressive Stimmung der Faulheit erheben.

Es hat etwas Magisches, wenn man die Ärmel hochkrempelt, um körperliche Arbeit zu tun. Tätig zu sein setzt Energie in Bewegung und sorgt dafür, dass man sich emotional besser fühlt. Faulheit heißt, dem Universum mitzuteilen, dass man nicht mitspielen will. Man bleibt an der Seitenlinie sitzen und schaut fröhlich zu, wie das Leben an einem vorbeifließt. Ich weiß, so gesagt hört es sich grausam an, aber ich hoffe, Sie damit dazu zu bewegen, dass Sie sich aufraffen und handeln!

Wenn Sie wissen, dass Sie faul sind, und etwas dagegen tun wollen, dann bitten Sie das Universum um Unterstützung.

Liebes Universum,

bitte schaffe mir Gelegenheiten in meinem Leben, die es mir unmöglich machen, faul zu sein. Befreie mich von der Energie des »Ich mache es später« und leite mich an, damit ich in meinem Leben präsent bin und beharrlich und kraftvoll meine Angelegenheiten auf die Reihe bekomme. Möge ich jetzt die Essenz der Motivation manifestieren.
So sei es, und so ist es.

14: Bewusst • 20: Engagiert • 66: Motiviert

26 GEDANKENVERLOREN

WARUM FÜHLEN SIE sich geistig abwesend? Weil Sie von Ihren Liebsten getrennt sind? Von Ihrem Ehepartner vielleicht? Meistens wird man, wenn man gedankenverloren ist, auch als distanziert wahrgenommen. Wenn es nicht Ihre Absicht ist, Raum zwischen sich und Ihren Liebsten zu gewinnen, dann sprechen Sie mit ihnen darüber. Bringen Sie zum Ausdruck, wie Sie sich fühlen, dass es nicht persönlich genommen werden soll und dass Sie nur ein bisschen Zeit brauchen, um Ihr Gleichgewicht wiederzufinden.

Darauf kommt es an

SIE HABEN DIE hundertprozentige Erlaubnis, sich Zeit für die Verarbeitung Ihrer Gefühle zu nehmen, egal, um welche es sich handelt.

Wenn Sie gedankenverloren sind, dann besteht die Gefahr, dass Sie in Ihrem Leben nicht präsent sind. Es ist Ihre Aufgabe, den Abstand zwischen Angst und Vertrauen zu überwinden. Doch wenn Sie emotional abwesend sind, dann ist es schwerer, Sie zu erreichen und mit Ihnen Verbindung aufzunehmen.

Liebes Universum,

möge ich Mitgefühl für meine Mitmenschen aufbringen.
Möge ich fähig sein, zum Ausdruck zu bringen, dass es nicht meine Absicht ist, distanziert zu wirken. Ich vertraue darauf, dass ich in diesem Prozess präsent bin. Ich gestatte es dem Zuspruch, den ich suche, die Heilung in meinem Herzen zu bewirken, die ich jetzt gerade brauche.
So sei es, und so ist es.

62: Liebevoll • 73: Präsent • 92: Verbunden

27 GEDEMÜTIGT

DEMÜTIGUNG UND BESCHÄMUNG sind eng miteinander verwandt, doch Demütigung ist schmerzhafter. Demütigung ist traumatisch und wird häufig verschwiegen. Hingegen kann sich Beschämung im Rückblick manchmal sogar in eine lustige Geschichte verwandeln.

Seit Anbeginn der Zeit haben Menschen einander willentlich und wissentlich gedemütigt, um Macht zu erlangen und sie zu beweisen – das Gräuel der Sklaverei, die Kreuzigung Jesu, das Verbrennen von Hexen auf dem Scheiterhaufen, das Teeren und Federn von Verbrechern, die unvorstellbare Demütigung, die zur Ermordung von sechs Millionen Juden im Zweiten Weltkrieg geführt hat, sind nur besonders grausame Beispiele dafür.

Einen anderen Menschen mit Schuld und Scham zu befrachten, wird niemals Veränderung bewirken, noch ist es ein Ausdruck echter Macht. Was immer Sie gerade durchmachen, bitte investieren Sie Ihr Bewusstsein in die Energie der Perspektive.

Darauf kommt es an

JEMANDEN ZU DEMÜTIGEN kann niemals irgendetwas verändern oder irgendetwas beweisen. Demütigung manifestiert nichts anderes als Schmerz.

Wenn ein anderer Mensch Sie mit Absicht beleidigt, dann müssen Sie sich an Ihren großartigen Anteil am Universum erinnern. Sie sind auf einzigartige Weise Sie selbst. Das Universum fordert Sie auf, sich über den Schmerz zu erheben und sich zu heilen. Ein weiterer Aspekt ist, dass Sie, wenn Sie können, Mitgefühl für Menschen aufbringen, die ihr eigenes Verhalten nicht durchschauen.

Liebes Universum,

ich gestatte es dieser Erfahrung, durch mich hindurchzufließen und sich nicht in meinem Körper, meinem Geist oder meiner Seele festzusetzen. Möge ich Mitgefühl für diejenigen aufbringen, die die Wahrheit nicht erkennen können. Möge ich die Last und die Geschichte dieses Gefühls abstreifen, damit mein Herz frei ist, sich in die Liebe hinein auszubreiten.
So sei es, und so ist es.

67: Mutig • 68: Nachsichtig • 93: Verletzlich

㉘ GEFANGEN

VIELE MENSCHEN SIND unglücklich oder unzufrieden mit ihrem Leben und meinen, keine Kontrolle über das zu haben, was ihnen zustößt. Wahr ist jedoch, dass Sie durchaus die Macht haben, Ihr Leben zu verändern, wenn Sie sich darin gefangen fühlen.

Vielleicht fühlen Sie sich im Griff bedrückender oder unfairer Umstände. Es ist leider so, dass nicht alle für ihr Leben ein gleichermaßen günstiges Blatt ausgeteilt bekommen. Freiheit erlangen wir jedoch dadurch, wie wir diese Unterschiede feiern.

Menschen aus allen Bereichen des Lebens, die sich durch die Gesellschaft, Geschichte, Verfolgung, äußeren Umstände oder Ungerechtigkeit gefangen gefühlt haben, ist es gelungen, über diese hinauszuwachsen. Ich bringe diesen weit gereisten oder noch im Reisen begriffenen Seelen größten Respekt entgegen.

Darauf kommt es an

WER SICH GEFANGEN fühlt, spürt in Wahrheit, wie sein Bedürfnis nach Freiheit in ihm wächst. Es ist an der Zeit, die Stimme zu erheben, liebevoll die Führung zu übernehmen, mitfühlend zu unterweisen und für sich selbst eine Ausstiegsstrategie zu entwickeln.

Wenn wir uns in unterschiedlichen Bereichen unseres Lebens eingeschränkt fühlen, dann kann uns das helfen, rascher Freiheit zu suchen, sobald wir uns die Genehmigung dazu erteilen. Manchmal reicht es aus, sich bewusst zu machen, dass

man mehr Freiheit hat, als man denkt, denn da draußen in der Welt gibt es Millionen Menschen, die tagtäglich für ihre allergrundlegendsten Rechte kämpfen müssen.

Das Universum möchte, dass Sie sich aus Ihren selbst geschaffenen Gefängnisstrukturen entlassen und sich weit und frei fühlen.

> *Liebes Universum,*
>
> ich bin frei. Durch meine mich ermächtigenden Entscheidungen, die ich einen Augenblick nach dem anderen treffe, erinnere ich mich an die ausgedehnte und alles durchdringende Essenz meiner Seele. Wenn ich mich gefangen fühle, dann ist das eine Aufforderung an mich, die Flügel auszubreiten und zu fliegen.
> So sei es, und so ist es.

19: Energiegeladen • 33: Frei • 97: Weit

29 GELANGWEILT

MEINE OMA MOLLIE war eine der kreativsten und künstlerisch begabtesten Frauen, die ich jemals kennengelernt habe. Im Jahr 1913 geboren, wurde sie Anfang der Dreißigerjahre angestellt, um Modeskizzen für Magazine zu zeichnen. An ihrem Lebensende war ihr Haus voll von wunderbaren Porträts, die sie im Laufe ihres Lebens gemalt hatte. Es gab unglaublich detaillierte Porträts von Maori-Frauen, die sie inspiriert hatten, und von ihren zahlreichen geliebten Enkelkindern. Zu meinem siebten Geburtstag malte sie für mich ein Bild von meiner Puppe, das ich bis zum heutigen Tag liebe. Jede Zeichnung und jedes Gemälde brachte ihre künstlerische Begabung zum Ausdruck, mit ihrem kreativen Ausdruck die Essenz des Augenblicks einzufangen.

In einer Zeit vor Fernsehen, Internet, sozialen Medien, Smartphones und Netflix heißt Langeweile, dass man zu viel Zeit hat.

Meine Oma erinnerte mich daran, dass es mir nicht gestattet war, mich zu langweilen; in Zeiten des Leerlaufs sollte ich kreativ sein. Meine Mutter vertrat diese Philosophie ebenfalls. Als Kind durfte ich fluchen, aber die Worte »mir ist langweilig« waren mir verboten.

Darauf kommt es an

DIE SCHÖNHEIT DER Inspiration wird angefacht durch ein tieferes Verständnis dafür, wer Sie als spirituelles Wesen sind.

Sie langweilen sich? Dann zeichnen, schreiben, lesen, gehen, kochen, hören Sie. Nehmen Sie sich heraus und stellen Sie sich neu ein. Meditation ist hier ungemein hilfreich …

Liebes Universum,

ich überlasse mich dem Gefühl der Langeweile. Ich vertraue darauf, dass sie dem Zweck dient, die kreative Energie in meiner Seele anzufachen. So sei es, und so ist es.

58: Kreativ • 73: Präsent • 100: Zufrieden

30 GENERVT

GENERVT ZU SEIN, kann sich äußerst frustrierend anfühlen. Wenn Sie sich schon über die Fliege an der Wand ärgern, dann ist Ihr Bewusstsein dabei, zu übersteuern. Ein Horrorfilm am Freitagabend im Kino ist für gewöhnlich der letzte Anstoß, den ich brauche, damit ich genervt bin. Während der besonders furchterregenden Szenen kreischen die Teenager, dann lachen sie, und dann reden sie darüber. Zu diesem Zeitpunkt befinde ich mich bereits in einem Zustand, der jederzeit ins Genervtsein umschlagen kann. Dann sehe ich, wie die Leute ihre Handys checken, sodass die Dunkelheit durch das Aufleuchten der kleinen Bildschirme erhellt wird, und das lenkt mich vom Film ab. Im höchsten Grad genervt bin ich dann, wenn ich die Leute Popcorn essen höre. Dieses Geräusch gibt mir wirklich den Rest. In meinem Kopf laufen dann Gespräche ab, in denen ich alle zusammenstauche, als wäre ich die böse Schulleiterin einer Privatschule.

Darauf kommt es an

DER SCHLÜSSEL ZUR Vermeidung von Genervtheit liegt darin, die eigenen Auslöser zu kennen. Nehmen Sie sich ein wenig Zeit, um in Ihre Genervtheit hineinzuatmen, und erinnern Sie sich an die Tatsache, dass Sie, je mehr Kraft Sie in Ihre Frustration investieren, ihr immer mehr Platz in Ihrer Wirklichkeit einräumen.

Mit Genervtheit bettelt Ihre Seele darum, dass Sie die Ironie der Situation erkennen. Babys, die in Flugzeugen oder Restaurants schreien, lahme Bedienungen in einer Gaststätte, das Warten in der Zulassungsstelle, das Feststecken in einem Stau – alle diese Geschehnisse sind heilige Aufforderungen des Universums an Sie, Ihre Präsenz und Gelassenheit zu kultivieren. Das ist natürlich leichter gesagt als getan.

Liebes Universum,

möge ich im Auge des Sturms ruhig bleiben. Ich bin bereit,
tief Luft zu holen und die Situation nicht noch schlimmer zu machen,
als sie bereits ist. Gestatte es mir, mich von den Gefühlen
der inneren Anspannung in meinem Körper zu befreien,
damit ich in diesem Augenblick voll präsent sein kann.
So sei es, und so ist es.

21: Entspannt • 36: Fröhlich • 75: Ruhig

31 GEQUÄLT

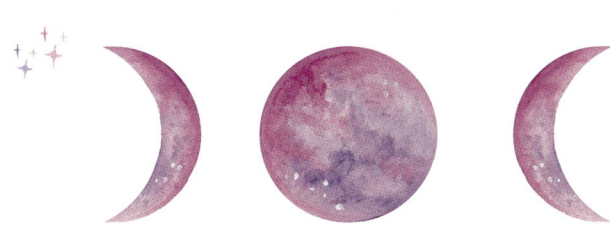

JEDER HAT EINE andere Schmerzgrenze. Die eine Frau tut sich leicht bei einer Geburt, die andere meint vielleicht, dass sie eine Wassermelone durch ein Nadelöhr pressen muss. Falls Sie sich mit physischen oder emotionalen Schmerzen stark quälen müssen, sollten Sie wissen, dass es Mittel und Wege gibt, um mit alternativen Therapieformen und meditativen Techniken Erleichterung zu schaffen.

Als Sean sich mit seinem kleinen Zeh im Wäschekorb verfing, hätte er jeden Eid geleistet, dass dies die schlimmste Qual seines Lebens war. Für mich hingegen trat dieser Moment ein, als während des Kaiserschnitts für meine Tochter Lulu die Betäubung nachließ.

Darauf kommt es an

SIE SIND EIN spirituelles Wesen. Schmerz gibt es nur auf der physischen Ebene. Gestatten Sie es Ihrem Bewusstsein, Ihre nicht physische Kraft dann in Anspruch zu nehmen, wenn Sie sie brauchen.

Weil es Schmerz nur auf der physischen Ebene gibt, sind Hypnose sowie andere alternative Therapieformen wie etwa EFT (Emotional Freedom Techniques) und Reiki so wirkungsvoll.

Wenn Sie sich das nächste Mal oder auch aktuell mit Schmerzen quälen, bitten Sie das Universum um Unterstützung.

Liebes Universum,

ich entlasse nun diesen Schmerz aus meinem Körper, aus meinem Geist und aus meiner Seele. Möge er durch die Energie der Heilung ersetzt werden. Möge mein Sein von Licht, Liebe und Mut durchdrungen werden. So sei es, und so ist es.

5: Ausgerichtet • 41: Geheilt • 46: Glücklich

32 GEREIZT

KOMMT ES IHNEN so vor, als würde Ihnen gleich die Sicherung durchbrennen? Geht Ihnen das, was andere tun, gerade wirklich auf die Nerven?

Wenn Sie die Energie der Gereiztheit spüren, dann versuchen Sie bitte, Ihre Aufmerksamkeit zu verschieben und auf die Frage zu richten, wie Sie in den gegenwärtigen Augenblick zurückfinden und anderen Menschen von Nutzen sein können. Eine meiner Schülerinnen in der Manifesting Academy schrieb mir, dass sie ungeduldig und gereizt sei, weil sich für sie nichts manifestiere. Sie bat mich um Rat dazu, wie sie die Gefühle der Gereiztheit am besten loswerden könne.

Mein Rezept sah so aus: Ich schlug ihr vor, zu einem Zeitpunkt zur Post zu gehen, um eine Briefmarke zu kaufen, wenn dort so richtig viel Betrieb sein würde. Ihre Aufgabe war es, sich dort in die längste Schlange zu stellen und den Menschen, die dort gemeinsam mit ihr warteten, liebevolle Gedanken zu schicken. Sobald sie auch nur das geringste Anzeichen von Gereiztheit in sich wahrnahm, sollte sie ihre Aufmerksamkeit auf die liebevolle Energie richten, die sie für fremde Menschen aufbringen konnte. Innerhalb einer Woche stellte die Schülerin fest, dass ihre gewohnte Gereiztheit bei der kleinsten Störung nun ausblieb. Wenn man gereizt ist, dann ist es also am besten, nach etwas zu suchen, wofür man wirklich dankbar ist, und sich zu fragen, was an der Situation, die die Gereiztheit auslöst, eigentlich gut ist. Sie können diese Übung selbst ausprobieren, sei es in der Post, einem stark besuchten Supermarkt oder wenn Sie im Stau stecken.

Darauf kommt es an

BETRACHTEN SIE GEREIZTHEIT als Einladung, in den gegenwärtigen Augenblick zurückzukehren.

Um Ihre Gereiztheit aufzulösen, nutzen Sie die nachfolgende Meditation.

Liebes Universum,

ich befreie mich von meinen Gefühlen der Gereiztheit und richte meine Aufmerksamkeit auf die Dinge in meinem Umfeld, die ich wertschätzen kann. Möge ich die Gereiztheit als Aufforderung erkennen, den Blick nach innen auf das zu richten, was meine Wertschätzung verdient.
So sei es, und so ist es.

21: Entspannt • 33: Frei • 73: Präsent

33 GESCHLAGEN

GEORGE WAR EIN Obdachloser, an dem ich jeden Tag auf meinem Weg in die Schule vorbeikam. Er sah ein bisschen so aus wie der grimmige Oscar aus der Sesamstraße. Und er roch nach Mülleimer. Er hatte immer nur zwei Dinge dabei: eine Decke und Bier. Es hieß, er sei früher einmal Millionär gewesen und habe sich dann von seinen finanziellen Verlusten so geschlagen gefühlt, dass er seine Familie verlassen habe, um auf der Straße zu leben. George schrie die Leute an und verlangte von ihnen, ihm Bier zu kaufen. Er fand, die Welt habe ihn geschlagen und schulde ihm nun im Gegenzug etwas. Er pinkelte in die Haus- und Ladeneingänge, beschimpfte die Passanten und schlief, wo immer es ihm beliebte. Er hatte sich aufgegeben. Er blieb ganz unten bis zu seinem Lebensende. Ein Bus fuhr ihn an, sodass er auf der Stelle tot war.

Darauf kommt es an

DAS UNIVERSUM LÄDT uns nie mehr auf, als wir bewältigen können. Mit diesem Wissen im Hinterkopf ist es unmöglich, dass äußere Umstände Sie jemals schlagen. In Zeiten des Leids vergessen wir gerne, dass ja letztlich niemand seine irdische Erfahrung lebendig übersteht. Früher oder später kehren wir alle ins Einssein zurück.

Wenn Sie sich geschlagen und vernichtet fühlen, dann erinnern Sie sich an die Macht der Perspektive, und verbinden Sie sich mit dem Universum, um sich durch schwere Zeiten hindurchführen zu lassen.

Liebes Universum,

bitte erinnere mich daran, dass ich mich auf dem Weg nach oben befinde und dass meine gegenwärtige Erfahrung eine wertvolle Lektion für mich ist. Ich danke dir für diese Gelegenheit zum Wachstum und für das Geschenk meines Bewusstseins, das mich das Auf und Ab des Lebens als solches erkennen lässt.
So sei es, und so ist es.

31: Fließend • 55: Inspiriert • 100: Zufrieden

GESTRESST

EINE STUDIE DER Universität Harvard hat gezeigt, dass achtzig Prozent aller Arztbesuche durch Stress veranlasst werden. Außerdem wird angenommen, dass im Jahr 2010 jeder fünfte amerikanische Erwachsene Medikamente gegen psychische Störungen wie Ängste und Depression eingenommen hat. Stress ist eine ständige unterschwellige Bedrohung, und deshalb ist es so wichtig, sich regelmäßige Selbstfürsorgerituale auszudenken, die helfen, runterzukommen, sich zu entspannen und sich daran zu erinnern, dass die Lenkung unserer Emotionen in unserer Macht liegt.

Darauf kommt es an

WENN SIE UNTER Stress stehen, dann soll Sie das daran erinnern, dass Sie Ihr Denken und Ihre Wirklichkeit verändern.

Auf der physischen Ebene bewirkt Stress Krankheit, denn unter Stress produzieren Sie ein Übermaß an Cortisol – ein Hormon, das Gewichtszunahme, Schlafstörungen, verminderte Libido und noch etliche andere Unannehmlichkeiten bewirkt, die Sie bestimmt nicht manifestieren wollen. Eine vorsichtige Lenkung Ihrer Gedanken und Emotionen ist daher vermutlich die beste Lösung. Unternehmen Sie eine Reise aus Ihrem Kopf in Ihr Herz. Brauen Sie sich eine Tasse Basilikumtee (Tulsi), denn er enthält Stoffe zur Stressreduktion. Und nehmen Sie sich täglich Zeit für Meditation und für Ihren Kontakt mit dem Universum.

Liebes Universum,

ich entledige mich nun der Stressenergie und ersetze sie durch Selbstmitgefühl und Vertrauen darauf, dass in meinem Leben für alles gesorgt wird. Ich bin ab sofort in meinem Herzraum geerdet, erinnere mich jeden Tag daran, wie wichtig Selbstfürsorge ist, und handle danach.
So sei es, und so ist es.

21: Entspannt • 65: Mitfühlend • 100: Zufrieden

35 GETRIGGERT

FÜHLEN SIE SICH getriggert? Es könnte etwas gewesen sein, das Sie in den sozialen Medien oder im Fernsehen gesehen haben und das Ihnen »falsch« vorkommt. Vielleicht ist es ein Video, das Sie an eine traumatische Erfahrung erinnert. Möglicherweise auch eine Person mit einer Stimme, die Sie unbarmherzig ärgert. Eventuell handelt es sich um einen Song im Radio, der in Ihnen unangenehme Erinnerungen weckt. Alle Ihre Sinne können zu jedem nur denkbaren Zeitpunkt in Ihrem Leben getriggert werden und Erinnerungen und negative Reaktionen auslösen. Mit großer Wahrscheinlichkeit geschieht es, weil jemand etwas gesagt oder getan hat, was Ihre eigenen inneren Regeln verletzt.

Darauf kommt es an

IHRE LEBENSREISE HAT immer Auslöser für Sie parat, über die Sie hinauswachsen sollen.

Sie befinden sich auf einer geheiligten Mission des Universums, die das Wachstum und die Ausdehnung Ihrer Seele befördern soll.

Normalerweise zeigen sich Auslöser gerne im Streit und in Meinungsverschiedenheiten innerhalb einer Beziehung. Möglicherweise weiß Ihr Partner ganz genau, wo und wie er die emotionalen Nadelstiche setzen muss, um Sie zu einer Reaktion zu zwingen. Dabei kann man so leicht vergessen, dass man die Aufgabe hat, sich über diesen Auslöser und die eigene Energie zu erheben. Sobald Sie es gelernt haben, wie Sie solchen Auslösern mitfühlend und ohne Reaktion begegnen können, wird sich die Qualität Ihres Lebens erheblich verbessern.

Wenn Sie sich getriggert fühlen, dann halten Sie bitte inne und bitten das Universum um Führung.

Liebes Universum,

bitte erinnere mich daran, in dieser Situation Mitgefühl aufzubringen.
Ich habe die Macht, meine Energie zu lenken und meine
Reaktionsweise zu wählen. Mögen meine Worte Freundlichkeit
befördern und mich zur Liebe führen.
So sei es, und so ist es.

65: Mitfühlend • 67: Mutig • 93: Verletzlich

36 GLEICHGÜLTIG

JUDITH UND ROSS waren seit fast vierunddreißig Jahren verheiratet. Zu Beginn Ihrer Beziehung waren sie sehr ineinander verliebt. Im Laufe der Jahre ließen sie sich jeder in seine eigene Ecke treiben. Die Monotonie ihres Alltags gab ihnen Sicherheit. Sie sprachen nicht darüber, wie sie sich fühlten. Ja, sie kommunizierten insgesamt nicht viel miteinander.

»Was gibt's zum Abendbrot?«

»Hast du den Müll rausgebracht?«

Die Beziehung lief auf einer sehr einfachen Ebene ab. Judith löste entweder Sudokus oder las einen Liebesroman. Ross saß, die Füße hochgelegt, vor dem Fernseher, sah sich Sport an, trank Bier und wartete auf seine Mahlzeiten.

Beiden war ihre Beziehung gleichgültig, und sie betrachteten einander als selbstverständlich. Sie verhielten sich so, als warteten beide darauf, dass endlich etwas Aufregendes geschehen möge.

Darauf kommt es an

WENN IHNEN ETWAS gleichgültig ist und Sie keine Entscheidung treffen wollen, dann kann es vorkommen, dass das Universum für Sie entscheidet. Es ist sinnlos, dazusitzen und zu warten, dass das Leben Sie mitreißt, denn Ihr Tun ist die Voraussetzung, damit das Leben stattfindet.

Ross bekam Bauchspeicheldrüsenkrebs und sollte noch vier Monate zu leben haben. Zwei Wochen nach dieser traurigen Mitteilung hatte Judith einen Schlaganfall und musste künstlich am Leben gehalten werden. Für den kurzen Rest seines Lebens wünschte Ross, die Dinge hätten sich anders entwickelt.

Liebes Universum,

möge ich mich daran erinnern, dass das Leben keine Kostümprobe ist
und dass mein Leben von meinen Entscheidungen geformt wird.
Wie ich dastehe, wird unmittelbar von meinem Sinnempfinden
und von meiner Wertschätzung gespiegelt. Führe mich
und erinnere mich an meine Macht.
So sei es, und so ist es.

5: Ausgerichtet • 57: Klar • 60: Leidenschaftlich

 GRAUSAM

WENN SIE EINEM anderen willentlich Schmerz oder Leid zufügen, ohne dass Sie Ihr Tun mit Sorge erfüllt, dann müssen Sie Ihr Handeln überprüfen. Für verbale oder physische Grausamkeit gibt es keine Rechtfertigung.

Eine buddhistische Lebensweisheit rät uns, unsere Worte anhand der nachfolgenden Fragen zu überprüfen:

Sind sie wahr?

Sind sie freundlich?

Sind sie notwendig?

Wenn wir mit Worten, von denen wir wissen, dass sie Schaden anrichten werden, auf jemanden losgehen, dann tun wir es fast immer, weil wir mit uns selbst nicht im Reinen sind. Ich selbst habe mich viele Male dabei beobachtet, wie ich einem anderen Menschen verbal in die Kniekehlen getreten habe. Für gewöhnlich weiß ich, wo der andere seinen wunden Punkt oder seine empfindliche Stelle hat, also gestatte ich es mir, grausam zu sein. Dieser Wesenszug ist nicht schön. Wenn Sie ihn bei sich entdeckt haben, dann haben Sie jetzt die Möglichkeit, ihn sich genau anzusehen und abzustellen. Ich bin fest entschlossen, diese Eigenschaft meiner Psyche zu heilen und gewaltfreie Kommunikation zu meistern. Es ist ein Geschenk, bewusst genug zu sein, um freundliche Worte zu sprechen.

Darauf kommt es an

SPRECHEN SIE SOLCHE Worte, die etwas zu Ihrer Beziehung beisteuern, statt sie zu vergiften. Grausames Verhalten ist ein deutlicher Hinweis darauf, dass Ihr Herz Ihre Zuwendung braucht.

> ## Liebes Universum,
>
> gestatte es mir, Konflikte schon bei ihrem Entstehen mit Mitgefühl, gewaltfreier Sprache und fair gewählten Worten aufzulösen. Ab sofort gebe ich Liebe den Vorzug vor Gift, damit die reine Schönheit meines Bewusstseins erblühen kann.
> So sei es, und so ist es.

39: Geerdet • 65: Mitfühlen • 93: Verletzlich

38 HILFLOS

MEIN VATER KONNTE kaum sprechen. Es war klar, dass mit seiner Atmung irgendetwas nicht stimmte. »Ich bin im Krankenhaus; ich habe Lungenentzündung.«

Nichts verursacht mehr Hilflosigkeit, als wenn ein geliebter Mensch sterbenskrank ist und man selbst sich auf der anderen Seite des Planeten befindet. Ich berechnete, dass ich mindestens dreißig Stunden brauchen würde, um von Amerika nach Australien zu fliegen. Die Schwestern hatten mir erklärt, dass sie in drei Stunden lebenserhaltende Maßnahmen einleiten würden. Schlechte Aussichten für einen Siebzigjährigen.

Ich stand vor der wirklich realistischen Wahrscheinlichkeit, mich nicht verabschieden zu können. Wenn man sich hilflos fühlt, dann kann man sich nur dem Augenblick ergeben und einen Schritt nach dem anderen tun. Ich lenkte meine Energie, um meinem Vater Liebe zu senden. Mein Denken war angsterfüllt, doch ich stellte ihn mir immer als vollständig gesund vor. Zum Glück wurden meine Gebete erhört und er kam über den Berg. Er brachte einen ganzen Monat in dem Krankenhaus zu und wurde mit einer Lungenkrankheit diagnostiziert. Wundersamerweise war es ihm möglich, zu einem späteren Zeitpunkt im gleichen Jahr nach Las Vegas zu fliegen und meine Tochter Ava kennenzulernen. Wir wussten jeden Augenblick mit ihm als Geschenk des Lebens zu schätzen. Mir ist klar, dass ich mich irgendwann wieder so hilflos fühlen werde und dass ich nichts tun kann, um solchen Gefühlen zu entgehen.

Darauf kommt es an

WIR DÜRFEN WÄHLEN, wie wir eine gegebene Situation sehen und wie wir unsere Energie einsetzen.

Sie haben die Macht, Ihre Emotionen in jedem Augenblick zu lenken und die Schönheit und Zerbrechlichkeit des Lebens zu feiern.

Liebes Universum,

ich befreie mich von diesem Gefühl der Hilflosigkeit und vertraue darauf, dass sich alles so entfaltet, wie es sein soll.
So sei es, und so ist es.

31: Fließend • 75: Ruhig • 85: Stark

39 HIN UND HER GERISSEN

ES WIRD ANGENOMMEN, dass inzwischen mehr als fünfunddreißig Prozent aller Paarbeziehungen über das Internet zustande kommen. Das bedeutet, man kann sich in irgendjemanden auf der ganzen Welt verlieben. Ich habe meinen Mann Sean über Twitter kennengelernt. Wir befanden uns jeweils auf der gegenüberliegenden Seite des Planeten, und das brachte gewisse Schwierigkeiten mit sich. Erst tauschten wir ungefähr ein Jahr lang Tweets aus, dann wurden wir Facebook-Freunde, und schließlich gingen wir dazu über, einander lange E-Mails zu schreiben. Es war, als sei ein Lichtschalter umgelegt worden, und wir verliebten uns ineinander, noch bevor wir uns persönlich begegneten. Sean investierte all sein Geld, um für elf Tage von Los Angeles zu mir nach Australien zu fliegen. Wir wussten sofort, dass wir den Rest unseres Lebens miteinander verbringen wollten, aber wir befanden uns jeder mit seinem Leben im Umbruch. Als alleinerziehende Mutter konnte ich es mir nicht leisten, noch jemanden mit durchzufüttern. Doch wir waren entschlossen, einen Weg zu finden.

Nach den elf Tagen beschlossen Sean und ich, es drei Monate lang miteinander zu versuchen, um herauszufinden, ob wir zueinanderpassten. Wir stritten, wir lachten, wir weinten, wir träumten, und am Ende der drei Monate versprach Sean, dass er zurückkommen würde. Was mich beunruhigte, war, dass er alle seine Sachen mitnahm. Er war hin und her gerissen, wie man es schlimmer nicht sein kann.

Um mit mir zusammen sein zu können, musste er ins kalte Wasser springen und sein Zuhause in den Vereinigten Staaten aufgeben. Alles, was er kannte, würde dort zurückbleiben. Sein Herz konnte sich nicht entscheiden zwischen der Frau, die er liebte, und seinem vertrauten Leben, in dem er sich wohlfühlte und an dem er hing.

Darauf kommt es an

IHR HERZ WIRD Ihnen den Weg weisen, und es gibt keine Fehler und kein falsches Abbiegen. Ihre Seele sehnt sich nach Abenteuern. Wenn Sie sich hin und her gerissen fühlen, dann ist das die Einladung Ihres höheren Selbst an Sie, Ihre Komfortzone zu verlassen.

Sollten Sie sich hin und her gerissen fühlen und sich nicht sicher sein, in welche Richtung Sie aufbrechen wollen, dann nutzen Sie die nachfolgende Meditation.

Liebes Universum,

möge ich von innen heraus geführt werden, damit ich den Weg wähle,
der dem großen Ganzen am besten dient. Ich vertraue darauf,
dass es kein falsches Abbiegen gibt, sondern nur wertvolle Erfahrungen,
die meine Seele und mein Herz darin unterstützen,
zu wachsen und zu gedeihen.
So sei es, und so ist es.

21: Entspannt • 57: Klar • 89: Transformierend

40 HOFFNUNGSLOS

SIND SIE IM Griff der Hoffnungslosigkeit, dann arbeitet das Universum im Hintergrund fieberhaft daran, für Sie eine Lösung zu bewirken. Hoffnungslosigkeit fühlt sich an, als hätte man alle Möglichkeiten ausgeschöpft und den tiefsten Punkt erreicht, von dem aus es nur noch aufwärtsgehen kann.

Darauf kommt es an

SIE ÜBERSTEHEN DIE Zeit der Hoffnungslosigkeit, indem Sie an mehr glauben als an das, was Sie sehen. Wir fühlen uns oft hoffnungslos, wenn rückblickend der Erfolg schon unmittelbar bevorstand.

Das Universum kann nur dann Lösungen anbieten, wenn Sie sich Ihrer Erfahrung ergeben. Dass bedeutet, Sie müssen sich von Ihrer eigenen Interpretation der Situation befreien. Sie müssen Ihren Fokus verschieben, Ihr Bewusstsein (möglichst) auf Wertschätzung richten und sich daran erinnern, dass alles möglich ist, wenn Sie Ihrem Herzen vertrauen.

Liebes Universum,

bitte verstärke das Vertrauen und die Hoffnung in meinem Herzen. Erinnere mich daran, dass ich mich auf einer Reise befinde und dass die gegenwärtige Erfahrung Bestandteil eines göttlichen Plans ist.
So sei es, und so ist es.

32: Fokussiert • 57: Klar • 72: Positiv

41 KAPUTT

VIELLEICHT HABEN SIE im Moment das Gefühl, kaputt und zerbrochen zu sein, aber wirklich möglich ist das eigentlich nicht. Auch wenn die Umstände schlimm sind, haben Ihre momentanen Gefühle einen Sinn. Dieser Sinn wird sich allerdings erst mit der Zeit offenbaren.

Um Ihnen ein Beispiel zu geben: Zwischen 2013 und 2015 fühlte sich mein Körper vollkommen kaputt an. In der Woche bevor ich meinen Seelengefährten Sean in Las Vegas heiratete, hatte ich nach einer sechswöchigen Schwangerschaft eine Fehlgeburt. In einem kurzen Zeitraum von nur acht Monaten verlor ich auf diese Weise insgesamt fünf Kinder. Wir hatten uns bereits in den winzigen Herzschlag der Kinder verliebt, nur um feststellen zu müssen, dass sie nicht überleben würden. Die Ärzte waren ratlos und konnten nicht erklären, warum ich im Alter von dreiunddreißig Jahren so leicht und regelmäßig schwanger wurde und dann meine Kinder verlor. Ich selbst hatte das Gefühl, zu versagen, weil mein Körper meine Kinder nicht versorgen konnte. Die Ereignisse stellten mein Vertrauen und meinen Glauben an das Universum auf eine harte Probe.

Wie sollte ich anderen mit ihren Manifestationen helfen, wenn ich mich selbst so kaputt fühlte?

Ich ging sehr offen mit meiner Verlusterfahrung um und war in jener Zeit äußerst präsent in den sozialen Medien. Übrigens finde ich, dass mehr über Fehlgeburten gesprochen werden muss, denn schließlich endet jede dritte Schwangerschaft auf diese Weise.

Ich erkannte in dieser schweren Zeit, dass ich andere Menschen inspirieren konnte, indem ich offen über meine Geschichte sprach und meine Verletzlichkeit nicht verbarg. Gemeinsam, indem wir Unterstützung suchten und obwohl ich mich so kaputt fühlte, entfachten wir die Heilkraft der Gemeinschaft.

Als ich im Jahr 2015 endlich mein Wunderbaby Lulu Dawn in den Armen hielt, war ich insgesamt achtzehn Monate lang schwanger gewesen. Damit hatte ich fast die Trächtigkeitsdauer eines asiatischen Elefanten erreicht … Worauf ich hinauswill ist, dass man manchmal die Illusion, kaputt zu sein, durchstehen und als Stärkung des eigenen Sinns und des eigenen Zwecks begreifen muss.

Darauf kommt es an

Das Universum wird Sie immer wieder prüfen, Ihnen schmerzhafte Geschichten zumuten, über die Sie hinauswachsen sollen, Ihnen aber nie mehr aufladen, als Sie bewältigen können. Sie müssen Ihr Vertrauen in den Prozess bewahren und sich so gut wie möglich auf den wilden Ritt vorbereiten.

Meditieren Sie über das Heilen von Zerbrochenheit und stützen Sie sich auf die Schönheit des Ganzseins.

> *Liebes Universum,*
> ermögliche es mir, diese Zeit in meinem Leben
> als wertvollen Lernprozess zu erkennen. Möge mein Herz die
> nährende Energie empfangen, die es braucht, um diese Erfahrung
> mit Leichtigkeit und Würde zu überstehen.
> *So sei es, und so ist es.*

37: Ganz • 67: Mutig • 97: Weit

42 KONTROLLIEREND

WENN SIE SICH selbst als kontrollierend erkennen, dann liegt es vermutlich daran, dass Sie feste Regeln haben und jemand (oder Sie selbst) diese Regeln verletzt. Das Gegenteil von Kontrolle ist Freiheit. Wie fühlt es sich für Sie an, wenn Sie sich vorstellen, dass Sie Kontrolle gegen Freiheit eintauschen? Spüren Sie die Energie, die Sie erfüllt, wenn Sie alle Erwartungen, die Sie an sich und andere haben, aufgeben? Es muss ein wunderbares Gefühl sein.

Die Erkenntnis, dass Sie es mit Ihrem Bedürfnis zu kontrollieren übertreiben, ist ein Fingerzeig des Universums, der Sie auffordert, loszulassen und sich hinzugeben. Wer das Manifestieren wirklich gut beherrscht und sich dem einzigartigen Fluss des Lebens unterwirft, lässt die Zügel locker und entspannt sich. Denn was könnte im schlimmsten Fall passieren? Die unablässige Belastung durch Perfektionismus ist der sicherste Weg, jegliche Entspannung zu verhindern.

Darauf kommt es an

WENN SIE SICH Kontrolle auf die Fahne schreiben, dann verraten Sie Ihr Vertrauen in das Universum.

Die Vorstellung, auf Kontrolle zu verzichten, mag sich äußerst furchterregend anfühlen, aber wenn Sie glücklich sein wollen, dann müssen Sie erkennen, dass kontrollierendes Verhalten Ihnen schadet. Es mag tröstlich sein, dass das Universum immer da ist, um Sie zu leiten und zu unterstützen, wenn Sie sich von dem Bedürfnis übermannt fühlen, sich selbst oder andere zu kontrollieren.

Liebes Universum,

möge ich jetzt mein Kontrollbedürfnis aufgeben. Ich vertraue darauf und ergebe mich der Vorstellung, dass sich alles unter deiner göttlichen Führung so entwickelt, wie es soll.
So sei es, und so ist es.

21: Entspannt • 24: Ergeben • 100: Zufrieden

43 LAUNISCH

DIE GERÄUSCHE, DIE Ihr Lebensgefährte beim Essen macht, kommen Ihnen fünfmal lauter vor als sonst. Ihre Kinder benehmen sich normalerweise vernünftig, aber jetzt nerven sie Sie auf eine Weise, dass Sie sich am liebsten allein in der Speisekammer einsperren und tonnenweise Eiscreme essen möchten. Vielleicht fahren Sie ihre Mitmenschen an und bemerken nicht einmal, welchen Ton Ihre Stimme hat. Das habe ich bei mir selbst übrigens alles wirklich erlebt! Ich bin jahrelang auf der nervtötenden Welle der Launenhaftigkeit geritten.

Launenhaftigkeit kann Sie erfassen in Augenblicken, in denen Sie sie am wenigsten gebrauchen können oder erwarten. Sie eignet sich ideal, um jähzornigen Menschen eine sofortige Reaktion abzutrotzen.

Wenn Sie sich von Ihren Hormonen getrieben fühlen, erschöpft sind, sich getriggert fühlen oder hungrig und entsprechend genervt sind, dann können Sie Ihrer emotionalen Schwankungen besser Herr werden, als wenn Sie ihnen nur in Form von schlechter Laune die Zügel schießen lassen.

Darauf kommt es an

SIE MERKEN ES, wenn sie Ihre Laune in eine andere Richtung lenken müssen. Wenn Sie mit Übellaunigkeit klarkommen, dann lassen Sie sie vorsichtig abfließen, solange Sie dabei niemanden verärgern.

Ihre Stimmungsschwankungen sind für Ihre liebsten Menschen nur schwer zu ertragen. Machen Sie sich das bewusst. Probieren Sie Visualisierungstechniken aus, und versichern Sie sich, dass Sie ruhig und gefasst sind.

> ## Liebes Universum,
> ich bitte darum, dass ich mit der zentrierten und ruhigen Energie aus meinem Inneren fließen möge. Ich will mich von dem Bedürfnis befreien, die Umstände und Menschen um mich her kontrollieren zu wollen. Zeige mir, wie ich präsent, ruhig und dankbar für diesen Augenblick sein kann.
> *So sei es, und so ist es.*

4: Ausgeglichen • 21: Entspannt • 75: Ruhig

44 LEBENSMÜDE

SICH LEBENSMÜDE ZU fühlen, stellt eine äußerst reale, komplizierte und beängstigende Situation dar. Sollten Sie sich jetzt gerade so fühlen, dann strecken Sie bitte die Hand aus, um sich sofort von jemandem helfen zu lassen. In der Telefonseelsorge (0800-1110111) oder im Kummerkasten-Chat (kummerkasten-chat.de) treffen Sie auf erfahrene Helfer, die Sie in Zeiten der Not unterstützen und Ihnen bereitwillig helfen.

Falls Sie über Phasen in Ihrem Leben nachdenken, in denen Sie lebensmüde waren, dann rufen Sie sich ins Bewusstsein, dass Sie mit solchen Phasen nicht allein sind.

Darauf kommt es an

DAS LEBEN IST kostbar. Es mag Zeiten in Ihrem Leben geben, während derer Sie sich nicht vorstellen können, jemals richtig gut klarzukommen, aber das ist vollkommen normal und genau so geplant. Bitte erinnern Sie sich daran, dass es keine Schande ist, um Unterstützung zu bitten.

Liebes Universum,

ich habe ganz offiziell die Talsohle erreicht, ab jetzt kann
es nur noch aufwärtsgehen. Ich bin bereit, von anderen Menschen
Hilfe und Führung anzunehmen, damit ich zu emotionalem Wohlergehen
zurückkehren kann. Diese Phase in meinem Leben geht vorüber.
Alles wird sich zum Guten wenden.
So sei es, und so ist es.

85: Stark • 91: Unterstützt • 95: Vertrauensvoll

LEER

HABEN SIE DAS Gefühl, die Tanknadel Ihres Seelentanks steht schon auf Reserve? Sie sollen wissen, dass jeder Mensch ab und zu das Gefühl hat, nichts mehr geben zu können. Deshalb ist es so wichtig, für Nachschub zu sorgen und Ihr Herz zu erleichtern, damit Sie auch wirklich bei der Party mitmachen können und keinen einzigen Augenblick der wunderbaren Ereignisse in Ihrem Leben verpassen.

Darauf kommt es an

WENN SIE SICH leer und ausgepowert fühlen, dann handeln Sie, sorgen Sie für Nachschub. Am schnellsten geht das, indem Sie nach Freude suchen. Sehen Sie einen lustigen Film an, lesen Sie ein Buch, essen Sie etwas Leckeres, schlafen Sie sich aus. Tun Sie Dinge, die Ihnen das Herz leicht und weit machen. Gestatten Sie sich dabei, ein bisschen egoistisch zu sein und für sich selbst täglich etwas Schönes zu tun.

Das Universum steht immer bereit, um Sie wieder aufzufüllen, wenn Sie sich das wünschen.

Liebes Universum,

jetzt, in diesem Augenblick, stelle ich mir vor, wie ich eingehüllt bin in die nährende Energie goldenen Lichts. Möge ich sehen, wie dieses Licht in mein Herz eindringt und es mit Freude erfüllt, mit Lachen, Liebe und Sinn. Ich bin ganz und ich bin geheilt.
So sei es, und so ist es.

37: Ganz • 97: Weit • 100: Zufrieden

46 MACHTLOS

»Wenn wir eine Situation nicht ändern können,
müssen wir uns selbst ändern.«
VIKTOR FRANKL (1905–1997)

VIELE MENSCHEN ERLEBEN sich als machtlos, so sehr, dass es zum Lebensthema werden kann. Wenn Sie sich machtlos fühlen, dann will das Universum, dass Sie sich an Ihre Macht erinnern. Sie haben so viel Macht! Sie müssen nur einen Blick auf Ihre Vergangenheit werfen, um zu erkennen, an welcher Stelle Sie Ihre Macht einem anderen überlassen haben. Verbringen Sie Zeit mit Ihrem Tagebuch und dokumentieren Sie solche Situationen Ihres Lebens, in denen Sie keine Kontrolle hatten oder sich unsichtbar fühlten.

Darauf kommt es an

SIE KÖNNEN IHRE Macht jederzeit einfordern und immer dann, wenn es Ihnen erforderlich erscheint, auf sie zugreifen. Sie müssen lediglich darauf vertrauen, dass sie da ist, immer.

Viele Kinder fühlen sich machtlos, wenn Sie Ihre Eltern streiten hören. Wenn Sie Gesundheitsprobleme haben, dann fühlen Sie sich vielleicht machtlos. Oder wenn das Leben Ihnen kein ausreichendes Einkommen beschert, damit Sie Ihren Lebensstandard aufrechterhalten können. In einer solchen Situation erhebt die Machtlosigkeit ihr abscheuliches Haupt. Doch wirklich entscheidend ist – und das müssen Sie sich ganz fest einprägen –, dass Ihnen Ihre Macht dennoch gehört.

Sie sind eine Fortsetzung des allmächtigen Energieflusses des Universums. Er fließt auch in Ihnen. Sie sind wie ein Superheld, der seine Superkräfte vergessen hat. Das Leben kann Ihnen nur dann seine aufregenden Erfahrungen präsentieren, wenn Sie Ihre Macht annehmen, um diese Geschenke zu empfangen. Befreien Sie sich von Ihrer alten machtlosen Version. Häuten Sie sich wie eine Schlange, und stellen Sie sich vor, wie Ihr Superheldenkostüm aussehen könnte. Haben Sie ein

Cape? Eine bestimmte Farbkombination? Eine Krone? Eine für Sie typische magische Fähigkeit? Stellen Sie sich diese Figur in sich vor, die Ihnen hilft, den Mut aufzubringen, um die Zeiten, in denen Sie sich machtlos fühlen, zu überwinden.

Liebes Universum,

ich besitze Macht. Ich bin stark. Ich bin mutig.
Ich bin außerordentlich dankbar dafür, dass ich mit meinen Kernstärken und meiner Superkraft zum Leben antrete. Ich habe mich von meiner Vergangenheit befreit, und ich bin in der Gegenwart teilnahmsvoll, leidenschaftlich und machtvoll.
So sei es, und so ist es.

29: Ermächtigt • 63: Mächtig • 85: Stark

 MÄKELIG

MEIN GUTER FREUND und Meditationslehrer Bhai Sahib Ji war ein älterer Sikh aus Malaysia. Er trug einen wunderbaren lilafarbenen Turban und hatte einen langen, fließenden weißen Bart. Er reiste in der Welt umher, um den Menschen die Verbindung zwischen Wissenschaft und Spiritualität zu erklären, der die Menschen oft mit völligem Unverständnis begegneten. Wenn er nach Australien kam, dann stieg er bei Max und mir ab. An den Abenden saßen wir beisammen und tranken Tee, und ich stellte ihm Fragen über das Universum, Metaphysik, Alchemie und Menschlichkeit.

Er sagte einen Satz zu mir, der mich tief beeindruckte und mich seither begleitet:

> »Kritisiere mich nur, so viel du willst,
> und nimm mir damit mein Karma ab.«
> BHAI SAHIB JI

Die Auffassung von Karma ist die, dass die Energie, die man freisetzt, letztlich wieder zu einem zurückkehrt. Bhai Sahib Ji war überzeugt, dass ein kritisierender Mensch die Energie dessen in sich aufnimmt, was er kritisiert. Anders ausgedrückt: Stellen Sie sich vor, dass die negativen Kommentare, Kritiken oder Urteile, die Sie in einem Blog oder in irgendwelchen sozialen Medien abgeben, postwendend als negative Energie zu Ihnen zurückkehren.

Ob Sie nun an Karma glauben oder nicht: Diese Vorstellung kann Sie dazu veranlassen, über Ihr Kritikbedürfnis nachzudenken. Sie verschafft Ihnen die Gelegenheit, ihre Energie in eine andere Richtung umzuleiten, die Ihnen besser dient.

Wenn Sie also feststellen, dass Sie mäkelig sind, dann halten Sie einen Moment lang inne, und denken Sie über die Energie nach, die Sie aussenden und vielleicht zurückbekommen.

Darauf kommt es an

Mitgefühl statt Kritik ist der Weg der Liebe und des geringsten Widerstands. Allerdings kann konstruktives Feedback äußerst hilfreich sein, vorausgesetzt, Sie werden dazu aufgefordert.

Meditieren Sie über diese Zusammenhänge, um sich von Ihrer Neigung, an anderen herumzumäkeln, zu befreien.

Liebes Universum,

ich entscheide mich nun, meine Energie auf die Wahrheit
der Dinge zu richten. Möge ich mich an die Verbundenheit und
das Einssein der Menschheit erinnern. Ich werde meine Zunge
im Zaum halten, wenn mein Herz mir sagt, dass ich das Gespräch
nicht verbessern kann. Wenn das, was ich sagen will, keine Freundlichkeit
zum Ausdruck bringt, dann ist es überflüssig.
So ist es, und so sei es.

65: Mitfühlend • 97: Weit • 100: Zufrieden

48 MANGELHAFT

ALS MEINE ERSTE Schwangerschaft nach sechzehn Wochen durch eine Fehlgeburt beendet wurde, war ich gefährlich untergewichtig. Es war ein Schock festzustellen, dass ich nur acht Wochen später wieder schwanger war. Der Arzt erklärte mir, meine Chancen auf eine gesunde Schwangerschaft wären besser gewesen, wenn ich ein paar Kilo zugenommen hätte. Zum Frühstück ging ich, nachdem Max zur Arbeit aufgebrochen war, zum Laden hinunter und wählte Nahrungsmittel aus, mit denen ich es mir gut gehen lassen konnte. Drei große Eistüten, eine große Chipstüte, Bonbons, noch mehr Eis … und so ließe sich die Liste fortsetzen.

Ich aß nicht nur, weil ich zunehmen wollte, sondern auch, um meine Emotionen unter Kontrolle zu halten. Als ich meinen süßen Jungen zur Welt brachte, hatte ich fast 35 Kilo zugenommen! Verantwortlich war die Kombination aus Stress, Trauer, Zucker und der Scham, die ich empfand, weil ich in einer von Missbrauch geprägten Ehe lebte, eine Familiendynamik, die ich nun auch noch einem Kind zumutete.

Mein einundzwanzigjähriger Körper sah vollkommen anders aus als der sorglose Teenager, der ich vor gar nicht so langer Zeit gewesen war. Außerdem hatte ich wegen meines Übergewichts eine Rektusdiastase. Mein Bauch sah aus wie eine zerknüllte Papiertüte oder ein ausgeleierter Ballon. Ich empfand mich als mangelhaft. Damals hatte ich keine Ahnung, dass meine Mangelhaftigkeit ihren Ursprung in etwas unbeschreiblich Schönem hatte.

Darauf kommt es an

Fassen Sie Mut, es liegt Macht darin, Teile von uns selbst eben *nicht* abzulehnen. Mängel sind unsere Gelegenheit, uns an unsere einzigartige Vollkommenheit zu erinnern.

Kintsugi (»Goldflicken«) zum Beispiel ist eine japanische Methode, um Keramik oder Porzellan mit Urushi-Lack, der mit Silber- oder Goldpulver vermischt wird, zu reparieren. Dieses Goldflicken ästhetisiert die Bruchstellen und damit den Makel und macht sie zu einem dekorativen Bestandteil des Objekts. Dahinter steht die

Vorstellung, dass ein Gegenstand auf diese Weise nach seiner Reparatur sogar noch kostbarer, wertvoller und schöner ist.

Meditieren Sie über Ihre sogenannten Mängel und Unvollkommenheiten, und gestatten Sie es sich, die Illusion Ihrer Vollkommenheit zu überwinden.

> *Liebes Universum,*
>
> möge ich mich nun — in Körper, Geist und Seele —
> vollständig annehmen. Lass es zu, dass sich die Brüche in meinem
> Bewusstsein mit goldenem und silbernem Licht füllen. Ich bin stolz
> auf den Menschen, der ich heute bin, und sehr dankbar
> für diese wunderbare Lebenserfahrung.
> *So sei es, und so ist es.*

16: Ehrfürchtig • 29: Ermächtigt • 37: Ganz

MANIPULIEREND

GRATULATION! SIE KÖNNEN erkennen, dass Sie sich manipulierend verhalten und sind im Begriff, eine bedeutende Transformation Ihres Bewusstseins einzuleiten. Die Essenz und Energie, auf der manipulierendes Verhalten beruht, ist unfair und lieblos.

Darauf kommt es an

DIE ENERGIE, DIE Sie freisetzen, kehrt immer zu Ihnen zurück.

Nehmen Sie zum Beispiel April. Sie war eine Frau Ende dreißig und wollte verzweifelt gerne ein Kind haben. Ihre biologische Uhr tickte so laut, dass es ihr egal war, wer der Vater sein würde. Sie konnte an nichts anderes denken als daran, schwanger zu werden, bevor es zu spät war.

Für ihre Firma nahm April häufig an geschäftlichen Besprechungen teil. An den Abenden wurden Netzwerk-Events in der Bar abgehalten. Der Tequila floss in Strömen, und als alleinstehende Frau hatte sie meist keine Mühe, einen der Männer abzuschleppen. April hatte eine kleine Sammlung Kondome in ihrer Handtasche. Vor jedem Event stach sie vorsichtig kleine Löcher in die Packungen in der Hoffnung, auf diese Weise schwanger zu werden.

Aprils Vorhaben war nicht nur gefährlich, sondern auch manipulierend. Irgendwo da draußen in der Welt gibt es einen Investmentbanker, der nichts davon weiß, dass er siebenjährige Zwillingssöhne hat – beide mit einer schweren Lernbehinderung, die für eine alleinerziehende Mutter sehr hohe Rechnungen verursacht.

Falls Sie darüber nachdenken, ihre Ziele mit Manipulation erreichen zu wollen, dann haben Sie Mitleid mit sich, und bitten Sie das Universum, Ihre Energie in eine bessere Richtung umzulenken.

Liebes Universum,

ich bin aufrichtig und offen. Ich treffe meine Entscheidung auf der Basis von Integrität und bin mir darüber bewusst, welchen Einfluss meine Entscheidungen und mein Handeln auf meine Mitmenschen haben können. Möge ich mir und meiner Vergangenheit vergeben, und möge ich mein Bedürfnis, andere zu kontrollieren, aufgeben.
So sei es, und so ist es.

7: Begeistert • 29: Ermächtigt • 70: Offen

 MANISCH

IN DER PSYCHOLOGIE bezeichnet man eine Phase der vermehrten Aktivität und verstärkten Emotionen als manisch. Manische Episoden sind durch vielschichtige Überreiztheit charakterisiert. Sie können in den Bereich von Geisteskrankheit, Drogenkonsum oder auch nur erhöhtem Stress fallen. Falls Sie mit solchen Phasen zu kämpfen haben, dann sollen Sie wissen, dass es viele Menschen gibt, denen es so geht wie Ihnen.

Anfang 2009 war ich das einzige Familienmitglied, das über ein Auto verfügte. Der Termin für die Rehaklinik war für acht Uhr angesetzt. Ich holte meine Schwester im Haus unseres Vaters ab, denn sie hatte sich endlich mit einer Behandlung einverstanden erklärt. Meine Tochter Olivia, damals drei Jahre alt, musste ich mitnehmen.

Als wir beim Haus meines Vaters ankamen, fanden wir ihn auf ihr sitzend vor, weil sie mit einem Tranchiermesser auf ihn losgegangen war. Er saß über sie gebeugt und hielt ihre Handgelenke fest, weil sie versuchte, mit dem Messer nach ihm zu stoßen. Sobald Olivia und ich erschienen, taten sie so, als sei nichts passiert, obwohl sie diese merkwürdige Position am Boden einnahmen.

»Ist das Schokolade, Opa?«, fragte Olivia.

»Ja, mein Liebling. Nimm dir ein Stück.«

Olivia schnappte sich die Tüte mit Schokoladenriegeln und setzte sich auf die Veranda, um sie zu essen. So war sie jedenfalls erst einmal abgelenkt.

Meine Schwester hatte gerade einen manischen Schub. Es war furchterregend. In solchen Augenblicken ging sie entweder auf andere oder auf sich selbst los. An diesem Tag wurde sie in einer psychiatrischen Einrichtung aufgenommen, lief aber fort und tat zu Hause so, als wäre nichts gewesen.

Manisch zu sein bedeutet, dass man auf Menschen und Situationen anormal stark reagiert. Viele sensible Seelen haben manische Episoden.

Darauf kommt es an

FALLS SIE JE das Gefühl haben, sich manisch zu verhalten, dann nehmen Sie bitte sofort Hilfe in Anspruch. Es gibt Menschen, die Sie in solchen Phasen begleiten können.

Falls Sie bereits Erfahrung mit manischen Episoden haben, dann stimmen Sie sich in solchen Phasen auf die Energie des Universums ein …

> ## Liebes Universum,
> gestatte mir, tief einzuatmen und dann kurz innezuhalten. Beim Ausatmen kann ich die Anspannung und Energie freisetzen, die diesen Moment durchdringt. Gib mir die Kraft, innezuhalten und Hilfe zu suchen. Ich bin geliebt, alles ist gut.
> So sei es, und so ist es.

4: Ausgeglichen • 35: Friedlich • 91: Unterstützt

MISSTRAUISCH

MISSTRAUEN BERUHT ÜBLICHERWEISE auf drei Dingen. Es kann ein intuitives Bauchgefühl sein, Ihr eigenes Problem, das Sie mit Vertrauen haben, oder ein überkommenes Verhaltensmuster, das darauf beruht, dass die betroffene Person Sie in der Vergangenheit bereits mehrmals im Stich gelassen hat.

Nehmen Sie zum Beispiel Crystal und Jimmy. Crystal liebte Jimmy. Sie war gerade mit ihrem ersten gemeinsamen Kind schwanger. Doch ihre Beziehungen zu Männern im Laufe der Jahre hatten sie misstrauisch werden lassen. Obgleich Crystal und Jimmy eine wunderbare Beziehung hatten, spürte sie im Herzen, dass irgendetwas an Jimmys Verhalten nicht authentisch war.

Eines Nachmittags, nachdem sie sich schlimm gestritten hatten, stürmte Jimmy aus dem Haus, weil er für sich sein wollte. Da entschloss sich Crystal, in Jimmys Laptop nach Beweisen für ihr Bauchgefühl zu suchen. Und tatsächlich fand sie eine E-Mail an einen gemeinsamen Freund, in der Jimmy bezweifelte, ob er auf Dienstreisen eventuellen Versuchungen würde widerstehen können. Das zu lesen, brach Crystal das Herz. Sie war mit ihrem gemeinsamen Kind schwanger! Ein einmaliges kurzes Nachsehen in seinem Computer hatte ausgereicht, um ihre Befürchtungen zu bestätigen.

Darauf kommt es an

ICH RATE DRINGEND davon ab, in die Privatsphäre eines Menschen einzudringen. Falls Sie einem anderen Menschen so sehr misstrauen, dass Sie ihn ausspionieren möchten, dann ist es dringend erforderlich, eine Kommunikation der Liebe in Gang zu setzen. Es ist wichtig, niemals etwas willentlich und wissentlich zu tun, was Ihren Partner verletzen könnte.

Wenn Sie misstrauisch veranlagt sind, dann nutzen Sie die nachfolgende Meditation.

> ### Liebes Universum,
> ich befreie mich von allen Gefühlen des Misstrauens.
> Ich vertraue darauf, dass alles gut ist und dass meine Intuition mich
> immer dazu anleitet, die Dinge von einer höheren Perspektive
> aus zu sehen. Möge die Wahrheit mein Leitstern sein.
> So sei es, und so ist es.

2: Aufrichtig • 92: Verbunden • 95: Vertrauensvoll

 # MÜDE

WÄHREND DER ERSTEN fünf Lebensjahre meines Sohnes schlief ich keine Nacht durch. Thomas wachte alle zwei Stunden auf. Als er endlich durchschlief, wurde meine Tochter geboren, und der Kreislauf begann von vorne. Ich war einfach unglaublich müde, so müde!

Wir durchlaufen viele unterschiedliche Phasen in unserem Leben. Während der einen fühlen wir uns vielleicht lebendig, in einer anderen womöglich so leer wie ein platter Reifen. Wenn Ihnen bewusst wird, wie müde Sie sind, dann bittet Ihre Seele Sie um eine Pause.

In der Medizin gibt es den Begriff der »Adrenal Fatigue«, was bedeutet, dass Ihr Körper für lange Zeit im Flucht- oder Kampfmodus war und dass Ihre Energiereserven komplett aufgebraucht sind.

Darauf kommt es an

EIN ZEHNMINÜTIGES POWER-NAP kann zu Ihrem besten Freund werden. Selbstfürsorge ist außerordentlich wichtig, wenn Sie sich ausgebrannt und erschöpft fühlen.

Versuchen Sie nicht, das Problem mit Kaffee oder anderen aufputschenden Getränken zu beheben; erlauben Sie sich auszuruhen. Bitten Sie das Universum, Sie mit einer Schlafmeditation aufzuladen.

Liebes Universum,

ich bitte darum, dass ich nun in einen tiefen,
erholsamen Schlaf versenkt werden möge. Ich vertraue darauf,
dass meine Zellen und Organe, mein Geist und meine Seele in dieser Zeit
belebt und geheilt werden. Möge ich frisch und wiederhergestellt
erwachen, bereit für die Schönheit des Lebens.
So sei es, und so ist es.

4: Ausgeglichen • 5: Ausgerichtet • 19: Energiegeladen

53 NACHTRAGEND

WENN SIE EINEM anderen Menschen gegenüber Groll empfinden, dann vergiften Sie damit Ihr eigenes Wohlergehen. Groll setzt sich aus drei Elementen zusammen: Abscheu, Traurigkeit und Überraschung – die Gefühle, die aufkommen, wenn man ein Ereignis als ungerecht empfindet. Wenn Sie solche Emotionen haben, dann ist es außerordentlich schwer, sich von ihnen abzuwenden. Das Universum hat Sie vor eine der größten Herausforderungen gestellt, und Sie müssen über sich hinauswachsen.

Wenn Sie erst einmal nachtragende Gefühle in Ihrem Herzen tragen, dann ist Vergebung das einzige Mittel, um den Schaden wiedergutzumachen. Jedoch ist für diese tief greifende spirituelle Arbeit eine mutige und freundliche Seele erforderlich.

Es hat Menschen in meinem Leben gegeben, denen ich lange nicht vergeben konnte, ja, die ich gehasst habe. Ich gestehe das nicht leichten Herzens. Wenn es sich um einen Kollegen oder um einen Freund handelt, dann ist es verhältnismäßig leicht, eine rote Linie zu ziehen und die Sache hinter sich zu lassen. Doch wenn es um den Ehepartner geht oder um ein Familienmitglied, dann verwandelt sich die Überwindung von Groll in eine heilige spirituelle Mission. Sie kann entweder scheitern oder gelingen, einen Mittelweg gibt es nicht.

Groll ist wie Trauer; er verändert uns.

Darauf kommt es an

SIND SIE BEREIT, sich von Ihrem Groll und Ihrer Bitterkeit zu befreien, dann wird das Universum Sie für Ihre Tapferkeit belohnen.

Es gibt unendlich viele Formen von Belohnung für Vergebung und für die Überwindung von nachtragenden Gefühlen. Vor allem dürfen Sie sich darüber freuen, dass Sie gestärkt aus der Situation hervorgehen.

Bitten Sie das Universum um Unterstützung, um Ihr Herz neu zu justieren und die Schwingung Ihrer Seele neu einzustellen.

Liebes Universum,

gib mir die Kraft, um zu vergeben. Hilf mir, mich von
meinen nachtragenden Grollgefühlen zu befreien.
Möge ich Grenzen ziehen, die mir dienen, und darauf vertrauen,
dass sich in dieser Erfahrung göttliche Lektionen entfalten.
So sei es, und so ist es.

5: Ausgerichtet • 65: Mitfühlend • 68: Nachsichtig

54 NEGATIV

WENN ES IHNEN gelingt, zu erkennen, dass Sie negativ gestimmt sind, dann kann ich Ihnen nur gratulieren! Meiner Meinung nach erkennen es die meisten Menschen da draußen nicht, wenn Sie in diesem Modus feststecken, der sie an allem im Leben etwas aussetzen lässt. Ist der Becher halb voll oder halb leer?

Wenn Sie ständig auf der Suche nach Dingen sind, die Sie negativ einschätzen oder kritisieren müssen, dann schneiden Sie sich selbst vom Fluss des Universums ab. In diesem Zustand können Sie unmöglich Positives anziehen.

Darauf kommt es an

HABEN SIE KEINE Angst davor, sich negativ zu fühlen. Lassen Sie es zu und damit die negative Erfahrung hinter sich. Schlechte Tage haben den Sinn, uns die guten umso stärker spüren und empfinden zu lassen.

Sie wissen doch, das Licht braucht die Dunkelheit. Beide sind in einem immerwährenden Tanz miteinander verbunden. Der Unterschied liegt in Ihrer Wahrnehmung und darin, dass sie sich mit Ihrer Wirklichkeit verbindet. Wenn Sie immer wieder Sätze sagen wie: »Nie passiert bei mir etwas Gutes!«, dann fragen Sie sich, was Sie beitragen können, um Ihren Tag positiv zu gestalten. Sie können aus dem negativen Fahrwasser ausbrechen, indem Sie sich bewusst machen, wofür Sie dankbar sein können.

Und wenn alles anderes scheitert, dann meditieren Sie mit dem Universum, und bitten Sie darum, dass die Verdrießlichkeit aus Ihrem Haus auszieht.

> *Liebes Universum,*
>
> es gibt so vieles im Leben, wofür man dankbar sein kann.
> Es gibt so vieles im Leben, was einen glücklich macht.
> Möge ich mich, wenn ich meine negative, traurige oder frustrierte Phase habe, daran erinnern, dass sie eine Gelegenheit ist, sie zu überwinden.
> *So sei es, und so ist es.*

14: Bewusst • 15: Dankbar • 36: Fröhlich

55 NEIDISCH

TARA UND JEN waren seit dem Kindergarten die allerbesten Freundinnen. Inzwischen in den Dreißigern waren beide Singles und suchten nach dem »Richtigen«, mit dem sie eine Familie gründen könnten. Doch Dating-Apps, die Klubszene und das Abschleppen von Kerlen aus irgendwelchen Bars führten nie zu ernst zu nehmenden Beziehungen. Ihr Singledasein war zwischen ihnen das alles bestimmende Hauptthema. Bis Jen in einem Buchladen ihren Seelengefährten manifestierte. Sie lernte Joseph kennen, heiratete ihn und bekam Zwillinge, alles innerhalb von nur zwei Jahren. Tara war furchtbar neidisch. Ihre Unfähigkeit, sich für Jen zu freuen, führte schließlich zum abrupten Ende ihrer lebenslangen Freundschaft.

Darauf kommt es an

SIND SIE NEIDISCH und gelingt es Ihnen nicht, sich für den Erfolg anderer zu freuen, dann schneiden Sie sich selbst ab von der Energie Ihres eigenen Glücks.

Es ist entscheidend, dass Sie in sich selbst den Raum bereiten, an dem Sie sich für diejenigen freuen können, die das manifestieren, was Sie sich auch für sich wünschen. Den Mitmenschen aufrichtig das Beste zu wünschen, ist ein Prozess, für den man Zeit braucht und der zugleich unverzichtbar ist.

Falls Sie unter Neid leiden, dann machen Sie sich bitte die folgende Meditation zunutze.

Liebes Universum,

bitte ersetze meinen Neid durch Freude über die Erfolge,
die ich bei anderen wahrnehme. Möge ich mich auf diese Energie
einstimmen, damit ich auf der gleichen Ebene manifestieren kann.
Ich erinnere mich jetzt an diesen Satz und nutze ihn entsprechend:
»Was ich dir wünsche, das wünsche ich auch mir.«
So sei es, und so ist es.

22: Erfreut • 46: Glücklich • 72: Positiv

56 NIEDERGESCHLAGEN

WENN SIE NIEDERGESCHLAGEN sind, dann erinnern Sie sich bitte daran, dass Sie mit Ihren Gefühlen nicht allein sind. Weltweit erleben dreihundertfünfzig Millionen Menschen depressive Stimmungen. Nach einer Geburt geht eine Frau mit einer Wahrscheinlichkeit von zehn bis fünfzehn Prozent durch eine postnatale Depression. Ich habe das zweimal durchgemacht, nach der Geburt meines ersten und meines vierten Kindes. Bei einer Depression fühlen Sie sich, als hätte man Ihnen eine nasse Decke um den Kopf und um das Herz gewickelt. Ihre Wirklichkeit nehmen Sie nur nebelhaft, leer und bedeutungslos wahr. So jedenfalls hat es sich für mich angefühlt.

Ich glaube, dass Niedergeschlagenheit die Folge von über lange Zeit unverarbeiteten Gefühlen ist. Auf der metaphysischen Ebene ist der Energiefluss blockiert.

Darauf kommt es an

SIE SIND EIN mit viel Macht ausgerüstetes Energiewesen. Das Leben strömt unablässig durch Sie hindurch, wenn Sie es zulassen.

Es ist wichtig, liebevoll mit sich selbst zu sein und immer nur einen Tag nach dem anderen anzugehen. Der emotionale Nebel wird sich heben, wenn der richtige Zeitpunkt dafür gekommen ist. Bis dahin müssen Sie darauf vertrauen, dass diese Erfahrung ein wichtiger Bestandteil Ihrer Reise ist.

Bitten Sie das Universum um Führung, finden Sie Unterstützung, und sprechen Sie mit Menschen, die Ihnen helfen können. Erinnern Sie sich daran, dass das Leben ein Auf und Ab ist und dass Ihre gegenwärtigen Gefühle nicht für immer bestehen bleiben.

Liebes Universum,

ich bitte darum, mich von dieser Erfahrung zu befreien,
damit ich die Schwingung meines Herzens wieder wahrnehmen kann
und das Vertrauen darauf aufbringe, dass diese Gefühle ein
wichtiger Bestandteil meiner Reise sind. Ohne die Dunkelheit
kann man das Licht nicht sehen. Sobald ich mich an den Unterschied
erinnere, gestatte bitte, dass meine Niedergeschlagenheit sich auflöst.
Ich bin glücklich, ganz und geheilt.
So sei es, und so ist es.

37: Ganz • 41: Geheilt • 46: Glücklich

57 NUTZLOS

FALLS SIE DAS Gefühl haben, nutzlos zu sein, dann sollten Sie wissen, dass das Universum Sie damit auffordert, aufzustehen und sich nützlich *zu machen*. Das ist der schnellste Weg, um Ihre Selbstachtung zu steigern und die Magie der Teilhabe zu entfachen. Einander nützlich zu sein, ist das Kernstück der Menschheit.

Darauf kommt es an

SICH NUTZLOS ZU fühlen, ist eine heilige Erinnerung daran, dass Sie würdig sind, alles das zu erlangen, was sich Ihr Herz wünscht. Denn Sie sind ein unglaubliches, einzigartiges menschliches Wesen.

Es mag Augenblicke geben, in denen Sie der Illusion auf den Leim gehen, nichts zu geben, keinen Zweck zu erfüllen und keine Rolle zu spielen zu haben. Aber das ist nicht wahr! Jedem einzelnen Menschen auf diesem Planeten ist eine heilige Mission zugewiesen. Ihre Aufgabe ist es, Ihrer Freude nachzustreben und Ihren Weg zur Freiheit zu finden, der allein der Ihre ist und über den Sie ganz persönlich entscheiden.

Liebes Universum,

zeige mir, wie ich in dieser Welt meinen Mitmenschen von Nutzen sein kann. Möge mein Zweifel an meinem Sinn mir Erinnerung daran sein, dass ich ein wertvolles und geschätztes Mitglied der Gemeinschaft und ein geliebter Menschen bin, und möge ich mich meiner heiligen Aufgabe hier auf Erden würdig erweisen.
So sei es, und so ist es.

5: Ausgerichtet • 18: Einzigartig • 50: Großzügig

58 PANISCH

IRGENDWANN EINMAL ERZÄHLTE mir meine Mutter die Geschichte meiner Geburt. Am Halloween-Abend setzten ihre Wehen ein. Als ich am nächsten Tag meinen Auftritt hatte, ergriff mich wohl Panik: Die Nabelschnur hatte sich um meinen Hals gelegt, und je mehr meine Mutter presste, desto mehr schnitt sie mir die Luft ab. Als ich schließlich draußen war, hatte ich ein blaues Gesicht. Der Raum war erfüllt von einer ohrenbetäubenden Stille. Alle, auch ich, hielten die Luft an. Als das dritte Kind meiner Mutter und als das erste, das sie behalten durfte, löste meine Panik auch bei ihr Panik aus. Nach ein paar Klapsen auf den Po schrie ich.

Meine Mutter bezeichnete mich immer als »panische Paula«, womit sie zum Ausdruck bringen wollte, dass Panik der Modus ist, zu dem ich unter Stress wechsle. Zum Glück konnte ich mich seither von diesem Verhaltensmuster befreien, weil ich mir bewusst gemacht habe, dass es meine Energie abwürgt.

Darauf kommt es an

EINE PANISCHE REAKTION schafft die Gelegenheit, auf die Bremse zu treten und sich dem Fluss zu überlassen.

Mit der Konzentration auf eine langsame und gleichmäßige Atmung kann man Panikgefühle gut in den Griff bekommen. Wenn jemand oder eine Situation Ihre unmittelbare Aufmerksamkeit verlangt, dann denken Sie daran, dass Sie Ihre Energie innerlich an einen Ort der Ruhe führen können. Verwenden Sie diese Methode als Ihren Ankerplatz im gegenwärtigen Augenblick.

Liebes Universum,

ich bin im gegenwärtigen Augenblick geerdet.
Möge ich die Energie der Gegenwärtigkeit einatmen und
die fieberhafte Energie der Panik ausatmen. Alles ist gut,
ich bin in Sicherheit und werde geliebt.
So sei es, und so ist es.

4: Ausgeglichen • 11: Beschützt • 21: Entspannt

59 PARANOID

PARANOIA IST EINE extreme Form der Ängstlichkeit. Sie bewusst wahrzunehmen und zu erkennen, ist ein Geschenk. Sobald die Paranoia erst Fuß gefasst hat, ist sie eine Rutschbahn, die man nur schwer wieder verlassen kann. Es ist jedoch möglich, wenn Sie bereit sind, weiter zu blicken als auf Ihre Angst vor dem schlimmsten denkbaren Fall.

Darauf kommt es an

IHRE ANGST VOR der Zukunft ist eine Aufforderung des Universums, Vertrauen aufzubauen und Ihre Situation klar zu sehen.

Paranoid reagieren kann man wegen der lächerlichsten Dinge, etwa weil man Angst hat, dass man Lippenstift auf den Zähnen haben könnte, weil man grundlos befürchtet, das Kind könnte ersticken und sterben, oder weil man sich ausmalt, ein gigantischer Tsunami könnte die Welt zerstören. Die Liste lässt sich endlos fortsetzen.

Ihre Aufgabe ist es, sich daran zu erinnern, dass Sie wählen können, in welche Richtung Sie Ihre Energie lenken. Von der Geschichte über Hühnchen Junior gibt es zahllose Varianten. In der einen gerät es in Panik, weil es meint, der Himmel sei ihm auf den Kopf gefallen, als es von einer herunterfallenden Eichel getroffen wird. Was wir daraus lernen können? Dass wir Mut brauchen und dass wir uns verrückt machen, wenn wir jede Mücke zum Elefanten hochschaukeln. Wir alle kennen das. Wir alle haben schon einmal Probleme mit dem rechten Maß gehabt oder uns falschen Vorstellungen von Dingen hingegeben, die sich noch in der Entwicklung befanden. Paranoia führt Sie immer in einer Spirale abwärts. Doch wenn es Ihnen gelingt, sie bewusst zum Stehen zu bringen, dann haben Sie gewonnen.

Liebes Universum,

gestatte mir, meine gegenwärtige Situation realistisch
zu sehen und sie nicht schlimmer zu machen, als sie ist.
Möge ich meine paranoiden Gefühle abstellen und durch
Vertrauen auf deine Weisheit und in deine Führung ersetzen.
So sei es, und so ist es.

75: Ruhig • 81: Sicher • 95: Vertrauensvoll

60 PEINLICH

HABEN SIE JE geträumt, dass Sie in der Öffentlichkeit nackt umherlaufen oder dass Sie auf der Toilette sind und nicht hinauskönnen, weil es keine Tür gibt? Beschämend im wahrsten Sinn des Wortes, denn das Privateste wird plötzlich öffentlich.

Eigentlich kaum zu glauben, dass ich die folgende Geschichte erzähle! Ich tue es nur, weil sie das Gefühl am besten illustriert.

Ich war fünfzehn Jahre alt und auf einem Schulausflug in den Zoo von Melbourne. An meiner Seite war ein Junge, der mir gefiel. Ich trug eine weiße Hose und bekam plötzlich meine Periode! Ich glaube, das reicht schon, damit jeder sich vorstellen kann, was dann geschah. Zum Glück hatte meine Freundin einen Pullover, den ich mir um den Bauch binden und mit dem ich die rote Katastrophe verbergen konnte.

Darauf kommt es an

WENN MAN SICH schämt oder peinlich berührt ist, dann darf man trotzdem lachen. Humor hilft immer, um eine peinliche Situation mit Leichtigkeit und Würde hinter sich zu lassen. Ob Ihre Eltern hereinplatzen, wenn Sie gerade Sex mit Ihrem Partner haben, ob Sie sich an einem öffentlichen Platz erbrechen müssen, ob Sie in Hundekot treten und ihn dann überall in einem schicken Designladen verteilen: Sie sollten wissen, dass das Universum gern göttliche Komödien inszeniert.

Liebes Universum,

bitte hilf mir jetzt sofort durch dieses Gefühl der Beschämung. Hilf mir, die Situation mit Lachen aufzulösen und mich daran zu erinnern, dass sie eines Tages eine wirklich lustige Geschichte abgeben wird, die ich meinen Freunden erzählen kann. Alles wird gut.
So sei es, und so ist es.

36: Fröhlich • 76: Schamlos • 78: Selbstbewusst

61 PESSIMISTISCH

NEIGEN SIE DAZU, den schlechtesten Aspekt der Dinge zu sehen und zu glauben, dass er eintrifft? Falls Sie eine pessimistische Grundeinstellung haben, dann deshalb, weil das Leben Sie unfair behandelt hat. Vielleicht ist Ihnen das Herz gebrochen worden oder Ihre Träume wurden zerstört. Das ist normal. Doch wirklich großartig ist Ihre Erkenntnis, dass Sie für sich auch einen anderen Weg wählen können.

Darauf kommt es an

WENN SIE IHRE Gefühle und Gedanken verändern, dann können Sie zusehen, wie sich die Welt rings um Sie her radikal erneuert.

Eine pessimistische Einstellung ist eine Ihnen vom Universum angebotene Gelegenheit, um Ihr Herz für unbegrenzte Möglichkeiten zu öffnen. Eine hilfreiche, gemäßigtere Perspektive könnte Sie das Beste erwarten und auf das Schlimmste vorbereitet sein lassen. Diese kleine Veränderung Ihres Bewusstseins könnte sich auswirken auf Ihre Art, sich für künftige Erfahrungen zu wappnen.

Das Leben ist nicht per se schwierig und voller Hindernisse. All das ist nur äußerlich. Es geht darum, wie Sie im Inneren mit Hindernissen umgehen und wie Sie sie sehen, wenn Sie ihnen begegnen. Ihre Haltung entscheidet über den Erfolg.

Liebes Universum,

möge ich mich jetzt von meiner alten Erwartung befreien, dass immer das Schlimmste eintrifft. Möge ich mich daran erinnern, dass meine heutige Energie den Weg für meine morgige Erfahrung bereitet.
So sei es, und so ist es.

31: Fließend • 72: Positiv • 91: Unterstützt

62 RESERVIERT

RESERVIERT ZU SEIN bedeutet, dass Sie eine kleine (oder riesige) Mauer um Ihr Herz gebaut haben, die Ihnen kaum Raum für authentische Verbindungen mit anderen Menschen lässt. Ihre Überzeugung, dass Sie sich vor Ihren Mitmenschen schützen müssen, wurde vermutlich durch irgendeine Art von Vertrauensbruch verursacht. Die Kehrseite dieser Medaille ist möglicherweise, dass Sie Ihre Mitmenschen als Konkurrenten erleben.

Darauf kommt es an

ZWISCHENMENSCHLICHE VERBINDUNGEN MACHEN uns sichtbar. Das ist das Schöne an ihnen.

Reserviertheit entsteht oft, wenn wir uns mit anderen vergleichen. Und hier zeigt sich, wie wichtig es ist, sich an einen alten Spruch zu erinnern: Vergleichen bezahlt man mit Freude. Das hört sich zwar banal an, aber Sie sollten immer so tanzen, als würde niemand zusehen. Sie sollen Menschen mit Ihrem ganzen Herzen lieben. Ihr Leben so führen, als würde ständig Gutes in Ihre Wirklichkeit

einfließen. Es geht darum, alle energetischen Hindernisse aus dem Weg zu räumen und sich zu öffnen. Und wenn nicht? Dann kann das Universum das von Ihnen Gewünschte nicht liefern, weil Ihr Fluss blockiert ist.

Wenn Sie das Gefühl haben, reserviert zu sein, dann gestatten Sie es der nachfolgenden Meditation, Ihre Widerstände auszuräumen.

> *Liebes Universum,*
>
> jetzt gestatte ich es Menschen, Orten und aufregenden Erfahrungen, Zugang zu meiner Wirklichkeit zu finden. Mit offenem Herzen vertraue ich darauf, dass ich geleitet und beschützt werde. Ab sofort fühlen sich meine Seelenfamilie und gleichgesinnte Geister von mir angezogen, um mit mir ein gemeinsames Unterstützungssystem aus Spaß, Freude, Licht und Lachen zu erschaffen.
> *So sei es, und so ist es.*

62: Liebevoll • 70: Offen • 93: Verletzlich

63 SCHLECHT

SIE FÜHLEN SICH körperlich schlecht, möglicherweise, weil Sie eine Erkältung haben, einen Magen-Darm-Virus oder eine Lebensmittelvergiftung. Vielleicht machen Sie ja auch irgendeine Krankheit durch, die Ihren Körper erfasst, während sie bereits auf der Reise zur Gesundheit sind.

Sich schlecht zu fühlen ist eine großartige Gelegenheit, um Wohlergehen zu manifestieren. Ja, es ist wichtig, uns als Menschen daran zu erinnern, dass jeden Tag fünfzig bis siebzig Milliarden unserer Zellen sterben und erneuert werden. Das bedeutet, wir werden ständig zu neuen Versionen unserer selbst.

Es macht keinen Spaß, sich schlecht zu fühlen. Ich war alles in allem zehnmal schwanger, also konnte ich im Laufe der Jahre viel Erfahrung mit schwangerschaftsbedingter Morgenübelkeit sammeln. Als ich meine Tochter Lulu erwartete, litt ich drei Monate lang ununterbrochen an Übelkeit. Wenn ich außer Haus unterwegs war, dann übergab ich mich fein säuberlich in meine mit einem Plastikbeutel ausgekleidete Handtasche. Ich hatte den Vorgang zu einer richtigen Kunst perfektioniert. Als die Übelkeit schließlich ausblieb, fühlte ich mich wie ein vollkommen neuer Mensch inklusive neuer Energie und neuem Lebenssinn.

Darauf kommt es an

WENN SIE SICH unwohl fühlen, dann arbeitet Ihr Körper unermüdlich daran, dass es Ihnen wieder gut geht. Ihre Aufgabe ist es, dem Prozess zu vertrauen und sich daran zu erinnern, dass Sie sich nicht für immer schlecht fühlen werden.

Suchen Sie Verbindung mit dem Universum, um Ihren Heilungsprozess zu beschleunigen.

Liebes Universum,

ich weiß, dass du mich mit energetischem Wohlergehen erfüllst. Daher betrachte ich mich als ganz, geheilt und lebendig. Möge mein Immunsystem gestärkt sein und sich mein ganzer Körper durch die unzähligen Möglichkeiten, die sich mir bieten, belebt fühlen.
So sei es, und so ist es.

37: Ganz • 41: Geheilt • 59: Lebendig

64 SCHOCKIERT

DIE AUSWIRKUNGEN, MIT denen sich ein Schock in Bezug auf unser emotionales Wohlergehen manifestieren kann, sind von großer Bandbreite.

Den ersten richtigen Schock erlebte ich an einem Samstagmorgen, als ich sechzehn Jahre alt war. Meine Eltern wollten, dass ich mich mit meiner Schwester für einen »kleinen Schwatz« zu ihnen setzte.

»Ist Mama schwanger? Wollt ihr euch scheiden lassen? Müssen wir umziehen?«

Ich hatte immer geglaubt, ich sei das erste Kind, das meine Mutter zur Welt gebracht hatte. Aber zu meiner grenzenlosen Überraschung traf das nicht zu! Es stellte sich heraus, dass meine Mutter im Begriff war, Verbindung zu meinen beiden älteren Halbbrüdern aufzunehmen, die sie vor Jahren zur Adoption freigegeben hatte. Mein ganzes bisheriges Leben über hatten meine Eltern versucht, mich zu beschützen, indem sie dieses Geheimnis bewahrten. Ich fühlte mich belogen und machtlos. Es war ein echter Schock. Meine ganze Welt war nach einem einzigen kurzen Gespräch plötzlich von Grund auf verändert.

Darauf kommt es an

BLEIBEN SIE RUHIG, und gehen Sie liebevoll mit sich um. Ihr Nervenkostüm benötigt nun all die Fürsorge, die Sie aufbringen können.

Mit der Zeit verwandelt sich Schock in Akzeptanz. Hierzu ist eine Reihe großer Schritte erforderlich, die es uns gestatten, das Leben verändernden Mitteilungen mit Offenheit zu begegnen.

Probieren Sie die nachfolgende Meditation aus, falls Sie schockiert sind über etwas, das Sie gerade erfahren haben, oder über ein anderes beängstigendes Erlebnis.

> *Liebes Universum,*
>
> ich vertraue darauf, dass sich meine anfängliche Reaktion bald in Vertrauen verwandelt und ich rasch zu einem Zustand des Wohlergehens zurückkehre. Vielen Dank für deine bedingungslose Liebe und deine Anwesenheit in meinem Leben in diesen schwierigen Zeiten.
> *So sei es, und so ist es.*

42: Gelassen • 81: Sicher • 95: Vertrauensvoll

65 SCHÜCHTERN

FALLS SIE EIN eher introvertierter Mensch sind, ist es Ihnen sicherlich nur allzu bekannt, wie furchterregend es sein kann, vor anderen Menschen sprechen zu müssen. Die gute Nachricht lautet jedoch, dass Sie Schüchternheit überwinden können und müssen. Das gelingt Ihnen, indem Sie sie annehmen. Es gibt überall auf der Welt introvertierte Menschen, die trotz ihrer Schüchternheit Großes erreicht haben und andere mitreißen können. Schüchtern zu sein ist nichts Schlimmes.

Wenn man Ihnen je abverlangt, lauter zu sprechen oder selbstbewusster zu sein, dann müssen Sie sich nur daran erinnern, dass Sie einzigartig sind. Sie müssen sich vor niemandem beweisen und haben keine Veranlassung, sich wegen irgendetwas zu schämen. Sollten wir uns je begegnen, dann mag ich Ihnen anfangs ein wenig schüchtern vorkommen, aber schon bald taue ich auf.

Darauf kommt es an

SPIELEN SIE IHRE Schüchternheit zu Ihrem Vorteil aus. Sie müssen nicht so sein wie alle anderen. Einigen wirklich großartigen Menschen fällt es schwer, aus sich herauszugehen.

Erinnern Sie sich daran, dass das Universum immer auf Ihrer Seite ist und in Ihnen fließt, wenn Sie gerade eine Dosis Selbstvertrauen brauchen, um Sie selbst zu sein.

Liebes Universum,

möge ich mich jetzt annehmen, wie ich bin, und aufhören,
ein anderer Mensch sein zu wollen. Ich kann jetzt meine
eigenen Stärken wertschätzen und darauf vertrauen, dass sie
sich in mir immer auf authentische Weise zum Ausdruck bringen.
So sei es, und so ist es.

4: Ausgeglichen • 78: Selbstbewusst • 82: Sichtbar

66 SCHULDIG

HABEN SIE SCHULDGEFÜHLE, dann ist es wichtig, die Gründe dafür zu ermitteln. Ich kenne viele Eltern, die sich schuldig fühlen, weil sie sich Zeit für sich selbst nehmen. Ich persönlich fühle mich sofort schuldig, wenn ich ein Polizeiauto sehe, doch es ist mir nie gelungen, den Grund herauszufinden. Ich habe sofort Angst, ich könnte irgendetwas Verbotenes getan oder mich irgendwie in Schwierigkeiten gebracht haben.

Sean, mein Mann, wird von Zeit zu Zeit von Schuldgefühlen heimgesucht, und er meint, die Ursache mit ziemlicher Sicherheit zu kennen. Als er sieben Jahre alt war, wurde er einer Sache bezichtigt, die er nicht getan hatte. Dieser Umstand führte dazu, dass seine Mutter ihn aus der Schule nahm und ihn bis zur achten Klasse selbst unterrichtete. Offenbar hatte man ihn bezichtigt, sein großes Geschäft in einem Urinal erledigt zu haben. Bis zum heutigen Tag bleibt Sean dabei, dass er es nicht war.

Darauf kommt es an

SCHULDGEFÜHLE UND GEWISSENSBISSE liegen nahe beieinander. Wenn Sie nichts getan haben, was einem anderen oder Ihnen selbst schadet, dann gibt es keinen Grund, sich schuldig zu fühlen.

Haben Sie etwas getan, was Ihnen Schuldgefühle verursacht, dann ist es nie zu spät, für Ihr Handeln Wiedergutmachung zu leisten. Das Universum wird Sie immer darin unterstützen, Klarheit zu finden und den ersten Schritt zu tun.

Liebes Universum,

jetzt befreie ich mich von meinen Schuldgefühlen und kehre mit Offenheit und der Bereitwilligkeit voranzugehen zurück in den gegenwärtigen Augenblick. Möge ich mir selbst vergeben, Selbstmitgefühl und Vergebung erlangen, um dem sich entfaltenden Prozess zu vertrauen.
So sei es, und so ist es.

33: Frei • 68: Nachsichtig • 95: Vertrauensvoll

 # STARR

FALLS ES IHNEN bereits gelingt, bei sich selbst oder bei anderen starres Verhalten oder rigide Überzeugungen zu erkennen, dann wird die nachfolgende Geschichte Ihnen vielleicht helfen, neue Perspektiven wahrzunehmen und Erkenntnisse zu gewinnen. Als ich neunzehn Jahre alt war, hatten mein damaliger Freund und ich bereits seit zwei Jahren eine Beziehung. Ich lebte in einem winzigen Bungalow auf dem Grundstück meiner Eltern. Ein paar Tage die Woche lebte mein Freund Tim bei mir, und wir waren die besten Freunde. Doch wir verstrickten uns immer wieder in hitzigen Debatten über Gott und das Universum. Er behauptete, der glaube an »Istheit« und daran, dass alles so »ist«, wie es sein soll. Außerdem bezeichnete er sich selbst als Atheisten. Ich weinte mich im wahrsten Sinn des Wortes in den Schlaf, weil ich mir so sehr wünschte, er möge an eine höhere Macht glauben. Ich empfand Tims Überzeugungen als äußerst starr. Ich hatte keine Chance, jemals seine Einstellung zu verändern; er war überzeugt, dass es keinen Himmel gab, keine Hölle und keine kosmische Kraft, die unsere Wirklichkeit bestimmt.

Doch eigentlich war ich diejenige, die seine Perspektive und sein Recht auf eine eigene Meinung nicht akzeptieren wollte; ich war diejenige, die starr war.

Darauf kommt es an

INDEM ES IHNEN gelingt, den Standpunkt eines anderen zuzulassen und zu akzeptieren, aktivieren Sie die Magie des Mitgefühls.

Starr und festgefahren zu sein heißt, den Fluss und die Manifestation unendlicher Möglichkeiten in der eigenen Wirklichkeit nicht zuzulassen. Falls Sie Hilfe brauchen, um sich für die Perspektiven Ihrer Mitmenschen zu öffnen, bitten Sie das Universum, Ihre Energie durch die Brille des Einsseins zu lenken.

Liebes Universum,

ich lebe in einem geeinten Paradigma der Liebe,
des Mitgefühls und der Offenheit. Wenn jemand einen
anderen Standpunkt vertritt als ich, dann sende ich ihm Liebe
und erkenne seine andere Meinung an.
So sei es, und so ist es.

31: Fließend • 65: Mitfühlend • 70: Offen

68 STECKEN GEBLIEBEN

HABEN SIE IM Moment das Gefühl festzustecken? Für manche Menschen fühlt sich das an wie in dem Film *Und täglich grüßt das Murmeltier*, der die Monotonie des Alltags besonders sichtbar macht. Vielleicht haben Sie versucht, Veränderungen zu bewirken, und trotzdem kommt nichts in Gang. Wenn Sie meinen, stecken geblieben zu sein, dann gibt es zwei Komponenten, die Ihre Wirklichkeit erschüttern und die erwünschte Veränderung und Inspiration auslösen. Die Veränderung liegt in der Verschiebung Ihrer vorgefertigten Muster des Denkens und Sprechens.

Indem Sie immer wieder denken, dass Sie sich festgefahren haben, fordern Sie das Universum förmlich auf, Ihre Empfindung für Sie zu verwirklichen. Wer sich ununterbrochen verbal über den Zustand seines Lebens beklagt, dem liefert das Universum immer nur mehr vom Gleichen.

Darauf kommt es an

WENN SIE EINE kleine Veränderung in Ihrem Denken und in Ihrer Wortwahl vornehmen, dann wird sich auch Ihre Wirklichkeit sofort verschieben.

Betrachten Sie Ihr Feststecken als Aufforderung zum Innehalten und als Gelegenheit, um herauszufinden, was Sie wirklich wollen.

Liebes Universum,

ich bitte darum, dass sich neue, freudvolle und lebendige Energie in meiner gegenwärtigen Wirklichkeit manifestiert. Ich bin dankbar für diese Zeit zum Nachdenken, in der ich Klarheit gewinnen und Schwung sammeln kann für ein neues aufregendes Kapitel in meinem Leben. Mein Leben entfaltet sich in vollkommenem, göttlichem Timing.
So sei es, und so ist es.

39: Geerdet • 41: Geheilt • 89: Transformierend

69 TRAUMATISIERT

EIN TRAUMA IST nichts, was man auf die leichte Schulter nehmen sollte. Etwas zu erleben oder zu sehen, was die eigene emotionale Landschaft verändert, ist eine ernst zu nehmende Einladung des Universums, einen Weg zur Heilung zu suchen. Manches kann man eben nicht ungeschehen oder ungesehen machen. Solche Ereignisse können Sie im Geist oder im Herzen verfolgen. Zum Glück kann man die Assoziationen mit dem Schmerz neu verbinden und dennoch ein emotional freies Leben führen.

Darauf kommt es an

SICH VON SCHMERZ zu befreien heißt nicht, dass man vergibt und vergisst. Sie müssen Ihre Rolle in der Erfahrung als Teil Ihrer Seelenreise würdigen.

Das Universum bürdet Ihnen niemals mehr auf, als Sie bewältigen können. Es kommt darauf an, alles zu entfernen, was Sie belastet. Ob es sich darum handelt, irgendetwas physisch aus Ihrem Umfeld herauszunehmen oder mit einer Person in Ihrem Leben zu brechen, die Sie an Ihre Vergangenheit fesselt: Beides ist durchaus statthaft.

Posttraumatische Belastungsstörungen müssen ernst genommen werden. Die Hormone, Zellen und Stoffe in Ihrem Körper brauchen behutsame Erholung. Zum Glück ist das Universum immer an Ihrer Seite, um Ihre Hand zu halten und Ihr Herz zu heilen.

Liebes Universum,

ich bin dankbar für den heutigen Tag. Für alles, was jetzt ist.
Möge ich Freude in meinem Alltag finden und die Unterstützung
und Führung wertschätzen, die mir angeboten werden.
Ein geteiltes Problem ist ein halbes Problem.
So sei es, und so ist es.

3: Ausdrucksstark • 93: Verletzlich • 94: Versorgt

 # TRAURIG

AM TAG NACHDEM ich mit sechzehn Jahren mein erstes Kind verloren hatte, saß ich im Wartezimmer des OP-Vorbereitungsraums mit sieben oder acht jüngeren Frauen zusammen, die ebenfalls weiße Nachthemden anhatten und wie ich angstvoll warteten. Das Mädchen neben mir weinte und versuchte, es zu verbergen.

»Woher weißt du, dass du die richtige Entscheidung triffst?«, fragte sie mich flüsternd.

Ich hatte keine Ahnung, was sie meinte, bis mir ein Licht aufging und ich erkannte, dass alle diese Frauen hier auf eine Abtreibung warteten. Mir war nicht klar, dass das Ausschaben nach einer Fehlgeburt und eine Abtreibung mehr oder weniger das gleiche Verfahren sind.

»Ich hatte eine Fehlgeburt«, sagte ich leise zu dem Mädchen.

Danach erzählte sie mir, dass ihre Mutter sie zu der Abtreibung zwang, weil sie mit der Schule noch nicht fertig war. Ich konnte spüren, wie hin und her gerissen und zutiefst traurig sie war. Sie konnte sich nicht entscheiden, ob sie das Leben, das in ihr heranwuchs, oder ihr eigenes Leben in den Vordergrund stellen sollte.

Es muss unvorstellbar schwer sein, eine solche Entscheidung zu treffen, und ich schwöre Ihnen, dass ich niemanden dafür verurteilen würde. Das steht mir nicht zu. Aber ich weiß, dass das Heranwachsen oder Nichtheranwachsen eines neuen Lebens Traurigkeit verursachen kann.

Als Menschen erleben wir Traurigkeit aus vielfältigen Gründen. Ihr Hund könnte sterben, Ihre Lieblingsfernsehsendung gestrichen werden oder vielleicht hat jemand das letzte Eis aus dem Gefrierschank aufgegessen. Traurigkeit ist eine Reaktion unserer Seele auf die Kontraste des Lebens.

Darauf kommt es an

WENN SIE TRAURIG sind, dann schreien Sie es heraus. Verarbeiten Sie Ihre Traurigkeit in der für Sie erforderlichen Zeit und auf die für Sie passende Weise. Zu viele Menschen meinen, nicht so empfinden zu dürfen, wie sie es nun einmal tun. Geben Sie Ihrer Traurigkeit Raum, dann können Sie sie rascher verarbeiten.

Das Universum ist in diesem Prozess immer an Ihrer Seite.

> ## Liebes Universum,
> möge ich von der Traurigkeit zu Hoffnung und Dankbarkeit gelangen. Möge ich die Erkenntnis erlangen, dass meine Traurigkeit eine vorübergehende Phase ist. Ich vertraue darauf, dass mein Herz auf dieser Reise so geheilt wird, wie es soll.
> So sei es, und so ist es.

15: Dankbar • 54: Hoffnungsvoll • 92: Verbunden

71 ÜBERARBEITET

FÜHLEN SIE SICH im Augenblick überarbeitet? Wenn ja, dann ist es an der Zeit, dass Sie sich Raum zum Ausruhen und Regenerieren schaffen. Ärgert oder nervt Sie Ihre Arbeit, dann ist vielleicht der Moment gekommen, um die Dinge ins rechte Licht zu rücken.

Darauf kommt es an

DIE ENERGIE, DIE Sie in Ihre Arbeit einbringen, wird Sie entweder beleben oder aufzehren. Sie haben die Wahl.

Zu arbeiten und für andere Menschen von Nutzen zu sein, ist das Herzblut der Menschheit. Jeder von uns spielt auf der Bühne, die wir Leben nennen, eine unverzichtbare Rolle. Ob Sie nun aus Freude arbeiten oder nur, um Ihre Rechnungen zu bezahlen: Sie sollten sich daran erinnern, dass die Energie Ihr Leben entweder befördern oder vergiften wird.

Gefühle von Überarbeitung sind eine Aufforderung des Universums, sich mehr Zeit zum Spielen und für freudiges Sein im Augenblick zu nehmen. Ich finde es wunderbar, wenn Menschen, die sehr schwierige, langweilige oder körperlich anstrengende Arbeit tun, mit Freude ans Werk gehen. Gärtner, Reinigungskräfte, Erzieherinnen, Lehrer, Krankenschwestern, Sachbearbeiter, Altenpflegerinnen, Verkäufer … die Liste ließe sich endlos fortsetzen! Sie sind die wahren Engel im Leben, sie sind zur Stelle und dienen, auch dann, wenn sie überarbeitet sind.

Nehmen Sie Kontakt mit dem Universum auf, um die Belebung Ihrer Perspektiven in Gang zu setzen.

Liebes Universum,

ich bin nun bereit, mich neu aufzuladen,
damit ich bei meiner Arbeit mit der Energie der Begeisterung,
der Hilfsbereitschaft und Dankbarkeit antreten kann.
So sei es, und so ist es.

6: Ausgeruht • 52: Hilfsbereit • 95: Vertrauensvoll

72 ÜBERFORDERT

FÜHLEN SIE SICH überfordert, dann verhält es sich tatsächlich so, als hätten Sie zu viele Tags gleichzeitig auf Ihrem Computer geöffnet und als sähen Sie nur noch, wie sich das kleine Regenbogenrad immerfort dreht. Befinden Sie sich im Überforderungsmodus, dann steuert Ihr System mit großer Wahrscheinlichkeit auf einen Zusammenbruch zu. Sie sind dann wie der Jongleur, der versucht, zu viele Bälle gleichzeitig in der Luft zu halten. Trifft diese Beschreibung auf Sie zu? Eine solche Situation können Sie nicht aufrechterhalten, also müssen Sie die Dinge auf ein verträgliches Maß zurückstutzen.

Darauf kommt es an

NUR DER GEGENWÄRTIGE Augenblick, das Jetzt, existiert wirklich. Ist die Liste Ihrer Aufgaben zu lang, kommen laufend neue Anforderungen durch Ihre Familie herein, reißt die Kette eintreffender Rechnungen nicht ab, dann ziehen Sie die Notbremse. Bedenken Sie: Nur wenn Sie sich zuerst um sich selbst kümmern, können Sie auf lange Sicht irgendetwas erreichen.

Ich habe schon unzählige Male in meinem Leben versucht, im Überforderungsmodus zu funktionieren. Inzwischen lenke ich meine Aufmerksamkeit nach innen, frage mich, was ich brauche, um das Tempo zu verringern, und nehme mir Zeit, um mich an meine eigene Kraftquelle zu erinnern. Brühen Sie sich einen heißen Tee, machen Sie einen Spaziergang oder einen Mittagsschlaf, lassen Sie sich ein heißes Bad einlaufen – was immer Ihnen hilft, um runterzukommen, und Sie daran hindert, sich von der Energie fieberhafter Erwartungen auffressen zu lassen.

Liebes Universum,

ich nehme die Energie der Gelassenheit auf.
Ich befreie mich von Gefühlen wie Stress und Überforderung.
Möge ich mir der Tatsache bewusst sein, dass die Zeit verstreicht
und dass die Dringlichkeit mancher Aufgaben eine Illusion ist.
Ich kann mich auch dann noch um sie kümmern,
wenn ich mich ihnen gewachsen fühle.
So sei es, und so ist es.

4: Ausgeglichen • 33: Frei • 42: Gelassen

73 ÜBERLASTET

FÜHLEN SIE SICH gerade ein wenig erschöpft? Trösten Sie sich damit, dass das Leben ein Auf und Ab ist und dass auch wieder andere Zeiten kommen. Sich mitunter in verschiedenen Bereichen des Lebens überlastet zu fühlen, ist vollkommen normal. Ob Sie sich nun mit der Qual auseinandersetzen müssen, Ihre Schulden nicht rechtzeitig bezahlen zu können, oder einen kranken Angehörigen zu betreuen haben: Es bedarf ernstlicher innerer Pflege, um diese schwere Energie in Licht zu verwandeln.

Als ich aus meiner ersten Ehe heraustrat, hatte ich weniger als nichts. Mit meiner Kreditkarte befand ich mich mit dreißigtausend Dollar in den Miesen und hatte keine Ahnung, wie ich das jemals zurückzahlen sollte. Meine beiden Kinder und ich kamen schon kaum mit der wöchentlich ausgezahlten Sozialhilfe zurecht, wie sollte ich da noch Schulden bedienen? Die Bank rief mich mindestens viermal täglich an, um ihr Geld zurückzufordern. Ich betete darum, dass sie damit aufhören möge, und es hörte auf, weil mir das Telefon abgestellt wurde: Ich konnte die Telefonrechnung nicht bezahlen. Ohne Waschmaschine und Kühlschrank und mit nichts als einer alten Schrottkiste als Auto und einem billigen Dach über dem Kopf, mit fleckigen Matratzen aus dem Gebrauchtwarenladen für meine Kinder und mit nur wenig Hoffnung, dass sich meine finanzielle Lage irgendwann bessern würde, bekam ich die ganze Durchschlagskraft der Angst zu spüren. Panikattacken, Stress und Sorge trieben mich unbarmherzig voran. Dann sagte meine Mutter eines Tages einen Satz zu mir, der meine Einstellung von Grund auf veränderte: »Mach einfach einen Schritt nach dem anderen.«

Und genau das habe ich getan. Ich feierte jeden Tag, den ich geschafft hatte. Ich war dankbar für das Brot und die Bohnen, die die Kinder zum Essen hatten.

Darauf kommt es an

SICH ÜBERLASTET ZU fühlen ist eine Einladung zur Rückkehr ins Hier und Jetzt. Indem Sie eine Herausforderung nach der anderen annehmen, können Sie über sie hinauswachsen und Ihren Weg in eine neue, stressfreie Wirklichkeit finden.

Meine tägliche Meditation damals hatte etwa den folgenden Wortlaut:

> ### Liebes Universum,
> ich danke dir für die Gelegenheit, mich in der Fülle
> des Lebens auszuprobieren. Ich bin offen für deine Führung,
> für inspirierende Ideen und für inspiriertes Handeln,
> um in dieser Erfahrung voranzukommen.
> So sei es, und so ist es.

21: Entspannt • 33: Frei • 95: Vertrauensvoll

74 UNBESTÄNDIG

UNBESTÄNDIGKEIT ERLEBEN SIE, wenn Sie sich in Ihrer Wirklichkeit weder gut aufgehoben noch sicher fühlen. Dabei spielt es keine Rolle, ob Sie aus dem Koffer leben, von einem Übernachtungsprovisorium zum nächsten wechseln, bei Ihren Eltern wohnen, es mit einem Partner zu tun haben, der viel unterwegs ist, oder ob Sie vielleicht selbst viel reisen.

In Ihnen schwingt die Energie der Unbeständigkeit. Im Hinterkopf wissen Sie, dass das Fundament Ihrer Wirklichkeit im Fluss und in gewisser Hinsicht kurzlebig ist. Alles ist in Bewegung, wandelbar und könnte sich jederzeit mit dem Wind ändern.

Darauf kommt es an

DAS UNIVERSUM TRAINIERT Sie, damit Sie sich auf die Unbeständigkeit einlassen. Innere Unruhe ist ein Zeichen dafür, dass Veränderung Ihre Wirklichkeit durchdringt.

Es wird auch wieder eine Phase kommen, in der Sie sich geerdet und im Frieden mit sich fühlen, in der Sie stabil in Ihrer Situation sind, gleichgültig, was Sie gerade erleben. Doch müssen Sie sich das Bewusstsein davon bewahren, dass kein Ding von Dauer ist. Sind Sie im gegenwärtigen Augenblick in Sicherheit und beständig, dann können Sie das Universum bitten, Sie zum gegebenen Zeitpunkt daran zu erinnern.

Liebes Universum,

bitte offenbare mir ein Empfinden von Stabilität mitten
in der Unbeständigkeit. Erinnere mich daran, dass alles
im Leben unbeständig ist und dass Beständigkeit
ein Bewusstseinszustand meiner Seele ist.
So sei es, und so ist es.

31: Fließend • 70: Offen • 81: Sicher

75 UNDANKBAR

ES WAR DER Weihnachtsmorgen 1986, und meine kleine Schwester und ich öffneten die Geschenke unserer Eltern. Meine Schwester bekam eine Babypuppe, die damals jedes Mädchen in der Schule haben wollte und so auch ich. Man konnte einen Knopf drücken und sie streckte die Arme nach einem aus. Ich öffnete mein Geschenk und fand darin Alf, den Außerirdischen aus der amerikanischen Serie, und beklagte mich sofort, statt dankbar zu sein.

»Der kann ja noch nicht einmal sprechen! Ich wollte auch eine Babypuppe wie meine Schwester!«

Ich hörte mich bestimmt genauso an wie Veruca Salt, die verwöhnte Tochter aus *Charlie und die Schokoladenfabrik*, nur noch anspruchsvoller und ungezogener.

Aber wenn Sie sich in der Haltung eingerichtet haben, Ihre Dankbarkeit zu unterdrücken, dann schickt Ihnen das Universum auch nichts mehr, wofür Sie dankbar sein könnten. Undankbarkeit ist das sicherste Mittel, um jegliche Manifestation von Veränderung in Ihrem Leben zu unterbinden.

Darauf kommt es an

UM DIE WIRKUNG der Undankbarkeit zu neutralisieren, durchforsten Sie Ihr Leben nach allem, wofür Sie dankbar sein können.

Wenn Sie sich das nächste Mal dabei erwischen, dass Sie undankbar sind, erinnern Sie sich daran, dass alles, was in Ihrem Leben auftaucht, ein Geschenk ist, sogar ein Alf, der nicht sprechen kann.

Liebes Universum,

bitte erinnere mich an alles, wofür ich in meinem Leben dankbar sein kann. Möge ich eine Praxis der täglichen Wertschätzung kultivieren, damit ich alles, was ich manifestiere, vollständig annehmen kann.
So sei es, und so ist es.

15: Dankbar • 74: Rücksichtsvoll • 100: Zufrieden

76 UNGEHÖRT

»DU HÖRST MIR überhaupt nicht zu! Hörst du denn nicht, was ich sage?«

Kommt Ihnen das bekannt vor?

Wenn Sie das Gefühl haben, dass Ihnen jemand nicht zuhört, dann kann das sehr verstörend sein. Als Erstes müssen Sie sich fragen, ob Sie selbst ein guter Zuhörer sind. Manchmal projizieren wir unwissentlich unser eigenes Verhalten auf andere. Sobald Sie sicher wissen, dass es tatsächlich der andere ist, der Ihnen nicht zuhört, dann müssen Sie Ihre Taktik so weit anpassen, damit Sie den anderen da abholen können, wo er sich befindet. Menschen bevorzugen unterschiedliche Methoden, um Informationen aufzunehmen. Manche von uns hören. Andere sehen. Manche fühlen die Informationen, die ihnen dargeboten werden.

Wenn Sie mit jemandem kommunizieren, der visuell funktioniert, dann müssen Sie lernen, ihm Ihre Kernpunkte zu »zeigen«. Ein kinesthetischer Mensch, dessen Lernen wesentlich auf Fühlen basiert, muss die Informationen kombiniert mit taktilem Input erhalten. Ihm helfen Sätze wie »Ich fühle, dass …«. Für den Hörer ist Ihr Ton besonders wichtig; wenn Sie zu laut oder aggressiv sind, dann können Sie für ihn nicht den optimalen Raum schaffen, in dem er Ihre Botschaft aufnimmt.

Darauf kommt es an

EINE MITTEILUNG, VON der man meint, dass man sie an den Mann oder an die Frau gebracht hat, muss nicht zwangsläufig auch bei ihm oder ihr angekommen sein.

Als ich mit Max verheiratet war, wusste ich, dass ich ihm eigentlich immer nur dann etwas mitteilen konnte, wenn er im Auto hinter dem Steuer saß. Wir hatten nur selten Blickkontakt, und aufgrund seines Asperger-Autismus hatte er Schwierigkeiten damit, visuelle Hinweise zu verstehen. Es spielte also keine Rolle, ob ich ihn visuell, tonal oder über den Ausdruck meiner Gefühle erreichen wollte: Für gewöhnlich fühlte ich mich ungehört. Wenn Ihre Mitteilung nicht empfangen wird, dann kann es auch daran liegen, dass Sie den falschen Zeitpunkt gewählt haben. Außerdem sollten Sie es niemals persönlich nehmen, wenn Sie meinen, nicht gehört zu werden.

Wenden Sie sich an das Universum, um sich von ihm an Ihre kommunikative Stärke erinnern zu lassen.

Liebes Universum,

möge ich mich daran erinnern, dass ich die Macht
zur Kommunikation habe. Möge ich mich leiten lassen,
damit ich meine Mitteilung oder Information dann übermittle,
wenn sie mit offenem Herzen und offenem Geist
empfangen werden kann.
So sei es, und so ist es.

14: Bewusst • 40: Geführt • 52: Hilfsbereit

77 UNGELIEBT

ES IST TRAURIG, wenn man sich ungeliebt fühlt, aber es ist eine Illusion. Sie werden unendlich geliebt, geschätzt und gewürdigt.

Darauf kommt es an

FALLS SIE SICH ungeliebt fühlen, dann sollten Sie sich bewusst machen, dass das Universum Sie bedingungslos liebt und bewundert.

Mein erster Ehemann und ich hatten zwei Hochzeitsfeiern. Bei der zweiten Zeremonie war ich grün und blau geschlagen und schwanger, und sie fand nur statt, damit ich seinen Nachnamen annehmen konnte.

Die erste Hochzeitsfeier fand in einem spirituellen Meditationszentrum in Neuseeland statt. Wir waren von Freunden umgeben. Unsere Hochzeitszeremonie wurde von Bhai Sahib Ji geleitet, meinem Meditationslehrer. Ich war gerade zwanzig Jahre alt und sehr aufgeregt, weil ich nun mit Max auf einer tiefen Ebene verbunden war. Die Hochzeit war ein spontaner Einfall der Gruppe gewesen, die unsere Verbindung offiziell machen wollte.

Wir fuhren in den nächsten Ort, um passende Ringe zu kaufen, und wählten feierliche Kleidung aus. Dann hatten wir eine »superspirituelle« Hochzeitszeremonie mit dem Rauschen des Ozeans im Hintergrund. Unsere Freunde bezahlten für uns die Hochzeitssuite im örtlichen Hotel, damit wir stilvoll feiern konnten. Sie dekorierten das Bett mit Rosenblüten und sorgten für Champagner. Wir hatten nichts anderes zu tun, als unsere Seelenverbindung zu feiern. Und dann lag ich stundenlang im Bett wach und wartete auf Max, der lieber fernsehen wollte. Meine Hochzeitsnacht hatte nichts Romantisches und kein Feuerwerk an sich, auch nicht im übertragenen Sinne. Da war nur der Fernseher. Ich fühlte mich ungeliebt, ungesehen und wertlos. Das hätte mich darauf hinweisen sollen, dass irgendetwas nicht stimmte.

Manchmal reise ich vor meinem inneren Auge in der Zeit zurück zu der Zwanzigjährigen, die sich so sehr danach sehnte, geliebt zu werden, und schicke ihr die ersehnte Liebe. Ich erinnere sie daran, dass das Universum einen Plan hat und dass sich anstelle des Ungeliebtseins schließlich echte Liebe manifestierte.

> *Liebes Universum,*
>
> ich bin geliebt. Ich werde geschätzt. Erinnere mich daran,
> dass mein Geist auf die Essenz all dessen ausgerichtet ist,
> was ich ersehne. Möge ich mich selbst so behandeln,
> wie ich es mir von meinen geliebten Menschen ersehne.
> *So sei es, und so ist es.*

43: Geliebt • 44: Geschätzt • 99: Würdig

78 UNGESCHÜTZT

WENN SIE SICH im Moment ungeschützt fühlen, dann suchen Sie bitte Hilfe und Unterstützung bei einem Mitmenschen. Sich ungeschützt zu fühlen, ist furchterregend, und deshalb müssen Sie jetzt sofort Ihr Möglichstes tun, um sich zu beruhigen und wieder halbwegs sicher zu fühlen. Manchmal fühlen wir uns auf Dauer ungeschützt. Achten Sie darauf, dass Sie Sicherheit zu Ihrer Priorität machen und dass Sie sich möglichst von Schaden fernhalten.

Falls Sie sich derzeit sicher fühlen, dann nehmen Sie diese Ratschläge bitte in Ihr Gedächtnis auf, denn Sie könnten sie eines Tages dringend brauchen.

Eines Abends waren Sean und ich in Melbourne unterwegs. Es war eine Stunde nach Mitternacht, und wir mussten auf dem Weg zu unserem Hotel an der Bahnstation Flinders Street vorbei. Es waren nicht mehr viele Menschen unterwegs. Zwei große Kerle kamen mit aggressivem Gehabe auf uns zu; sie machten den Eindruck, als wollten sie uns ausrauben. Sean und ich fühlten uns beide alles andere als sicher. Wir bemühten uns, ruhig zu bleiben, machten uns etwas größer und gingen ein wenig dynamischer. Weil wir zeigten, dass wir uns von den Strolchen nicht beunruhigen ließen, gingen sie an uns vorbei. Zwei Tage später standen in den Zeitungen Berichte von einem Paar, das in der Gegend niedergestochen worden war.

Darauf kommt es an

WENN SIE SICH ungeschützt fühlen, dann handeln Sie entschlossen. Achten Sie auf Ihre Umgebung, zügeln Sie Ihre Energie und halten Sie Ausschau nach einem möglichen Fluchtweg. Seien Sie vorbereitet.

Liebes Universum,

gestatte es mir, mich hier, wo ich jetzt gerade bin,
geschützt zu fühlen. Möge ich darauf vertrauen,
dass meine Intuition und mein Bauchgefühl mich in jeder Situation,
mit der ich konfrontiert bin, in Sicherheit bringen.
So sei es, und so ist es.

67: Mutig • 75: Ruhig • 81: Sicher

79 UNGESEHEN

MAX WAR DER Hausmeister des Meditationszentrums. Ich war zwanzig und er zweiunddreißig Jahre alt. Nach den Gruppensitzungen am Abend blieb ich vor Ort, um herauszufinden, ob Max wollte, dass ich über Nacht blieb. Wir waren seit ungefähr sieben Monaten ein Paar, und ich wartete noch immer geduldig und naiv darauf, dass unsere Romanze richtig interessant würde. Es war so, als sähe man einen Film, der erst richtig in Gang kommen muss, von dem man aber weiß, dass er bald zu Ende sein wird und letztlich Zeitverschwendung ist.

Eines Abends wusch Max mit dem Rücken zu mir im Spülbecken Spinat. Da er ein wortkarger Mann war, fragte er mich: »Sollen wir heiraten?«

Das war zwar nicht unbedingt der Disney-Prinzessinnen-Heiratsantrag, den ich mir ausgemalt hatte, aber strahlend sagte ich dennoch: »Ja!«

Nach sieben Monaten mit Max war mein Selbstwertgefühl nicht besonders ausgeprägt. Dumm, wie ich war, glaubte ich, sein Heiratsantrag sei ein Zeichen dafür, dass Max jetzt für alle Zeiten aus seiner Deckung kommen wollte.

Als merkwürdig empfand ich, dass er mich bei seinem Heiratsantrag nicht ansah. Er blickte nicht in meine Augen, um meine Seele zu sehen. Er wusch weiter den Spinat. Dann, nachdem das Essen zubereitet war, machte er sich daran, ein Flugzeugmodell aus Balsaholz zu bauen. Ich saß dabei und sah ihm zu. Eine solche Geschichte kann man sich nicht ausdenken! Ich fühlte mich ungesehen. Können Sie sich vorstellen, was dieses Gefühl mit Ihrer Psyche macht? Wie es sich mit der Zeit auf Ihr Selbstvertrauen auswirkt?

Darauf kommt es an

SOLLTEN SIE SICH in irgendeinem Bereich Ihres Lebens ungesehen fühlen und eine solche Situation zulassen, dann stellen Sie sich bitte vor den nächsten Spiegel, blicken Sie sich selbst in Ihre wunderschönen Augen und sagen Sie: »Ich sehe dich!«

Lassen Sie sich vom Universum dabei helfen, Menschen in Ihr Leben zu holen, die Sie als die einzigartige, wunderbare Seele sehen, die Sie sind.

Liebes Universum,

ich bin würdig, gesehen zu werden. Stärke meinen Geist
mit der Intention, sichtbar zu sein, damit ich mein Licht hell erstrahlen
lassen und mich mit anderen Menschen auf einer authentischen
Ebene verbinden kann, die meine Seele versorgt.
So sei es, und so ist es.

82: Sichtbar • 96: Wahrgenommen • 99: Würdig

UNGLÜCKLICH

> »Alles menschliche Unglück kommt daher,
> dass Menschen sich der Wirklichkeit nicht direkt
> und genau so stellen, wie sie tatsächlich ist.«
> BUDDHA

WENN SIE UNGLÜCKLICH sind, dann müssen Sie sich die folgende Frage stellen: Was braucht meine Seele jetzt?

Es gibt Millionen Menschen, die in ihrem Alltag mehr Glück erfahren müssten. Wenn Sie Ihr Leben in Abschnitte zerlegen, in denen Sie es sich gestatten, glücklich zu sein, dann setzen sich all diese glücklichen Momente wie von selbst zu einem glücklichen und zufriedenen Leben zusammen.

Darauf kommt es an

IHR LEBEN WIRD aufblühen, sobald Sie die Verantwortung für Ihr Glück in die eigenen Hände nehmen. Es liegt nicht in der Verantwortung Ihrer Mitmenschen, Sie glücklich zu machen.

Wenn Sie unglücklich sind, dann machen Sie es zu Ihrer einzigen Mission, mehr Freude in Ihrem Leben zu finden. Die tägliche Kultivierung von Dankbarkeit wird viel dazu beitragen, Ihre Wirklichkeit zu transformieren. Schreiben Sie jeden Tag drei Dinge in Ihr Tagebuch, für die Sie dankbar sind, und sehen Sie dabei zu, wie sich die Magie in Ihr Leben hinein entfaltet.

In den Jahren zwischen zwanzig und dreißig war ich die allermeiste Zeit ziemlich unglücklich. Doch dann trainierte ich mich förmlich darin, auch noch den kleinsten Dingen aufrichtige Wertschätzung entgegenzubringen. Danach erwischte ich mich immer öfter bei dem Gedanken: »Ich bin im Augenblick so richtig glücklich.« Diese Übung, so simpel sie auch sein mag, erzeugt unglaubliche emotionale Freiheit.

Wenn Sie etwa unglücklich darüber sind, dass Sie in einer Gaststätte nicht optimal bedient werden, dass Ihr Partner Ihren Geburtstag vergessen hat oder weil Ihnen jemand das letzte Stück Schokolade weggegessen hat, dann bremsen Sie sich, bevor Sie sich verstimmt zeigen, und formen Sie Ihre Wirklichkeit mit Ihren Gefühlen um. Entscheiden Sie bewusst, worum Sie kämpfen wollen. Unglückliche Gefühle sind eine deutliche Aufforderung an das Universum, noch mehr Ereignisse zu schicken, über die Sie noch zusätzlich unglücklich sein können. Wenn es Ihnen gelingt, das Eskalieren Ihres Unglücklichseins zu verhindern, dann sind Sie der Gewinner bei der Suche nach dem Glück.

Liebes Universum,

offenbare mir den breiten Strom von Glück,
zu dem ich immer und jederzeit Zugang habe, wenn ich mich
daran erinnere. Möge ich vor meinem geistigen Auge einen Diavortrag
aus den glücklichsten Augenblicken meines Lebens zusammenstellen,
die mich daran erinnern, dass ich wählen darf, wie ich meine Gefühle
in jedem beliebigen Augenblick meines Lebens steuere.
So sei es, und so ist es.

42: Gelassen • 46: Glücklich • 100: Zufrieden

81 UNSICHER

FALLS SIE IN Ihrem Leben Nadelstiche der Unsicherheit spüren, dann sind Sie gerade mit einer der bedeutsamsten Lektionen beschäftigt, die das Leben zu bieten hat. Wir alle kennen den Spruch, dass man sich im Leben nur auf zwei Dinge wirklich verlassen kann: den Tod und das Finanzamt. Alles andere ist ungewiss und kann zwischen erheiternd und erschreckend alles sein. Der Unterschied besteht darin, wie Sie selbst die sich entfaltende Situation interpretieren.

Im Jahr 2014 war ich zum dritten Mal innerhalb von sechs Monaten schwanger. Davor hatte ich mehrere Fehlgeburten gehabt und war entsprechend beunruhigt. In der achten Schwangerschaftswoche waren Sean und ich zur Ultraschalluntersuchung gegangen, um herauszufinden, wie es unserem Baby ging. Wir machten uns Sorgen, weil ich blutete.

»Es sieht nicht gut aus«, sagte der Arzt, »aber es gibt einen Herzschlag. Kommen Sie in zwei Wochen wieder.«

Während dieser zwei Wochen druckte Sean Hunderte von Beiträgen von Schwangerschaftsforen aus, in denen Frauen von langsam wachsenden Babys berichteten, bei denen zum Schluss doch noch alles gutgegangen war.

Und meine Freundin Dallyce erinnerte mich daran, dass es immer Grund für Hoffnung gab, solange es Leben gab.

Ich nutzte diese Inspirationen, um mein Bewusstsein darauf einzuschwören, dass alles gut würde. Gleichzeitig fühlte ich mich fortgerissen von einer gewaltigen Welle der Unsicherheit. Es war eine gewaltige spirituelle Lektion.

Darauf kommt es an

WENN ES IHNEN gelingt, sich mit der Unsicherheit zu arrangieren und sie als Teil des göttlichen Plans zu sehen, dann werden Sie würdevoll durchs Leben kommen und jede Situation bewältigen, mit der Sie konfrontiert sind.

In der elften Woche verlor ich das Kind. Die Laboruntersuchungen ergaben, dass es sich um ein Mädchen mit der seltenen genetischen Störung namens

»Edwards-Syndrom« gehandelt hatte. Hätte ich die Schwangerschaft mit ihr regulär beendet, dann wäre sie bald nach der Geburt gestorben. Die Erfahrung und die Ehre, ihr winziges Leben zu tragen, war dennoch jede Mikrosekunde der Unsicherheit wert.

Gestatten Sie es dem Universum, Ihre Hand zu halten und Sie zu führen, wenn (nicht falls) Sie mit Unsicherheit konfrontiert sind.

Liebes Universum,

ich bin voll und ganz im Jetzt präsent.
Meine Seele erinnert sich daran, dass es Bestandteil
meines heiligen Vertrags ist, mich mit Unsicherheit zu arrangieren,
und ich nehme die Gelegenheit dankbar an, mich mit
der wunderbaren Fülle des Lebens vertraut zu machen.
So sei es, und so ist es.

24: Ergeben • 67: Mutig • 95: Vertrauensvoll

82 UNTERDRÜCKT

HABEN SIE JE versucht, einen Ball unter Wasser zu halten? Lange gelingt Ihnen das nicht: zu viel Widerstand. Das Gleiche geschieht, wenn Sie versuchen, sich zu verstecken, oder wenn Sie Ihre Wirklichkeit leugnen. Unterdrückung kann auf die unvorstellbarste Weise erfolgen. Manche Menschen versuchen, Ihre sexuellen Vorlieben zu unterdrücken. Andere wollen sogar ihre Gefühle ignorieren und hindern sich daran, die Fülle und das Ganzsein ihres Menschseins zu spüren.

Darauf kommt es an

ES IST IHNEN gestattet, sich auf jede von Ihnen gewünschte Art und Weise zum Ausdruck zu bringen. Dies ist Ihr Leben.

Violet war mehrmals verheiratet, bevor sie auf den Gedanken kam, dass sie vielleicht Frauen bevorzugte. Sie hatte immer eine natürliche Zuneigung empfunden, aber sie hatte es sich nie gestattet, innezuhalten und herauszufinden, ob sie sich eine gleichgeschlechtliche Beziehung vorstellen könnte. Da sie in den Zwanzigerjahren geboren war, sah sie sich zur Anpassung an gesellschaftliche Erwartungen gezwungen. Doch nach drei Ehen war sich Violet sicher, dass es mehr Sinn und Nähe in Beziehungen geben musste.

Rhonda lernte sie erst kennen, als sie bereits über sechzig war. Rhonda hat sich ihr ganzes Leben lang zu ihrer Homosexualität bekannt, und Violet hatte das Gefühl, gar nicht richtig gelebt zu haben, bevor sie und Rhonda sich kennengelernt und zusammengefunden hatten.

Falls sie meinen sollten, der Welt Ihr wahres Selbst nicht zeigen zu dürfen, dann erinnern Sie sich daran, dass das Universum Sie bedingungslos liebt und bewundert.

Liebes Universum,

ich bitte dich, verleih mir den Mut, damit ich
meine Gefühle authentisch zum Ausdruck bringen kann.
Bitte geleite mich durch diesen Prozess und schick mir Menschen,
die sich jetzt für mich einsetzen.
So sei es, und so ist es.

2: Aufrichtig • 76: Schamlos • 91: Unterstützt

83 UNVERSTANDEN

ES IST EINE der schwierigsten emotionalen Erfahrungen, wenn man sich von seinen Mitmenschen unverstanden fühlt. Wenn man erleben muss, dass jemand ein unzutreffendes Bild von einem zeichnet, dann kann dies großen Schmerz verursachen.

Das Gefühl, unverstanden zu sein, hat durch die wachsende Verbreitung sozialer Medien stark zugenommen. Onlinemobbing und Cyber-Nachstellungen sind echte Gefahren geworden. Teenager haben sich unter dem enormen Druck von Onlinetrollen bereits das Leben genommen. Als jemand mit einer sehr sichtbaren Onlinepräsenz habe ich mehr als meinen Teil an Gemeinheiten, Unterstellungen und Vorurteilen abbekommen.

Darauf kommt es an

ANDERE MENSCHEN DÜRFEN sich nicht an Ihrer Energie vergreifen. Sie wissen, wer Sie sind und was Ihr Herz berührt.

Wenn man sich unverstanden fühlt, dann fühlt man sich auf unnatürliche Weise dazu veranlasst, sich zu beweisen oder das Einverständnis der Mitmenschen zu erlangen. Solche Versuche sind zwecklos. Damit verschwenden Sie nur Ihre Energie.

Wenn Sie sich an den Grundsatz halten, dass es Sie nichts angeht, was andere Menschen von Ihnen halten, dann haben Sie bessere Chancen auf ein gutes Leben. Mein Meditationslehrer sagt zu mir: »Kritisiere mich nur, so viel du willst. Damit nimmst du mir mein Karma ab.«

Ich kann nicht erklären, wie das genau funktioniert, aber ich weiß mit absoluter Sicherheit, dass die Energie, die man aussendet, zu einem zurückkehrt.

Wenn Sie das Gefühl haben, dass Ihr wahrer Kern nicht gesehen wird, dann bitten Sie das Universum, Sie an Ihre Wahrheit zu erinnern.

Liebes Universum,

ich bitte darum, dass es mir gelingen möge,
mich von den unzutreffenden Annahmen und Vorverurteilungen
anderer zu befreien. Ich weiß, wofür mein Herz schlägt;
Wahrheit und Integrität sind die Leitsterne meines Lebens.
Ich sende dir nun die Energie, die mit der Auflösung
dieser Situation frei geworden ist; dann habe ich wieder Raum,
um mich wahrgenommen zu fühlen.
So sei es, und so ist es.

13: Bewundert • 91: Unterstützt • 96: Wahrgenommen

84 UNZUFRIEDEN

MARGO, MITTE VIERZIG, war fähig, an einem Buffet siebenmal ihren Teller vollzufüllen und leer zu essen und trotzdem nicht satt zu sein. Eines ihrer Hobbys war es, auf Yelp kritische Bewertungen der Restaurants zu hinterlassen, in denen sie gegessen hatte. Auch auf anderen Plattformen, auf denen man sein Missfallen posten kann, hinterließ sie gerne 1-Stern-Bewertungen. Ihr Lieblings-Button auf Facebook war das wütende Gesicht.

Darauf kommt es an

WENN SIE SICH unablässig über das beklagen, was in Ihrer Wirklichkeit zutage tritt, dann wird das Universum Ihnen noch mehr Gründe für Ihre Unzufriedenheit liefern.

Die Wahrheit über Margo ist eine äußerst traurige Geschichte. Solche Geschichten habe ich hundertfach von Manifestationsschülern überall auf der Welt gehört. Als Kind wuchs Margo bei einer äußerst problematischen Mutter auf, der Margo es

nie recht machen konnte. Folglich fühlte Margo sich unwürdig, Freude und Zufriedenheit in irgendeiner Form zu erleben. Sie hatte sich einem Muster unterworfen, das seit ihrer frühen Kindheit etabliert war. Nichts würde je gut genug sein.

Eines Tages entschied Margo, sich über den Schmerz zu erheben, den sie erlebte. Die Last, die sie mit ihrem perfektionistischen Anspruch abwarf, befreite sie von vierzig Pfund Übergewicht. Sie manifestierte ihren Seelengefährten. Sie hörte auf, schlechte Kritiken zu schreiben, und richtete ihre Aufmerksamkeit hinfort auf Dinge, für die sie dankbar sein konnte.

In Wirklichkeit ist Unzufriedenheit eine Aufforderung Ihres höheren Selbst an Sie, sich selbst zu würdigen und das Leben so anzunehmen, wie es ist. An diesem Punkt begegnen Sie der Magie und beginnen, mit ihr zu spielen.

Liebes Universum,

ich bitte darum, dankbar für alles sein zu können,
was sich in meiner Wirklichkeit zeigt. Möge ich mein Herz erfüllen
mit der Kraft der Freude, Liebe, des Lachens und des Lichts,
damit ich jetzt zufrieden und im Frieden sein kann.
So sei es, und so ist es.

7: Begeistert • 99: Würdig • 100: Zufrieden

85 VERÄNGSTIGT

FALLS SIE SICH ängstigen, dann ist es Ihre erste Priorität, für Ihre Sicherheit zu sorgen. Es gibt viele mögliche Ursachen dafür, warum Sie sich jetzt gerade so fühlen. Vielleicht warten Sie auf irgendeine Nachricht, ein Ergebnis, eine Diagnose. Möglicherweise ähnelt Ihre Beziehung gerade einer Berg-und-Tal-Fahrt, und Sie ängstigen sich vor dem, was die Zukunft bringt. Oder Sie hatten einen Albtraum und finden nicht zurück in den Schlaf.

Darauf kommt es an

Ängste verlangen von Ihnen, Ihr Bewusstsein auf Hingabe und das Vertrauen darauf zu richten, dass alles zu einem guten Ende kommt. Auf diese Weise bauen Sie Ihre Illusionen ab.

Als Kind achtete ich darauf, dass meine Arme beim Schlafen unter der Decke waren, weil ich fürchtete, das Krokodil unter dem Bett könnte sie abbeißen, wenn ich sie aus dem Bett hängen ließ. Als Teenager hatte ich Angst vor dem ersten Sex. Ich hatte gehört, es sei unangenehm, und so ängstigte ich mich. Ich fürchtete mich erst davor, schwanger zu werden, und dann davor, das Kind zu verlieren.

Wenn Sie sich nicht über Ihre Angst erheben, dann teilen Sie dem Universum mit, dass Sie in Ihrem Leben eigens Platz geschaffen haben für die größten anzunehmenden Katastrophen.

Und wenn Sie Ihre Gedanken darauf einschwören, sich über Angst und Furcht zu erheben? Was, wenn Ihre unbekannte Zukunft gar nichts so Schreckliches für Sie bereithält und Sie sich gar nicht ängstigen müssten? Das Universum will, dass Sie dem Prozess vertrauen, in dem sich Ihre Lebensgeschichte entfaltet.

Liebes Universum,

ich befreie mich von meinen ängstlichen Gefühlen
und ersetze sie durch den unerschütterlichen Glauben und
das Vertrauen darauf, dass ich mein Leben voll ausschöpfen kann.
Ich nehme mir fest vor, mich einem Augenblick nach dem
anderen zu stellen und das Geschenk der bewussten
Wahrnehmung wertzuschätzen.
So sei es, und so ist es.

67: Mutig • 73: Präsent • 95: Vertrauensvoll

86 VERÄRGERT

VERÄRGERT, JA? DAS Gefühl kennen Sie. Ihr Blut will überkochen, weil sich irgendjemand nicht so verhält, wie Sie es sich vorstellen, oder weil irgendetwas nicht plangemäß läuft. Es ist an der Zeit, diese Gefühle raus- und loszulassen.

Darauf kommt es an

SIE KÖNNEN SICH nicht mächtig fühlen, wenn Sie verärgert sind.

Wenn man mit Ärger nicht richtig umgeht, dann kann er sich in hässlichen Formen manifestieren. Ich bin davon überzeugt, dass Depression nichts anderes ist als nach innen gerichteter und nicht ausreichend verarbeiteter Ärger. Deshalb ist es unglaublich wichtig, lieber die Dinge, Menschen, Orte und Erfahrungen in den Fokus zu nehmen, die Ihnen Freude bereiten. Wachsen Sie über Ihren Ärger hinaus!

Verärgert zu sein, birgt die unglaubliche Chance, neu wählen zu können, eine neue Karte aufzunehmen, über Los zu gehen und zweihundert Euro einzustreichen. Wenn Sie etwas verärgert, dann danken Sie dem Universum für die Einladung, und machen Sie die Erfahrung. Das ist natürlich leichter gesagt als getan, doch sobald Sie es gelernt haben, rascher zu vergeben, schaffen Sie Freiräume in Ihrem Energiefeld, um für bessere Manifestationen Platz zu haben.

Hier sind zwei entscheidende Fragen für Sie:

- Was kostet es Sie, an Ihrem Ärger festzuhalten?
- Wäre jetzt ein guter Zeitpunkt, um Ihren Ärger loszulassen?

Sobald Sie sich bereit dazu fühlen, gehen Sie die nachfolgende Meditation an, um Ihren Ärger abzubauen und um sich von Schmerz zu befreien:

Liebes Universum,

ich vertraue darauf, dass die mit dieser Erfahrung einhergehende Lektion sich in perfektem göttlichem Timing offenbart. Möge es mir nun gelingen, mich von allen Gefühlen der Verärgerung, Negativität und Schwere zu befreien, damit ich zurückgeführt werden kann in einen Zustand des Friedens, der Präsenz und der Freude.
So sei es, und so ist es.

35: Friedlich • 65: Mitfühlend • 68: Nachsichtig

87 VERFOLGT

WENN SIE SICH aufgrund Ihrer Überzeugungen, Ihrer sexuellen Orientierung, Ihrer Hautfarbe, Ihres Geschlechts oder Ihrer Leidenschaften verfolgt fühlen, dann sollten Sie sich daran erinnern, dass Sie sich niemals vor Ihren Mitmenschen rechtfertigen müssen. Wir sollen mit Liebe und durch unser Vorbild führen.

Verfolgung sollte ein Umstand sein, der zum sofortigen Abbruch aller Verhandlungen führt, egal ob privat oder beruflich. Ja, es ist bekannt, dass Politik und Religion im gepflegten Gespräch am besten außen vor bleiben sollten. Falls Sie jedoch meinen, sich für Ihre Überzeugungen entschuldigen zu müssen, dann bewegen Sie sich in den falschen Kreisen. Solange Sie niemanden willentlich mit Ihren Ansichten verletzen, haben Sie das hundertprozentige Recht, zu glauben, was auch immer Sie wollen.

Darauf kommt es an

IHRE ÜBERZEUGUNGEN GEHÖREN Ihnen und sind der Kompass für Ihre Seele. Machen Sie sich stark für die Energie dessen, woran Sie leidenschaftlich glauben, für den Ausdruck Ihres Bedürfnisses nach Veränderung und für das Ziehen gesunder Grenzen.

Wer andere verfolgt, tut es mit der Energie der Ignoranz. Wenn es möglich ist, dann bringen Sie Mitgefühl für die Menschen auf, die bereitwillig Konflikten und Zwietracht Raum in ihrem Leben geben. Machen Sie sich außerdem bewusst, dass die meisten Menschen blinde Flecken haben. Sie sind sich mancher Verhaltensweisen und der Manifestierung ihrer Vorurteile vielleicht gar nicht bewusst oder wissen nicht, dass es bedeutungsvolle Gespräche auch ohne Verurteilung und Gewalt geben kann.

Liebes Universum,

erinnere mich daran, dass ich bin, wer ich bin,
und dass ich so sein darf. Möge ich stolz und mit offenem Herzen
meine Energie und meine Überzeugungen zum Ausdruck bringen.
Gestatte mir, Mitgefühl für die Menschen aufzubringen, die vergessen
haben, dass wir alle zum wunderschönen Stoff des Einsseins gehören.
So sei es, und so ist es.

29: Ermächtigt • 33: Frei • 67: Mutig

VERLASSEN

HAT SIE EIN Mensch, den Sie lieben und dem Sie vertrauten, im Stich gelassen, als Sie seine Unterstützung nötig hatten? Ob die Person ein Ehepartner, eins der Kinder, ein Elternteil, ein Kollege oder ein Freund ist: Preisgegeben zu werden kann sich als emotionales Monster in vielerlei Gestalt manifestieren. Vor allem dann, wenn Sie die Macht vergessen, Ihre Emotionen zu lenken.

Vielleicht kommt Ihnen Ihr Herz vor, als sei es in tausend Stücke zersprungen. Das Gefühl der Leere, das Ihre Seele erfüllt, wenn ein Mensch Sie verlässt oder sich von Ihnen abwendet, kann äußerst schmerzhaft sein. Die Narben solcher Verletzungen können sich von Kindheit an in Ihrer Psyche festsetzen. Die gute Nachricht jedoch lautet, dass Sie die Möglichkeit haben, Ihre Verbindung zu der ursprünglichen Situation, die Sie in Ihrem weiteren Leben triggert, sozusagen neu zu verdrahten.

Darauf kommt es an

WIR SELBST VERLEIHEN den Ereignissen unseres Lebens ihren Sinn.

Es ist nun einmal eine Tatsache, dass Menschen in Ihrem Leben manchmal nicht so zur Stelle sind, wie Sie es sich wünschen. Vielleicht löst eine solche Erfahrung in Ihnen Gefühle der Enttäuschung, Verletzung oder Isolation aus. Die Angst vor dem Verlassensein oder das Verlassensein selbst fühlt sich im Augenblick des Geschehens äußerst real an. Wie ein Vergrößerungsglas wirkt der akute Moment auf die Energie des Verlusts oder Ihr Empfinden, dass Ihnen etwas fortgenommen wurde – etwas, was Ihnen eigentlich nie wirklich gehörte.

In Wahrheit können Sie niemals verlassen werden, wenn Sie sich an die alles durchdringende Liebe erinnern, die das Universum für Sie empfindet. Unsere Seelengeschichte wird ständig fortgeschrieben. Wie real es sich auch für Sie anfühlen mag, Ihr Herz der Opferrolle zu überlassen, letztlich ist die Situation eine Aufforderung an Sie, aufzustehen und sich an Ihre Macht zu erinnern.

Sie sind niemals allein – Sie waren es nie und Sie werden es nie sein.

Ihr Erleben von Verlassenheit ist eine Einladung, die an Sie ergeht, damit Sie Unterstützung suchen und sich einer Gemeinschaft Gleichgesinnter anschließen. Es ist ganz normal, dass Menschen in Ihr Leben ein- und wieder austreten. Das Leben ist ein Auf und Ab, und je klarer Ihnen das wird, desto rascher wird sich Ihr Schmerz in ein Tor verwandeln, in dem sich die richtigen Menschen immer im richtigen Augenblick zeigen.

In Ihrer Meditation wollen Sie jetzt Ihre Verlassenheitsgefühle transformieren in die erregende Erwartung des Erscheinens neuer seelenverwandter Menschen in Ihrem Leben.

Liebes Universum,

möge ich mich jetzt deiner Gegenwart in meinem Leben erinnern,
damit ich mich nicht länger allein oder verlassen fühle.
Ich bitte darum, meine mit den Erwartungen an andere verbundene
Energie hier und jetzt zu entlassen. Ich stehe aufrecht und stark
in dem Bewusstsein, dass ich ab sofort Menschen anziehe,
die mich unterstützen, sich mit mir an meinen Erfolgen freuen
und mich mit ihrer Liebe umgeben. Ich werde geliebt.
Ich werde geschätzt.
So sei es, und so ist es.

43: Geliebt • 91: Unterstützt • 98: Willkommen

89 VERLEGEN

»HA, HA, SCHAU nur, wie schön rot Sarah wird! Ist das nicht lustig?«

Ich war acht Jahre alt. Ich war äußerst schüchtern und gehemmt. Weil ich neu in der Schule war, musste ich aufstehen und mich der Klasse vorstellen. Ich konnte spüren, wie mir die Hitze ins Gesicht stieg und wie mir meine Verlegenheit die Wangen rot färbte. Ich konnte mich vor dieser Peinlichkeit nirgendwo verbergen. Jedes Mal, wenn ich laut sprechen musste, eine Antwort geben sollte oder die Aufmerksamkeit der anderen auf mich gerichtet war, wurde ich rot. Und die gemeinen Jungen machten blöde Witze darüber.

Der Fluch dieser starken Verlegenheit hat mich mehr oder weniger mein ganzes Leben lang begleitet. Ich kann selbstbewusst vor Tausenden sprechen, und es macht mir nichts aus. Doch wenn mir ein Unbekannter Komplimente macht, dann werde ich rot. Es passiert nicht immer, aber es ist auch nicht weg.

Wenn irgendetwas in Ihnen Gefühle der Verlegenheit auslöst, dann geschieht das, weil eine Ihrer ganz persönlichen Regeln missachtet wurde. Es könnte Sie beispielsweise verlegen machen, wenn Sie Ihren neuen Freund im Bett aus Versehen mit dem Namen Ihres Ex ansprechen. Oder Sie beugen sich während einer Klavierdarbietung Ihres Kindes in der Schule vor, und ein Wind löst sich. Oder Sie reagieren auf das Winken einer Person, müssen dann aber feststellen, dass Sie gar nicht gemeint waren. Verlegenheit kann Raum schaffen für viel schönen Humor.

Darauf kommt es an

DIE FÄHIGKEIT, ÜBER sich selbst zu lachen, ist wichtig. Wir sind nicht die Summe unserer Marotten oder eigenartigen Reaktionen. Wir sind unser Mut, mit dem wir uns leicht und würdevoll jeder neuen Situation stellen.

Ich werde noch immer von Zeit zu Zeit rot. Na und? Peinliche Situationen kommen vor. Wie wir sie durchstehen und in unserem Bewusstsein verarbeiten: Das ist es, was zählt.

Liebes Universum,

ich bin gerade schrecklich verlegen,
doch bitte erinnere mich daran, dass eines Tages nichts
davon noch irgendeine Bedeutung hat. Möge ich über
die Situation lachen und den göttlichen Humor
als mächtigen Lehrer erleben.
So sei es, und so ist es.

34: Freudig • 76: Schamlos • 84: Spielerisch

90 VERLETZLICH

VERLETZLICH ZU SEIN aktiviert die Magie in Beziehungen, seien sie persönlicher oder beruflicher Art. Die Bereitschaft, wirklich offen und aufrichtig mit den eigenen Gefühlen umzugehen, ist ein Geschenk. Ich habe viele Jahre gebraucht, um genug Tapferkeit zu entwickeln, damit ich andere an meinem Leben teilhaben lassen konnte, auch wenn mich das verletzlich machte. Selbst beim Schreiben dieses Buches habe ich mich manchmal gefragt, ob ich meinen Lesern nicht vielleicht doch zu tiefe Einblicke gewähre.

Es kann furchterregend sein, doch nur wenn Sie sich anderen Menschen öffnen und sich ihnen authentisch mitteilen, geben Sie Ihnen die Kraft, sich auf Ihre Geschichte einzustimmen.

Darauf kommt es an

WENN SIE DARAUF verzichten können, Ihr Herz, Ihren Geist und Ihre Seele besonders zu beschützen, dann stärken Sie das Vertrauen und erinnern Ihre Mitmenschen daran, dass wir alle im gleichen Boot sitzen.

Verletzlichkeit ist der Verzicht auf Kontrolle und persönliche Macht und Ausdruck der Bereitschaft, andere Menschen an Sie heranzulassen und eine Bindung zu Ihnen zu entwickeln.

Zehn Jahre lang wusste nur eine Handvoll Menschen von den Übergriffen in meiner ersten Ehe. Ich weihte meine Familie nicht ein und verschloss die Scham in mir. Freiheit erlangte ich, als ich herausfand, dass die Offenbarung meiner eigenen Verletzlichkeit anderen in einer ähnlichen Situation Kraft gab. In meiner dunkelsten Stunde wurde ich zu dem Menschen, den ich am meisten brauchte. Auf diese Weise entsteht echte Führungsqualität.

Falls Sie sich noch nicht im Klaren darüber sind, ob Ihre Verletzlichkeit Ihnen hilft oder Sie blockiert, dann bitten Sie das Universum um Führung.

Liebes Universum,

ich bitte dich, mich in meiner Verletzlichkeit zu stärken,
damit ich meine Perspektive und meine Erfahrung
mit anderen und zu ihrer Inspiration teilen kann. Zeige mir,
wie ich mich nützlich machen kann und welchen Sinn
meine Vergangenheit hat.
So sei es, und so ist es.

39: Geerdet • 78: Selbstbewusst • 81: Sicher

91 VERLOREN

FÜHLEN SIE SICH gerade ein bisschen verloren? Manchmal führt uns das Universum auf magische Umwege, und wir wissen nicht, was wir wollen oder wie wir in der Welt auftreten sollen.

Mein Berufsweg hat sich im Laufe der Jahre in viele verschiedene Richtungen entwickelt. Deutlich erinnerlich ist mir jedoch, dass ich mich vor jedem Wechsel verloren fühlte, so als sei mein Zug entgleist oder als hätte ich mich in einem Labyrinth verirrt. Ich habe drei Studiengänge begonnen und abgebrochen: Journalismus, Kunst und Psychologie. Ich ließ mich eine Weile treiben und versuchte herauszufinden, was ich »sein« wollte – Expertin für soziale Medien, Künstlerin, Ärztin, Journalistin, Drehbuchautorin für Horrorfilme, Vollzeitmutter. Damals war mir noch nicht klar, dass ich eigentlich auf der Suche nach Sinn war. Ich suchte nach einer Identität, die zu mir passte.

Darauf kommt es an

WENN SIE SICH verloren vorkommen, dann ist das nur ein vorübergehender Zustand. Sie werden auf Ihren Weg zurückfinden. Wie es das göttliche Timing verlangt, werden Sie sich wieder inspiriert, zugehörig und geführt fühlen.

Am schnellsten streifen Sie Ihr Gefühl von Verlorenheit ab, indem Sie sich für andere nützlich machen. Suchen Sie sich eine Suppenküche, und helfen Sie dort ehrenamtlich mit. Nehmen Sie sich ein Skizzenbuch und erfinden Sie irgendetwas. Schreiben Sie Gedichte. Besorgen Sie sich einen Bibliotheksausweis. Was immer Sie tun: Begeben Sie sich auf die Reise von Ihrem Kopf in Ihr Herz. Und wenn Sie sich im gegenwärtigen Augenblick finden, dann wissen Sie, dass Sie nie verloren sind.

Liebes Universum,
ich bin im gegenwärtigen Augenblick geerdet.
Ich weiß, dass ich mich auf einer spirituellen Reise befinde.
Ich akzeptiere mein Gefühl der Verlorenheit, damit ich
Leidenschaft und Sinn im Innehalten finden kann.
So sei es, und so ist es.

55: Inspiriert • 57: Klar • 89: Transformierend

92 VERNICHTET

ICH BLICKTE AUF das Ultraschallbild und sah mein Baby mit seinen perfekt ausgebildeten winzig kleinen Armen und Beinen, eingekuschelt – doch ohne Herzschlag.

»Es tut mir leid«, sagte der Arzt.

Und ich fiel mit meinem ganzen Sein in ein energetisches Loch. Die Zeit war stehen geblieben. Ich weiß nicht einmal mehr, was der Arzt sonst noch sagte oder wie ich ihm oder der Krankenschwester antwortete. Ich weiß nur noch, dass ich mich so schnell wie möglich anzog und aus dem Krankenhaus flüchtete. Ich war in der sechzehnten Schwangerschaftswoche und erst zwanzig Jahre alt. Ich fühlte mich wie vernichtet, weil mein Baby in mir gestorben war.

Obwohl ich im Jahr darauf einem gesunden kleinen Jungen das Leben schenkte, spüre ich bis zum heutigen Tag den Schlag dieser emotionalen Vernichtung. Ich brauchte Unterstützung und musste mich von dem Trauma erst erholen.

Wenn ein Ereignis in Ihrem Leben dafür sorgt, dass Sie sich am Boden zerstört fühlen, ist es wichtig, dass Sie sich nicht von diesem Trauma definieren lassen.

Darauf kommt es an

DAS UNIVERSUM LEHRT Sie wieder und wieder, sich mit Unsicherheit einzurichten, um Sie zurückzuführen zur Magie des Augenblicks.

Wenn Sie sich durch ein schlimmes Ereignis in Ihrem Leben vernichtet fühlen, dann erinnern Sie sich bitte daran, sich mit dem Universum zu verbinden und die nachfolgende Meditation zu machen.

> ## Liebes Universum,
> ich vertraue darauf, dass du mir mit der Zeit
> den Zweck dieses Schmerzes offenbarst. Möge ich mich
> daran erinnern, dass ich dieses emotionale Tal durchschreiten
> werde und dass Heilung kommt, sobald der Zeitpunkt dafür reif ist.
> In der Zwischenzeit verpflichte ich mich zur Selbstfürsorge
> und zum Selbstmitgefühl.
> *So sei es, und so ist es.*

43: Geliebt • 91: Unterstützt • 99: Würdig

93 VERSCHLOSSEN

WENN SIE NIEDERGESCHLAGEN sind oder sich nicht auf der Höhe fühlen, dann ziehen Sie sich langsam in sich selbst zurück. Sie verlassen Ihre Wohnung nur noch ungern, hören auf, die Dinge zu tun, die Sie bisher gerne getan haben, nehmen keinen Kontakt mit Freunden auf, verlieren Ihr Selbstvertrauen und würden sich am liebsten verstecken.

Wahrscheinlich drosseln Sie das Tempo, weil Sie für nichts mehr Energie haben. Zum Glück ist nichts dagegen auszusetzen, wenn Sie sich zu bestimmten Zeiten von gewissen Aspekten Ihres Lebens zurückziehen. Besorgnis ist allerdings angesagt, wenn Sie meinen, nicht mehr richtig zu funktionieren.

Darauf kommt es an

DAS LEBEN IST keine Kostümprobe. Eine andere Chance, um ein glückliches und freudiges Leben zu führen, bekommen Sie nicht. Die Zeit ist jetzt!

Damit Sie über Ihre Verschlossenheit hinauswachsen können, müssen Sie sehr sanft mit sich umgehen. Machen Sie immer nur einen Schritt nach dem anderen, und jeder dieser Schritte muss Sie auf etwas zu führen, das Sie gerne tun. Nicht ohne Grund ist Einzelhaft eine der schlimmsten Strafen im Gefängnis. An Körper, Geist und Seele brauchen wir Kontakt, Unterstützung von und Verbindung mit anderen Menschen, um gedeihen zu können.

Wenn Sie merken, dass Sie sich verschließen und in sich selbst zurückziehen, dann bitten Sie das Universum, Sie aus Ihrer Höhle hervorzulocken.

Liebes Universum,

ich gestatte es mir, sanft und freundlich zu sein,
um in jedem Bereich meines Lebens Raum für Heilung zu schaffen.
Ich öffne mich, um die Menschen anzuziehen, die mich bedingungslos
unterstützen — egal ob ich gerade in den Arm genommen werden
möchte oder ob ich mehr Platz für mich brauche.
So sei es, und so ist es.

73: Präsent • 81: Sicher • 92: Verbunden

94 VERUNSICHERT

VERUNSICHERT FÜHLEN SIE sich immer dann, wenn Sie sich mit anderen Menschen vergleichen.

Darauf kommt es an
VERGLEICHE VERNICHTEN FREUDE.

Oder können Sie sich selbst vielleicht nicht ausreichend wertschätzen? Wenn ich an einem Strand im Bikini umherlaufen müsste, würde ich mich zutiefst verunsichert fühlen. Das ist nichts Neues. So fühlte ich mich auch schon, als ich noch nicht vier Kinder geboren hatte. Ich habe schon immer viel zu wichtig genommen, was andere Menschen über mich denken und wie sie mich sehen. Das hat sich negativ auf mein Selbstgefühl ausgewirkt. Ich habe sehr lange gebraucht, um die Wahrheit hinter dem zu erkennen, was an der Oberfläche abläuft.

Ich habe mich mit 49 Kilo ebenso verunsichert gefühlt wie mit 100 Kilo. Es hat etwas mit meinem Selbstwertgefühl zu tun.

Verunsicherung wirkt sich in Schichten und Ebenen aus. Auch wenn es mich verunsichern würde, im Bikini an einem Strand umherzuspazieren, auf einer Bühne vor Hunderten von Menschen zu sprechen ist für mich kein Problem. Inzwischen habe ich einen Punkt in meinem Leben erreicht, an dem ich niemandem mehr irgendetwas beweisen muss. Ich suche nicht mehr nach Zustimmung. Ich brauche nur noch meine Zustimmung zu mir selbst. Welche Körperform, welches Einkommen, welche Beziehung oder welche vermeintlichen Fehler Sie auch haben: Gestatten Sie es sich, Ihre Einzigartigkeit anzunehmen. Das ist der schnellste Weg, um über Gefühle der Verunsicherung hinauszuwachsen. Und falls Sie mich irgendwo an einem Strand im Bikini sehen, dann dürfen Sie mich abklatschen.

Liebes Universum,

ich bin gut genug. Ich bin wertvoll. Ich bin vollkommen,
so wie ich jetzt in diesem Augenblick bin. In Zeiten,
in denen ich vergesse, wie einzigartig ich bin, sende mir bitte ein Zeichen,
damit ich mich an meine Großartigkeit erinnere.
So sei es, und so ist es.

33: Frei • 76: Schamlos • 78: Selbstbewusst

95 VERURTEILT

ES FÜHLT SICH furchtbar an, wenn man meint, ungerecht verurteilt zu werden. Die meisten Menschen wünschen sich, von ihren Mitmenschen gemocht zu werden, und wollen, dass die anderen ihre negativen Gedanken für sich behalten. Wenn man sich ins Rampenlicht begibt oder online irgendwelche Produkte verkauft – oder auch wenn Sie nur irgendetwas über eBay verkaufen oder Fotos in den sozialen Medien posten –, dann bietet man Angriffsflächen für Beurteilung. Viele Menschen verbieten es sich sogar, sich mit ihren Fähigkeiten einzubringen, weil sie sich vor Verurteilung fürchten.

Geschieht es dennoch, und es trifft Sie, dann haben Sie die Wahl, wie Sie mit Ihrer Energie umgehen wollen. Sie können entweder zulassen, dass sie Sie verändert oder Sie können sie als das erkennen, was sie eigentlich ist. Bei meiner Arbeit, mit der ich mich an Millionen Menschen da draußen in der Welt wende, musste ich zum Glück nur ein paar »gemeine« Verurteilungen abwehren. Anfangs war ich am Boden zerstört, weil ich von allen gemocht werden wollte. Nach einer gewissen Zeit konnte ich erkennen, dass die Menschen, die mich verurteilten, tatsächlich nur ihre eigenen Projektionen und die Bilder ihrer abgelehnten Eigenschaften bei mir abluden.

Darauf kommt es an

WAS ANDERE ÜBER Sie denken, geht Sie nichts an.

Wenn Sie das nächste Mal meinen, jemand hat falsche Vorstellungen von Ihnen oder gibt Sie falsch wieder, dann nehmen Sie sich die Zeit, um sich auf Ihre Wahrheit einzustimmen. Die Meinung einer anderen Person kann und wird niemals definieren, wer Sie wirklich sind.

Liebes Universum,

ich schicke den Menschen, die mich verurteilen,
Liebe und Mitgefühl. Ich bin nicht bereit, mich an der Energie
festzuhalten, die mir schadet. Ich überlasse meine Annahmen,
Unsicherheiten und Sorgen dir, damit du sie freisetzt.
So sei es, und so ist es.

11: Beschützt • 39: Geerdet • 91: Unterstützt

 VERWIRRT

VIELLEICHT SIND SIE im Moment ein wenig verwirrt. Wie wäre es, wenn ich Ihnen darlegte, dass Schönheit darin liegt, nicht immer schon alle Antworten zu kennen? Sie befinden sich in einer köstlichen Entdeckungsphase, in der Sie die vielen Bewusstseinsschichten abschälen, um zu begreifen, was sich entfaltet. Wenn Sie Ihre Situation auf diese Weise sehen, dann ist sie ein Wunder.

Darauf kommt es an

VERWIRRUNG IST DIE Aufforderung Ihres höheren Selbst an Sie, Klarheit zu suchen und mit dem Fluss zu gehen.

Gestatten Sie es dem Universum, Sie zu unterstützen, wenn Sie in solchen Zeiten Ihr buntes Knäuel der Emotionen entwirren.

Liebes Universum,

ich vertraue darauf, dass ich geführt werde und Antworten
auf meine Fragen erhalte, sobald der richtige Zeitpunkt
dafür gekommen ist. Und keinen Augenblick früher.
So sei es, und so ist es.

24: Ergeben • 40: Geführt • 57: Klar

97 VOREINGENOMMEN

ES IST NICHT schön, wenn man sich dabei erwischt, dass man voreingenommen ist. Ich erinnere mich daran, wie es war, als der Mann meiner Nachbarin eine Affäre hatte. Sie hatten drei Kinder zusammen, und am Ende verließ er die Mutter seiner Kinder für die jüngere Frau. Die Nachricht verbreitete sich in der Gemeinschaft von Müttern in der Schule.

»Wie konnte er das nur tun? Das ist doch das Allerletzte!«

Ich weiß noch, dass ich die Situation beurteilte, ohne irgendwelche Einzelheiten zu kennen und ohne dass es mich irgendetwas anging. Ich war mir sicher, dass ich, verankert in meinen Werten, niemals eine Affäre haben und meine Familie zerstören würde. Damals leugnete ich ganz offensichtlich das Scheitern meiner eigenen Ehe und die Gewaltausbrüche, zu denen es in regelmäßigen Abständen kam. Ich verteufelte Untreue als Auslöser irreparablen Schadens.

Darauf kommt es an

INDEM SIE DAS Handeln eines anderen Menschen verurteilen und es zu einem Fehler erklären, werden Sie zur Energie dessen, was Sie verurteilen. Wie wäre es, wenn Sie stattdessen Mitgefühl aufbringen? Was wäre, wenn Sie die Ereignisse in einem größeren Zusammenhang sehen könnten?

Bei mir war es so, dass ich nur wenige Wochen, nachdem ich die Affäre meines Nachbarn verurteilt hatte, selbst eine hatte. Das Universum hatte meinen Ruf gehört und mir eine Lektion geschickt. Ich sollte mich daran erinnern, dass wir, ohne uns zuvor ernsthaft in den anderen hineinversetzt zu haben, nicht glauben dürfen, seine Beweggründe und seine Situation wirklich zu verstehen.

Liebes Universum,

möge ich Situationen, die mich zu Voreingenommenheit veranlassen,
als Gelegenheiten erkennen, mich in Mitgefühl und Verständnis
zu üben. Möge ich alle Menschen und Handlungen,
mit denen ich in Berührung komme, durch deine Augen sehen.
So sei es, und so ist es.

14: Bewusst • 65: Mitfühlend • 100: Zufrieden

98 WERTLOS

ES GIBT EINE enge Verbindung zwischen unserer Beziehung zum Essen und unserem Selbstgefühl. In manchen Lehren wird sogar davon ausgegangen, dass Ihre Verbindung mit Nahrung Ihre Verbindung mit dem Universum ist. Wie Sie sich ernähren, hat unendlich viel damit zu tun, für wie würdig Sie sich halten. Wenn Sie sich als wertlos empfinden, dann neigen Sie dazu, Ihre Heilungsbemühungen von innen heraus zu sabotieren. Das ist die Stelle, an der Sucht entsteht und gewaltige emotionale Unruhe entfesselt wird.

»Wer könnte dich schon mit diesem abscheulichen Ersatzrad um deine Mitte lieben? Du bist fett. Du siehst abscheulich aus. Und du bist alt.«

Solche Dinge sagte Max zu mir, wenn wir stritten. Ich wog achtundfünfzig Kilo und war dreiundzwanzig Jahre alt. Ich fühlte mich wertlos. Ich kochte, machte sauber und sorgte für die Kinder, und trotzdem wurde ich als bedeutungslos erachtet. Ich witzelte darüber, dass Max mich auch dann nicht bemerken würde, wenn ich mich vor seinen Augen anzündete.

Mein Gefühl der Wertlosigkeit manifestierte sich als Essstörung. Ich aß, brachte mich zum Erbrechen und belog meinen Mann, indem ich ihm sagte, ich hätte bereits gegessen. Fressen und Erbrechen waren die einzigen Aktivitäten, die mir das Gefühl gaben, Kontrolle über mein Leben zu haben. Dass ich mich wertlos fühlte, veranlasste mich zu selbstverletzendem Verhalten hinter verschlossenen Türen. Schließlich hatten meine Bedürfnisse in dieser Konstellation keinen Platz. Die Scham, die ich empfand, verschlimmerte noch den Missbrauchszyklus.

Diese destruktive Energie steigt noch immer von Zeit zu Zeit in mir auf. Manche Erfahrungen schaffen den idealen Nährboden für alte Muster, und Wertlosigkeitsgefühle heben erneut ihren hässlichen Kopf. Die Lösung besteht darin, achtsam zu sein und sich von der Illusion fernzuhalten, dass man nicht gut genug ist.

Darauf kommt es an

SIE SIND WÜRDIG. Das Universum hat Sie gewählt, damit Sie jetzt hier sind. Nutzen Sie die nachfolgende Meditation, um sich das klarzumachen.

Liebes Universum,

gib mir die Klarheit, um die Illusion zu überwinden, dass ich nicht genug bin. Gib mir Kraft, damit ich mich daran erinnere, dass ich ein würdiges Leben wert bin. Ich bin würdig für die Erfüllung aller meiner Herzenswünsche. So sei es, und so ist es.

29: Ermächtigt • 40: Geführt • 99: Würdig

99 WÜTEND

MEIN VATER ERZÄHLTE immer gern die Geschichte von seiner Tante Polly. Ich weiß nicht einmal, ob sie sich wirklich zugetragen hat.

Polly und Jack hatten einen Sohn. Als er ungefähr fünf Jahre alt war, ließ Jack ihn in einen Eimer steigen, den er in den Brunnen des Hofes hinunterließ. Der Junge sollte nachsehen, ob die Pumpe verstopft war. Polly flehte Jack an, den Jungen nicht in die Dunkelheit hinabzulassen. Intuitiv spürte sie, dass dabei irgendetwas entsetzlich schiefgehen konnte. Es muss dort unten irgendein Gasleck oder irgendwelche giftigen Dämpfe gegeben haben, denn als sie das Kind wieder heraufholten, war es tot.

Danach war die Beziehung zwischen Polly und Jack nie mehr die gleiche. Jack setzte sich zum Frühstücken hin und fand einen Zettel neben seinem Teller, auf dem stand: »Du bist schuld, Jack.«

Ihre Wut manifestierte sich, indem sie die vier Worte zwanghaft überall hinschrieb, wo sie nur konnte.

»Du bist schuld, Jack.«

Auf die Wände, die Spiegel, die Möbel. Polly war so wütend auf Jack, dass sie den Verstand verlor und den Rest ihres Lebens in einem Heim verbringen musste.

Das ist natürlich ein extremes Beispiel dafür, wie Wut den Verstand verwirren kann. Aber gerade deshalb ist es so wichtig, wegen kleinerer Ärgernisse nicht gleich in Wut zu geraten. Sich über andere zu ärgern, von ihnen genervt zu sein oder die Geduld mit ihnen zu verlieren, ist die Aufforderung des Universums an uns, uns über diese Dinge zu erheben. Tante Pollys Herz wurde nie geheilt, weil ihre Verwirrung vollständig von ihr Besitz ergriff.

Darauf kommt es an

WIR DÜRFEN WÄHLEN, wie wir auf Situationen reagieren wollen. Das Leben ist voller Anlässe zum Wütendsein. Ihre Aufgabe ist es, sich von Ihrer Wut nicht in Besitz nehmen zu lassen.

> ## Liebes Universum,
> möge ich mich jetzt von allen Gefühlen des Ärgers und der Wut befreien. Möge ich zu meinem natürlichen Zustand des Friedens, der Freude, der Liebe und des Glücks zurückkehren.
> So sei es, und so ist es.

24: Ergeben • 68: Nachsichtig • 75: Ruhig

100 ZWANGHAFT

FALLS SIE GEGENWÄRTIG zwanghaft mit etwas oder jemandem beschäftigt sind, dann ist dies eine sanfte Erinnerung daran, dass Sie Ihren Fokus verlagern sollen.

Darauf kommt es an

IHRE AUFGABE IST es, darauf zu vertrauen, dass das Universum Ihre Wünsche dem göttlichen Timing gemäß erfüllt.

Wenn Sie merken, dass Sie sich auf ein bestimmtes Ergebnis fixiert haben, dann hilft der Satz: »Das oder etwas noch Besseres.«

Nehmen Sie zum Beispiel Nate. Er hatte ein begehrliches Auge auf einen Kollegen namens Avi geworfen. Avi war gerade erst aus einer Beziehung gefallen, und Nate wartete ungeduldig auf eine Gelegenheit, sich mit ihm zu verabreden, da ja ganz offensichtlich etwas zwischen ihnen war. Also schickte Nate ihm am Freitagnachmittag eine entsprechende Nachricht und wartete ungeduldig auf seine Antwort. Er wartete und wartete und überprüfte alle dreißig Sekunden zwanghaft sein Handy.

Seine Zwanghaftigkeit verwandelte sich in Selbstzweifel, Angst und die Sorge, ob er vielleicht eine Abfuhr kassieren würde. Sonntagabend hatte er noch immer nichts von Avi gehört. Da entschied er, mit ein paar Freunden essen zu gehen, damit das schmerzhafte Warten endlich ein Ende nahm. Nate trank ein paar Gläser und ging dann mit seiner Freundin Stacy tanzen. Sie tanzten über eine Stunde, bis Nate endlich den Weg heraus aus seinem Kopf und hinein in sein Herz fand. Können Sie sich vorstellen, was als Nächstes passierte? Er erhielt eine Nachricht von Avi, in der dieser ihm mitteilte, dass er gerne recht bald mit ihm ausgehen würde.

Das Universum kann ehrfurchtgebietend sein, wenn wir uns aus unserer eigenen Schussrichtung nehmen (oder tanzen).

> *Liebes Universum,*
>
> ich bin jetzt bereit, mich von der Energie meines ersehnten Ergebnisses zu befreien. Möge meine Zwanghaftigkeit ersetzt werden durch Vertrauen und den Glauben daran, dass die ideale Situation genau dann eintritt, wenn es an der Zeit ist. Ich vertraue mich dem Prozess bedingungslos an.
> So sei es, und so ist es.

24: Ergeben • 54: Hoffnungsvoll • 70: Offen

Teil drei

100 MEDITATIONEN FÜR DIE LIEBE

Indem Sie würdigen, danken und feiern, wie Sie sich jetzt im gegenwärtigen Augenblick gerade fühlen, ermöglichen Sie es der Magie in noch größerem Maße, sich in Ihrem Leben zu manifestieren. Ob Sie sich mehr Liebe wünschen oder Ihre Energie gerade in eine ganz andere Richtung lenken wollen: Das Universum ist jederzeit bereit, Sie auf Ihrer Reise zu unterstützen und zu führen.

Die Liebe, die zu erfahren Sie sich gestatten, wächst proportional zu dem Maß an Wertschätzung und Liebe, das Sie selbst in Ihrem Herzen tragen und zu investieren bereit sind.

In diesem dritten Teil des Buches stellen Sie sich erneut die Frage:

Wie fühle ich mich jetzt in diesem Augenblick? Wie möchte ich mich jetzt in diesem Augenblick fühlen?

MIT JEDEM HIER aufgeführten und in der Liebe begründeten Gefühl geht eine Geschichte einher. Danach folgen eine Inspiration oder eine Weisheit sowie eine »universelle« Meditation. Stimmen Sie sich ein auf die Energie eines jeden liebevollen Gefühls, und rufen Sie es auf einer neuen und lebendigen Ebene in Ihr Leben.

1. Anerkannt
2. Aufrichtig
3. Ausdrucksstark
4. Ausgeglichen
5. Ausgerichtet
6. Ausgeruht
7. Begeistert
8. Begnadet
9. Behutsam
10. Beruhigt
11. Beschützt
12. Beschwingt
13. Bewundert
14. Bewusst
15. Dankbar
16. Ehrfürchtig
17. Eifrig
18. Einzigartig
19. Energiegeladen
20. Engagiert
21. Entspannt
22. Erfreut
23. Erfüllt
24. Ergeben
25. Ergriffen
26. Erhoben
27. Erleichtert
28. Erleuchtet
29. Ermächtigt
30. Feierlich
31. Fließend
32. Fokussiert
33. Frei
34. Freudig
35. Friedlich
36. Fröhlich
37. Ganz
38. Gedeihend
39. Geerdet
40. Geführt
41. Geheilt
42. Gelassen
43. Geliebt
44. Geschätzt
45. Glück habend
46. Glücklich
47. Göttlich
48. Grenzenlos
49. Großartig
50. Großzügig

51. Heftig
52. Hilfsbereit
53. Hingebungsvoll
54. Hoffnungsvoll
55. Inspiriert
56. Intuitiv
57. Klar
58. Kreativ
59. Lebendig
60. Leidenschaftlich
61. Liebenswürdig
62. Liebevoll
63. Mächtig
64. Magisch
65. Mitfühlend
66. Motiviert
67. Mutig
68. Nachsichtig
69. Neugierig
70. Offen

71. Opulent
72. Positiv
73. Präsent
74. Rücksichtsvoll
75. Ruhig
76. Schamlos
77. Schön
78. Selbstbewusst
79. Selig
80. Sexy
81. Sicher
82. Sichtbar
83. Sinnlich
84. Spielerisch
85. Stark
86. Still
87. Stolz
88. Tolerant
89. Transformierend
90. Uneigennützig

91. Unterstützt
92. Verbunden
93. Verletzlich
94. Versorgt
95. Vertrauensvoll
96. Wahrgenommen
97. Weit
98. Willkommen
99. Würdig
100. Zufrieden

1 ANERKANNT

ES IST WICHTIG, sich anerkannt zu fühlen, denn diese Energie manifestiert so viel Freude. Kein Mensch kann auf Dauer ohne Anerkennung auskommen oder es ertragen, wenn er immer nur als selbstverständlich vorausgesetzt und übersehen wird. Um sich jedoch anerkannt fühlen zu können, müssen Sie sich auf der Basis Ihrer Authentizität fragen, ob Sie dem Leben anderer Menschen wirklich etwas Wertvolles geben. Sind Sie wertvoll? Machen Sie sich nützlich? Leisten Sie einen Beitrag?

Das gesamte Universum basiert auf einem System von Intention und Feedback. Das bedeutet, dass wir ein Anliegen in energetischer Form (als Schwingung) aussenden und es vom Universum in unsere Wirklichkeit zurückgespiegelt bekommen (als Manifestation). Auf der persönlichen Ebene kann es schwierig sein, Ihren Wert zu ermessen, wenn die Menschen in Ihrem Umfeld nicht innehalten, um Ihre Anstrengungen zu würdigen. Ich habe meinen vier Kindern beigebracht, sich zu bedanken, wenn jemand etwas für sie getan hat. Die vier blicken dieser Person in die Augen und nehmen sich einen Augenblick Zeit, um dessen Beitrag zu würdigen. Die eigentliche Bedeutung von anerkennen ist, den Austausch von Energie zu würdigen, der stattgefunden hat.

Darauf kommt es an

ALS ERSTES MÜSSEN Sie sich selbst anerkennen. Außerdem dürfen Sie nicht vergessen, den Menschen Wertschätzung entgegenzubringen, die etwas Wertvolles zu Ihrem Leben beigetragen haben. Die Anerkennung muss auf Gegenseitigkeit beruhen.

Die Anerkennung von Wertschätzung ist entscheidend, doch man kann sie nicht einklagen. Wenn Sie Ihre Basis wirklich im Dienst an Ihren Mitmenschen gefunden haben und ihr Bestes geben, dann wissen Sie, dass Ihre investierte Energie auf jeden Fall zu Ihnen zurückkehrt und Ihnen wieder zugutekommen wird.

Liebes Universum,

ich bitte darum, dass ich mich von meinen Freunden, Kollegen und liebsten Menschen anerkannt fühle. Ich bitte auch darum, dass ich mir regelmäßig die Zeit nehme, um die Gegenwart anderer in meinem Leben und ihren Beitrag anzuerkennen. Wenn ich mich anerkannt fühle, dann bin ich motiviert, die beste Version meiner selbst zu sein.
So sei es, und so ist es.

2 AUFRICHTIG

AUFRICHTIGKEIT IST DAS wichtigste Element einer moralischen Richtschnur. Wenn Sie wissen und sich mit absoluter Sicherheit darauf verlassen können, dass Ihr Ausgangspunkt immer Wahrhaftigkeit und Integrität ist, dann können Sie ruhig schlafen. Wer lügt und die Wahrheit zu seinen Gunsten verbiegt, der verursacht viel Schmerz auf seinem Weg durchs Leben.

Darauf kommt es an

WÄHLEN SIE IHRE Worte überlegt. Die Energie von Lügen, falschen Informationen und unaufrichtigem Verhalten wird immer mit erstaunlicher Genauigkeit den Weg zu Ihnen zurück finden.

In meiner Manifesting Academy bringe ich meinen Schülern bei, eine Aussage auf keinen Fall mit den Worten »Wenn ich ehrlich bin …« anzufangen wie etwa bei: »Wenn ich ehrlich bin, so richtig mochte ich ihr Rhabarberkompott sowieso nie.«

Mit einem solchen Satzanfang legen Sie nahe, dass alles, was Sie sonst noch sagen, nicht die Wahrheit ist.

Ich habe meinen Kindern beigebracht, dass Sie Geldbeträge, die sie auf der Straße oder im Supermarkt finden und die mehr sind als ein Cent, entweder an der Kasse abgeben oder spenden. Einmal habe ich beobachtet, wie mein Sohn einen Fünfdollarschein auf dem Boden bemerkte. Er zögerte einen Augenblick, und ich forderte ihn auf, dem Mann, der die Lebensmittel einpackte, den Geldschein zu geben. Und tatsächlich war der Mann so beeindruckt von Thomas' Aufrichtigkeit, dass er ihm gestattete, das Geld zu behalten. Wie man sät, so wird man ernten. Diese Lektion war eine wertvolle Bestätigung für die Gewissheit, dass das Universum Aufrichtigkeit belohnt.

Um die unglaubliche Kraft der Hingabe an lebenslange Aufrichtigkeit zu manifestieren, kann man sich mit einer Affirmation wie der folgenden ans Universum wenden.

Liebes Universum,

gib mir die Kraft, um offen und ehrlich zu sein,
wenn die Wahrheit gebraucht wird. Hilf mir, anderen Menschen
Mitgefühl zu zeigen, wenn Sie den Weg der Integrität verlassen haben.
Möge ich mit Liebe vorangehen, möge meine Aufrichtigkeit andere
dazu inspirieren, einen ähnlichen Weg zu wählen.
So sei es, und so ist es.

③ AUSDRUCKSSTARK

ES IST UNMÖGLICH, sich als *zu* ausdrucksstark zu empfinden oder zu ausdrucksstark zu sein. Wie Sie sich ausdrücken, ist allein Ihre Angelegenheit, immer vorausgesetzt, Sie verletzen niemanden damit. Ihr Ausdruck kann sich in Ihrem Leben wunderbar kreativ als Kunst, Musik, Mode, Rede, Dichtung, Tanz, Koch- oder Schreibkunst manifestieren. Den Möglichkeiten sind keine Grenzen gesetzt.

Darauf kommt es an

IHRE AUSDRUCKSSTÄRKE IST eine zwingende Voraussetzung, damit Sie den Menschen, die Sie lieben, Ihre Bedürfnisse mitteilen können. Sie hilft Ihnen, das ganze Spektrum Ihrer Emotionen zu verarbeiten und auf diese Weise zu dokumentieren.

Viele von uns sind Meister darin, sich ausgehend von einem negativen Standpunkt auszudrücken. Und manche von uns erkennen die Zugänge nicht, die dazu beitragen würden, dass wir uns authentisch und von unseren Herzen her zum Ausdruck bringen. Es ist ein echtes Geschenk, wenn man es erreicht, sich verstanden zu fühlen und seine Vorstellungen so umzusetzen, dass man sich gewürdigt, gehört und gesehen fühlt.

Doch es gibt auch Beispiele, die zeigen, dass Selbstausdruck gefährlich werden oder überschnappen kann.

Eines Tages haben Sean und ich uns gestritten. Ich war in sein Büro gestürmt und hatte seine Aufmerksamkeit in Anspruch genommen. Weil es mir aber nicht gelang, mich so auszudrücken, dass Sean sich sicher fühlen konnte, hatte er das Gespräch beendet und mir eine entsprechende Mitteilung gemacht. Auf seinem Tisch stand ein großes Glas mit Jelly Beans – ich vermute, es waren an die siebenhundert Stück darin. Ich empfand das überwältigende Bedürfnis, meine Position noch genauer darzustellen, und kippte, um sie zu unterstreichen, das ganze Glas auf dem Boden aus. In dem Zimmer sah es nun aus wie nach einem spontanen Beschuss mit einer Konfettikanone. Meine etwas überraschend ausdrucksstarke

Aktion bewirkte sofortige Stille und eine etwas unheimliche Stimmung. Natürlich bedauerte ich mein Tun sofort, aber immerhin habe ich durch sie eine Lektion in angemessenem Selbstausdruck erhalten, das ist klar.

Hier geht es darum, in Ihren Beziehungen, Freundschaften und Partnerschaften füreinander Raum zu schaffen und ihn sich gegenseitig zuzugestehen. So können Grenzen gezogen werden für den Fall, dass Sie sich ausdrücken wollen und dafür einen klar abgesteckten Raum brauchen. Fördern Sie sich selbst in kreativer Hinsicht so stark wie möglich. Kaufen Sie sich Farben oder einen Skizzenblock, entdecken Sie neue Musik, lernen Sie, ein Instrument zu spielen, kaufen Sie ein großes Glas mit Jelly Beans, erlernen Sie eine neue Sprache – die Möglichkeiten sind endlos und nur begrenzt von Ihrem Vorstellungsvermögen.

Liebes Universum,

zeige mir, wie ich am besten und auf die angemessenste Weise meine Gefühle ausdrücken kann, damit meine Energie in Gang kommt und die Essenz der Freude in meiner Seele aufkeimen lässt. Möge ich Freude daran entwickeln, in jedem Moment immer neue Ausdrucksformen für meine Gefühle zu finden.
So sei es, und so ist es.

4 AUSGEGLICHEN

DIE SECHS ASPEKTE eines ausgeglichenen Lebens sind der physische, der mentale, der emotionale, der soziale, der finanzielle und der spirituelle Aspekt. Wenn eines dieser Elemente vernachlässigt wird, dann kann dies chaotische Zustände in den verschiedenen Bereichen Ihres Lebens hervorrufen. Außerdem kann unnötiger Druck entstehen.

Dennoch bin ich überzeugt, dass Ausgeglichenheit nur ein Mythos, vielleicht nur eine Illusion ist. Die Seiltänzer auf dem Drahtseil im Zirkus planen ihre Schritte äußerst sorgsam, weil sie jederzeit sowohl nach links als auch nach rechts abstürzen könnten. Auch Ernährungsberater würden inzwischen eher zu einer »abwechslungsreichen« statt zu einer »ausgeglichenen« Ernährung raten. Wenn das Leben in allen Bereichen ausgeglichen ist, dann kommt unserem Alltag das Glitzern abhanden. Als Frau mit vier Kindern, drei Hunden und einem eigenen Unternehmen kann ich Ihnen versichern, dass die Ausgeglichenheit bei mir schon vor Jahren aus dem Fenster geflogen ist, weil ich mich von ihr befreit habe. Das bedeutet nicht, dass nicht auch ich nach Harmonie strebe. Doch wenn ich den Stellenwert von Ausgeglichenheit in meinem Leben einschätzen sollte, dann würde ich vermutlich einen Psychiater brauchen. Manchmal kann es außerdem sehr schwierig sein, ein ausgeglichenes Verhältnis zwischen Privat- und Berufsleben zu erreichen. Mein Mann und ich haben gelegentlich ein spontanes geschäftliches Treffen im Badezimmer, wenn ich mir abends gegen 22 Uhr die Zähne putze.

Darauf kommt es an

DIE ENERGIE FLIESST dorthin, wohin Sie Ihre Aufmerksamkeit richten! Wenn es Ihnen wichtig ist, Ausgeglichenheit herzustellen, dann ist das vollkommen in Ordnung – insbesondere dann, wenn Sie gerade erst zu Ihrer spirituellen Reise aufgebrochen sind. Denken Sie nur immer daran, mit dem Fluss zu gehen und auf Ihrer Suche nach Harmonie auf Krampf und Zwang zu verzichten.

Liebes Universum,

führe mich, damit ich mich dann, wenn es nötig ist,
um die verschiedenen Bereiche meines Lebens kümmere,
die meiner Aufmerksamkeit und Fürsorge bedürfen.
Möge ich darauf vertrauen und mich damit abfinden,
dass Ausgeglichenheit eine Option und nicht permanent
hundertprozentig erforderlich ist. Dieses Bewusstsein
verschafft mir Frieden und Freiheit.
So sei es, und so ist es.

5 AUSGERICHTET

WENN SIE SICH einstimmen auf die Ziele, Träume, Wünsche und Sehnsüchte, die Sie in Ihrer Wirklichkeit manifestieren wollen, dann ist es entscheidend, Ihre Energie beziehungsweise Ihre Schwingung auf das Gewünschte auszurichten. Das bedeutet, dass Sie sich in das Energiefeld der Möglichkeiten begeben. So erklärt etwa Florence Scovel Shinn in ihrem Buch *The Magic Path of Intuition* (Der magische Weg der Intuition), dass man sich erst als Millionär wohlfühlen muss, bevor man Millionär werden kann. Man muss sich auf die Gefühlsebene begeben, um die erforderliche Ausrichtung zu erreichen.

Nachdem Sean und ich im Jahr 2015 von Australien in die Vereinigten Staaten gezogen waren, hatten wir eines Tages Lust, uns ein Haus anzusehen, dass in unserer Nachbarschaft zum Preis von sieben Millionen Dollar zum Verkauf stand. Um die Wirkung noch zu erhöhen, hatte der Makler einen brandneuen Lamborghini vor dem Eingang abstellen lassen, damit potenzielle Käufer den Stellenwert der Immobilie gleich richtig einordnen konnten. Bei der Frage, ob ich es wagen würde, mich in den Lamborghini zu setzen, machte sich sofort mein gering ausgeprägtes Selbstwertgefühl bemerkbar.

Du darfst dich nicht in diesen Wagen setzen, Sarah! Das steht dir nicht zu!

Ich entschloss mich, nicht auf diese innere Stimme zu hören, die mich klein halten möchte. Stattdessen sagte ich: »Im Namen einer guten Ausrichtung setze ich mich in diesen teuren Wagen. Ich bin würdig, das zu tun.«

Nachdem ich erst einmal darin saß, war es gar kein so großes Ding. Ich war dankbar dafür, dass mein Geist den Vorteil erkannt hatte, der darin liegt, einschränkende Überzeugungen zu überwinden.

Darauf kommt es an

WAS AUCH IMMER Sie erreichen wollen, ob Sie eine Million Euro oder ein lächerlich teures Auto manifestieren, einen Seelengefährten anziehen oder die ideale Wohnung finden wollen: Planen Sie genug Zeit ein, um sich innerlich auf die Erfüllung Ihrer Wünsche auszurichten.

> ### Liebes Universum,
>
> ich danke dir für das wunderbare Gefühl der Ausrichtung.
> Ich vertraue darauf, dass sich bereits alles am richtigen Platz befindet,
> damit ich mit der Manifestation meiner Ziele, Träume,
> Wünsche und Sehnsüchte anfangen kann. Möge ich in
> jeder Erfahrung auf meinem Weg Freude suchen.
> So sei es, und so ist es.

6. AUSGERUHT

WENN SIE RICHTIG ausgeruht sind, dann fühlen Sie sich ganz und gar auf der Höhe. Sie sind bereit für jede Situation, die das Universum Ihnen schickt. Ruhe und Entspannung sind Elemente von herausragender Wichtigkeit in Ihrem täglichen Selbstfürsorgeprogramm.

Am wichtigsten ist die Berücksichtigung der Aktivitäten oder der Unterstützung, die Sie brauchen, damit Ihr Körper sich frisch und jugendlich fühlen kann. Ihr Wohlergehen an Körper, Geist und Seele wird gefördert, wenn Sie sich ausreichend Zeit nehmen, um sich in den gegenwärtigen Augenblick hineinfallen zu lassen und die Spannungen abzubauen, die nichts als sinnlose Hürden in unserem Leben sind.

Darauf kommt es an

AUSGERUHT ZU SEIN, sorgt dafür, dass Sie sich energiegeladen und auf der Höhe fühlen, und stellt die Basis für ein wunderbares selbstbestimmtes Leben her.

Wenn wir unausgeruht sind, dann kann uns das in vielerlei Hinsicht behindern. Unsere Gesundheit und unser Wohlergehen können leiden. Wir fühlen uns emotional aus dem Gleichgewicht, und unser Körper lässt es uns deutlich wissen, wenn wir uns nicht die Zeit zum Ausruhen nehmen, die wir brauchen.

Nehmen Sie sich in Ihrem Tagesablauf Zeit für einen Mittagsschlaf oder ein wenig Zeit ohne elektronische Geräte und andere Ablenkungen. Sich auszuruhen kann auch bedeuten, ein heißes Bad zu nehmen, eine Woche lang eine Stunde früher ins Bett zu gehen, nicht zu viel Kaffee zu trinken oder sich eine Massage zu gönnen. Das alles sind kreative Herangehensweisen, die Sie auf der Suche nach mehr Erholung einsetzen können.

Das Universum möchte, dass Sie sich entspannen und mit dem Fluss gehen. Meditation ist ebenfalls eine gute Methode, um die benötigte Ruhe und Entspannung zu erlangen.

Liebes Universum,

den ganzen Tag lang fühle ich mich lebendig und energiegeladen. Mir ist bewusst, dass Ausruhen und Entspannen die Schlüssel sind, um sich im gegenwärtigen Augenblick geerdet zu fühlen. Ich treffe jetzt gesunde Entscheidungen für meinen Körper, die auf Selbstfürsorge basieren. Ich fühle mich ausgeruht und verjüngt.
So sei es, und so ist es.

BEGEISTERT

KINDER WIRKEN MIT ihrer Begeisterung unglaublich kraftvoll. Die kleinsten Ereignisse können sehr aufregend sein. Alles kann ein Anlass für geradezu körperlich empfundene Begeisterung sein, ob es nun Kekse gibt oder ob ein Haus für die Weihnachtsfeiertage festlich mit Lichtern geschmückt ist.

Darauf kommt es an

JE MEHR BEGEISTERUNG Sie aufbringen können, desto mehr Anlässe wird das Universum Ihnen liefern, die bei Ihnen Staunen und Ehrfurcht auslösen.

Meine Eltern erinnern mich gerne daran, wie begeistert ich als Kind sein konnte. Als ich neun Jahre alt war, führte unsere dritte Klasse eine gekürzte Version von Andrew Lloyd Webbers Musical *Cats* auf. Unsere Kostüme waren äußerst bescheiden: schwarze Gymnastikanzüge, mit Kajalstift aufgemalte Nasen und Schnurrhaare, Papierohren und mit Zeitungspapier ausgestopfte Seidenstrümpfe als Schwänze. Die Eröffnung übernahmen etwa zwanzig von uns. Die Musik begann, und die Beine fingen an, sich alle zugleich in Bewegung zu setzen – außer meinen. Ich war so begeistert von der Aufführung und von der Anwesenheit meiner Eltern, dass neunzehn Katzen in die eine Richtung gingen und Sarah Prout in völlig unchoreografierter Weise in die andere. Es war der Inbegriff der Begeisterung, der mich aus der Gruppe im wahrsten Sinn des Wortes heraushob.

Und wie können Sie jetzt in Ihrem eigenen Leben die Magie der Begeisterung wiederfinden? Was darf Sie veranlassen, vor Begeisterung aus dem Häuschen zu geraten?

Liebes Universum,

zeige mir kreative Möglichkeiten, damit meine Seele die mächtige Energie der Begeisterung aufbringt. Möge ich den sprühenden Funken der Begeisterung für all die guten Dinge, die sich in meinem Leben manifestieren, in meinem Herzen spüren. Möge ich es mir gestatten, dieses Wunder auf jede Weise voll auszuleben.
So sei es, und so ist es.

⑧ BEGNADET

EIN BEGNADETES AUFTRETEN ist mehr als die Berücksichtigung guter Manieren in der Öffentlichkeit. Es geht nicht nur darum, wie man sich in seinem Körper hält, sondern auch um das Bewusstsein dessen, wie man selbst agiert und denkt und welche Energie man in seine Umgebung abstrahlt. Begnadete Menschen haben eine natürliche Anmut und oft eine so anziehende Energie, dass sie damit andere in ihren Bann schlagen.

Darauf kommt es an

ELEGANZ UND ANMUT sind die Verkörperung von Gnade. Man ist im wahrsten Sinn des Wortes »begnadet«. Und Gnade wiederum ist die göttliche Energie, die uns unablässig daran erinnert, dass das Universum durch uns hindurchströmt.

Der erste Schritt zur Gnade ist innezuhalten, bevor man auf Dinge, Menschen, Orte oder Ereignisse reagiert. Richten Sie sich einen Filter des Nachdenkens ein, der es Ihnen gestattet, in sich zu gehen, bevor Sie reflexartig reagieren. Begnadet sein heißt, in dem Maß langsamer zu werden, das es Ihnen erlaubt, eine Situation zuerst aus der Perspektive der bewussten Wahrnehmung einzuschätzen.

Das Universum wird Ihnen immer gerne zur Seite stehen, wenn Sie sich begnadeten Verhaltens befleißigen wollen.

Liebes Universum,

ab sofort verkörpere ich die Energie der Gnade.
Ich will bewusst Vorbild sein und übernehme Verantwortung dafür,
dass mein Verhalten in der Welt das Göttliche spiegelt und Ausdruck
der göttlichen, alles durchdringenden Energie ist, die in allem fließt.
So sei es, und so ist es.

9 BEHUTSAM

MEINE MUTTER HAT mir erzählt, wie sie nach meiner Geburt so rasch wie möglich ihre überflüssigen Pfunde wieder loswerden wollte. Sie erklärte mir, sie habe nicht viel gegessen und geraucht wie ein Schlot. Sie joggte mehrere Stunden am Tag und hatte schließlich einen kleinen Schlaganfall, weil sie sich körperlich zu sehr verausgabt hatte. In der Zeit nach einer Geburt sollte eine Frau behutsam mit sich umgehen. Nichts von all diesem verrückten Zwang, den meine Mutter sich auferlegte!

Ihre Unfähigkeit, behutsam mit sich umzugehen, hatte Nachwirkungen auch auf mich. Vier Wochen, nachdem ich meinen Sohn Thomas geboren hatte, saß ich eines Tages im Schneidersitz auf dem Boden und entdeckte, dass sich an meinen Oberschenkeln Cellulitis gebildet hatte. Damit verlor die Art, wie ich mit mir selbst umging, jede Behutsamkeit, und ich fing an, mich selbst anzugreifen und schlecht zu machen.

Darauf kommt es an

ES IST ENTSCHEIDEND, dass Sie behutsam mit sich umgehen und dass Sie aufhören, sich für nicht gut genug zu halten.

Falls Sie sich zum Ziel gesetzt haben, mehr Behutsamkeit in Ihrem Leben zu manifestieren, dann rate ich Ihnen, möglichst viel Zeit mit Babys zuzubringen. Ob Sie nun eigene Kinder haben oder das Pandababy im Zoo aufsuchen oder mit frisch geschlüpften Entenkindern in Kontakt kommen: Achten Sie darauf, wie sanft und behutsam Ihre Energie wird, und dann begegnen Sie sich selbst mit der gleichen behutsamen Energie. Das zu lernen, ist sehr wichtig. Sich selbst mit Behutsamkeit und Mitgefühl zu begegnen, ist ein entscheidendes Hilfsmittel in Ihrem Selbstfürsorgewerkzeugkasten.

> *Liebes Universum,*
>
> möge ich behutsam mit mir umgehen und
> einen Waffenstillstand mit meinem Verstand schließen,
> damit meine Gedanken mir nicht mehr länger vorschreiben,
> wie ich sein soll. So, wie ich bin, bin ich gut genug. Ich bin freundlich.
> Ich gehe mit anderen und mit mir selbst behutsam um.
> Ich wähle meine Worte so, wie es recht ist.
> So sei es, und so ist es.

10 BERUHIGT

WAS VERMAG SIE zu beruhigen? Beruhigung und Trost sind wichtige Gefühle. Als Kleinkinder werden wir von unseren Betreuern und Eltern unterstützt und gefördert – Schulterklopfen, Umarmungen, Küsse, bedingungsloser Rückhalt. Dann lernen wir, uns selbst zu beruhigen.

Darauf kommt es an

DAS LEBEN IST voller Höhen und Tiefen. Sie haben die Wahl, sich selbst zu trösten, ohne auf Muster der Selbstsabotage zurückzugreifen.

Als ich geboren wurde, strickte mein Papa mir eine Decke, der ich später den Namen »Schmutu« – für Schmusetuch – gab. Ich nahm mein Schmutu überallhin mit. Als ich achtzehn Jahre alt war, war mein Schmutu so kaputtgeliebt, dass man kaum noch das Strickmuster oder die einzelnen Farbflächen erkennen konnte. Was einmal die kleine Decke gewesen war, in die mich meine Eltern als Säugling gewickelt hatten, war nun ein unförmiger ausgefranster grauer Wollklumpen.

Zu Beginn meiner Ehe mit Max bewahrte ich ein kleines Eckchen von meinem Schmutu in meinem Kopfkissenbezug auf. Um mich daran zu hindern, mich abends in den Schlaf zu weinen, drückte ich es manchmal gegen meine Wange, weil es mich beruhigte. Inzwischen finde ich meinen Trost anderswo – indem ich mir Jasminöl aufs Handgelenk tupfe, meine Kinder in die Arme nehme, mir ein Glas Rotwein einschenke, um mich nach einem langen Arbeitstag zu entspannen. Herauszufinden, was Sie beruhigt, heißt, eine Liste von Hilfsmitteln in Ihrem Selbstfürsorgewerkzeugkoffer parat zu haben, auf die Sie zurückgreifen können, für den Fall, dass das Leben hektisch wird (und das wird es).

Trost schafft beispielsweise ein heißes Bad, ein Stündchen in der Sonne, ein Mittagsschlaf, ein lustiger Film, eine Massage, ein Telefonat mit einer Freundin – was immer Sie brauchen, um auf der Basis von Selbstfürsorge für Ihr Wohlergehen zu sorgen. Natürlich ist auch die Meditation immer ein ausgezeichnetes Mittel, um sich vom Universum trösten zu lassen.

Liebes Universum,

gestatte es mir, mich jetzt beruhigt zu fühlen,
damit meine Sorgen, Nöte und Leiden fortgewaschen werden.
Ersetze sie durch das unerschütterliche Vertrauen darauf,
dass auch dies vorübergeht und dass Gleichgewicht und
Wohlergehen meine alltägliche Wirklichkeit sind.
So sei es, und so soll es sein.

11 BESCHÜTZT

SICH BESCHÜTZT ZU fühlen, hilft Ihnen, sich zu entspannen und darauf zu vertrauen, dass Sie in Sicherheit sind. Ich bin davon überzeugt, dass ein jeder von uns unter dem Schutz von Geistführern und Engeln steht. Ich habe schon viel zu oft von Menschen gelesen, die nur mit knapper Not irgendeiner potenziell tödlichen Gefahr entgingen, um nicht darauf zu vertrauen, dass wir besondere »Helfer« im nichtphysischen Reich haben, die uns auf einen sicheren Weg geleiten.

Darauf kommt es an

TRAGEN SIE IN sich die Überzeugung, dass Sie jederzeit geführt und beschützt werden. Je tiefer Sie diese Überzeugung in sich verankern, desto sicherer werden Sie sich fühlen.

In Australien waren Sean und ich einmal ein bisschen spät dran, um die Kinder von der Schule abzuholen. Er saß am Steuer und fand keinen Parkplatz. Ich bat ihn anzuhalten, um mich aussteigen zu lassen, und einfach noch eine Runde zu drehen, um mich und die Kinder dann an derselben Stelle einzusammeln. Gerade, als ich die Tür öffnen wollte, hörte ich eine Stimme in meinem Kopf, die »Nein!« sagte.

Mein Körper erstarrte, und ich hielt inne. In diesem Augenblick kam ein Bus auf der falschen Spur an uns vorbeigeschossen. Hätte ich die Tür geöffnet und wäre ausgestiegen, ich wäre sofort tot gewesen.

Es sind diese beseelten Einflüsterungen und intuitiven Stupse, die uns in Zeiten der Not vor großen Gefahren bewahren. Ich war unendlich dankbar für den Schutz, der mir in diesem Augenblick zuteilgeworden war – ganz offensichtlich lag ich jemandem am Herzen. Denken Sie in Ihren täglichen Dankbarkeitslisten immer daran, ein kleines Dankeschön auch an die Wesen zu richten, unter deren Schutz Sie stehen.

Liebes Universum,

ich danke dir dafür, dass du gemeinsam mit meinen Geistführern und Engeln daran arbeitest, mich zu beschützen und für meine Sicherheit zu sorgen. Ich vertraue darauf, dass sich alles so entwickelt, wie es vorgesehen ist, und dass ich von Gefahren ferngehalten werde —, behütet und beschützt vor den Stürmen des Lebens zu diesem Zeitpunkt.
So sei es, und so ist es.

12 BESCHWINGT

ES GIBT NICHTS Schöneres als Beschwingtheit. Es ist diese magische Aufregung, die sich einstellt, wenn man über irgendein Ereignis verzückt vor Glück ist.

Ein Gefühl von Beschwingtheit macht sich in der Regel bemerkbar, wenn sich in unserem Leben etwas Besonderes ereignet – wenn man sich verlobt, wenn man seine persönliche Bestmarke knackt, wenn man zum ersten Mal in die Augen seines neugeborenen Babys schaut und sogar, wenn man bei eBay etwas ersteigert, das man sich wirklich sehnlichst gewünscht hat.

Darauf kommt es an

BESCHWINGTHEIT IST DIE Essenz der Freude, und Sie sollten sie so oft wie möglich in Ihrer Wirklichkeit manifestieren.

An meinem dreiunddreißigsten Geburtstag wurden mir die Augen verbunden, und ich wurde an einen Ort gebracht, an dem eine rosafarbene Limousine auf mich wartete. Sean hatte für meine Familie und Freunde eine Fahrt nach Melbourne arrangiert. (Wir lebten damals außerhalb.) Als wir aus dem Auto stiegen, fing Sean an, mit ein paar Straßenmusikern zu singen. Später fand ich heraus, dass er schon lange vorher gemeinsam mit ihnen geprobt hatte. Dann ließ er sich auf einem Knie nieder und bat mich, ihn zu heiraten. Bei diesem öffentlichen Heiratsantrag waren mindestens hundert Passanten anwesend, und ich antwortete mit einem besonders begeisterten »Ja!«.

Ich fühlte mich beschwingt wie auf Wolke Sieben – ein ekstatischer Moment des Glücks. In solchen magischen Augenblicken des Lebens gedeiht Beschwingtheit.

Wie können Sie mehr Freude manifestieren? Was hat im Laufe der Jahre in Ihnen ein Gefühl von Beschwingtheit bewirkt? Wie könnten Sie es wiederbeleben?

Liebes Universum,

bitte zeige mir, wie ich mich im Alltag beschwingter fühlen kann.
Möge ich mich zu Zeiten, wenn ich frustriert oder niedergeschlagen
bin, an beglückende Augenblicke erinnern. Gestatte es mir,
die Energie der Beschwingtheit in meinem Herzen zu entfachen.
So sei es, und so ist es.

13 BEWUNDERT

WAS SORGT DAFÜR, dass Sie sich bewundert fühlen? Ob es sich um eine romantische Geste Ihres Liebsten handelt oder um einen Freund, der sich an Ihren Geburtstag erinnert, wie Sie diese Liebe annehmen, entscheidet darüber, ob Sie mehr von ihr manifestieren oder nicht. Wenn es Ihnen nicht gelingt, Gesten der Zuneigung anzunehmen, dann entstehen Spannungen in Ihrer Beziehung. Nehmen Sie die Energie der Bewunderung jedoch an, dann öffnen sich die Schleusen zur wunderbaren Welt der Möglichkeiten, und Sie fühlen sich geliebt und gewürdigt.

Als ich meinen Seelenpartner Sean kennenlernte und mich in ihn verliebte, da musste ich erst mühsam lernen, seine Bewunderung anzunehmen. Ich war so entschlossen unabhängig, dass ich der Liebe, die er mir entgegenbrachte, kaum vertrauen konnte. Erst nach und nach gestatte ich es mir, bewundert zu werden und mich wie die Königin des Haushalts behandeln zu lassen. Eine Beziehung, gleichgültig, ob es sich um eine Ehe, eine Freundschaft, Partnerschaft oder andere Verbindung handelt, ist immer ein System der gegenseitigen Unterstützung. Sie müssen offen sein, um Ihre Wertschätzung zum Ausdruck zu bringen. Hierbei ist es entscheidend, dass Sie es sich gestatten, die Ihnen im Gegenzug zufließende Liebe auch anzunehmen. Auf diese Weise bleibt die Energie im Fluss und die Kraft und Lebensfähigkeit der Beziehung können weiter wachsen.

Darauf kommt es an

DIE ZENTRALE WEISHEIT hier besagt, dass das Universum Sie uneingeschränkt bewundert.

Jeder wird bewundert! Sie sind ein wunderbarer Mensch, und Sie sind einzigartig. Wenn es Ihnen gelingt, sich für uneingeschränkte Bewunderung zu öffnen, dann ist das ein Grund zum Feiern. Die meisten Menschen fühlen sich nicht würdig, Liebe und Zuwendung zu empfangen. Feiern Sie Ihre Bereitschaft, Geschenke anzunehmen.

Möge diese Meditation Ihre stärkende Erinnerung daran sein, Bewunderung willkommen zu heißen.

Liebes Universum,
ich bin offen, Liebe und Zuwendung zu empfangen.
Mein Herz ist voller Dankbarkeit für die Überraschungen,
freundlichen Gesten, Wunder und den Ausdruck von Zuneigung,
für alle diese Geschenke, die sich in meiner Wirklichkeit zeigen.
So sei es, und so ist es.

14 BEWUSST

SCOTT DEMOULIN, EINER meiner liebsten Freunde und Mentoren, vermittelt seinen Klienten und Schülern die folgende Weisheit: »Bewusst wahrnehmen geht Verstehen voraus. Verstehen geht Verändern voraus.«

Das bedeutet, nichts kann sich in Ihrem Leben verändern, ohne dass Sie sich zuvor die Gründe für die Veränderung bewusst machen. So sind zum Beispiel unsere »universellen Augenblicke«, in denen wir um Hilfe rufen, durchdrungen von Bewusstsein.

Ein Leben lang arbeiten wir uns durch die einzelnen Bewusstseinsschichten, fast als schälten wir eine Zwiebel. Jede Schicht steht für eine der unterschiedlichen Verständnistiefen unseres Lebens. Das ist ganz klar auch mit dem Älterwerden und dem Sammeln von Weisheit aufgrund unserer Lebenserfahrung verbunden.

Darauf kommt es an

WENN SIE WIRKLICH bewusst sind, dann gelingt Ihnen die Selbsterkenntnis im gegenwärtigen Augenblick.

Sie erinnern sich an die Wahrheit, dass Spiritualität und Bewusstsein keine Einheitsgrößen sind. Unser Bewusstsein hat seinen Ursprung in der Einsicht, dass wir als Menschen niemals alles durchdringen. Vielmehr befinden wir uns auf einer Reise, um zu lernen und zu wachsen und um die Wirklichkeit kennenzulernen, die uns begegnet.

> ### Liebes Universum,
> möge ich mich auf meinen Atem konzentrieren. Möge ich mir der belebten Kraft in meinem Körper bewusst werden. Möge ich mir der Möglichkeiten bewusst werden, mein Leben zu verbessern. Möge ich mir des gegenwärtigen Augenblicks bewusst sein.
> So sei es, und so ist es.

15 DANKBAR

ZU WELCHER SORTE Mensch gehören Sie: Zu der, die ein Glas als halb voll empfindet, oder sind Sie einer von denen, für die ein Glas halb leer ist? Oder schwanken Sie vielleicht zwischen beidem hin und her? Sehen Sie mitten in einem Unwetter schon den Silberstreif am Horizont? Eine Einstellung der Dankbarkeit zu haben, ist eine außerordentlich wirksame spirituelle Praxis und vermag die meisten, wenn nicht sogar alle Situationen zu transformieren.

Darauf kommt es an

DAS UNIVERSUM LIEFERT Ihnen mehr Grund zur Dankbarkeit, wenn Sie Wertschätzung fest in Ihren Tag einbauen. Nehmen Sie sich Zeit, täglich drei Dinge aufzuschreiben, für die Sie dankbar sind, und der Glückspegel in Ihrem Leben wird weit ins Positive ansteigen.

Falls Sie sich bereits für einen Menschen halten, der für sich Dankbarkeit zu einem Grundprinzip gemacht hat, dann fangen Sie jetzt an, die Gründe für Ihre Dankbarkeit in Ihrem Tagebuch aufzuschreiben. Nehmen Sie es sich erst einmal für eine Woche vor und geben Sie auch Acht darauf, wie Sie sich dabei fühlen.

Die Bestandsaufnahme über das eigene Glücksgefühl ist auch gut für Ihre zwischenmenschlichen Beziehungen, für Ihre Bankgeschäfte und für Ihr Selbstgefühl. Sie machen das Universum mit Ihrer Einstellung der Dankbarkeit sehr glücklich.

Liebes Universum,

ich bin für alles in meinem Leben so dankbar.
Ich bin dankbar für meinen guten Draht zu dir. Ich verstehe,
dass die Wertschätzung in meinem Herzen für alles, was sich in
meiner Wirklichkeit zeigt, mein Vertrauen in dich sichtbar macht.
Ich bin froh, dass du auf mich aufpasst. Möge ich mich immer
an die Macht erinnern, die im Danken liegt. Möge ich den Menschen,
die mich unterstützen, und den liebsten Menschen in
meinem Leben immer meine Wertschätzung zeigen.
So sei es, und so ist es.

16 EHRFÜRCHTIG

OB SIE SICH ehrfürchtig fühlen oder nach Ehrfurcht suchen: Die Voraussetzungen werden hergestellt, wenn Sie respektvoll sind. Ehrfurcht ist das tiefe und mächtige Verständnis von Wertschätzung für die kosmischen Kräfte, die Ihre Wirklichkeit erschaffen. Ob Sie diese Macht als das Universum, Gott, die Quelle oder den Allmächtigen bezeichnen: Der Respekt, den Sie in Ihrem Herzen spüren, wird Ihre Verbindung stärken.

Darauf kommt es an

WENN SIE DAS Universum als Ihren Mitbegründer, Ihren Mitschöpfer und Ihren Beifahrer anerkennen, dann schickt es Ihnen mehr kreative und partnerschaftliche Magie, mit der Sie experimentieren und spielen können.

Sich ehrfürchtig erweisen kann man am besten während der Meditation und im Gebet. Indem Sie dem Universum für alles danken, was Ihnen in Ihrer Wirklichkeit geliefert wird, öffnen Sie Ihr Herz für neue und aufregende Möglichkeiten. Außerdem fühlen Sie sich dann daran erinnert, dass Sie in diesem Leben nicht allein sind. Das Universum hilft Ihnen, leitet Sie und bietet Ihnen auf Ihrem Weg Weisheit in einem stetigen Strom an.

Diese Meditation steht Ihnen zur Verfügung, um Ihre Ehrerbietung zu zeigen.

Liebes Universum,

ich danke dir für alles, was sich bisher in meinem Leben ereignet hat.
Ich weiß und vertraue darauf, dass du mich auf meiner Reise führst
und beschützt. Ich bin zutiefst dankbar für die Weisheit und
die intuitiven Stupse, die du mir geschickt hast.
So sei es, und so ist es.

17 EIFRIG

EIFER KANN MAN auf zweierlei Art entwickeln. Die erste ist eine aufgeregte Erwartung, weil man sich wirklich sehr auf ein besonderes Ereignis freut. Bei der zweiten handelt es sich um eine Ungeduld, und Sie richten Ihre gesamte Energie auf ein ganz bestimmtes Ergebnis. Die eine zieht den Fluss der Möglichkeiten auf sich, die andere erzeugt so viel Widerstand, als würde man versuchen, einen Ziegelstein in der Toilette hinunterzuspülen.

Darauf kommt es an

WENN AUFGEREGTE ERWARTUNG Sie mit Eifer erfüllt, dann schicken Sie dem Universum die klare Botschaft, dass Sie den energetischen Raum geschaffen haben, um Ihre Träume und Wünsche zu manifestieren.

Halten Sie einen Augenblick lang Rückschau.

Sind Sie als Kind am Weihnachtstag besonders früh aufgewacht? Und wie war es am Morgen Ihres Geburtstags? Hatten Sie je Mühe mit dem Einschlafen, weil Sie wegen der Aussicht auf den neuen Tag so aufgeregt waren und Sie es nicht erwarten konnten? So fühlt sich die Magie des Eifers an.

Jeder einzelne Tag bietet die Gelegenheit, Wunder zu erwarten und die Magie des Eifers zu spüren. Allerdings müssen Sie sich dem Gefühl hingeben, denn wie schon ein altes Sprichwort sagt: »Rom wurde auch nicht an einem Tag erbaut.«

Ihr Eifer muss sich in Ihrem Bauch anfühlen wie ein Marmeladenglas voller Glühwürmchen, von denen jedes aufgeregt darauf wartet, was das Universum demnächst in Ihrer Wirklichkeit manifestiert.

Liebes Universum,

ich bin jetzt so eifrig darauf bedacht,
noch mehr Magie in meinem Leben zu manifestieren.
Ich vertraue darauf, dass meine Träume und Wünsche in perfektem
göttlichem Timing wahr werden. Das, was im Begriff ist,
erschaffen zu werden, und in meine Wirklichkeit Eingang findet,
erfüllt mich mit kindlicher Aufregung.
So sei es, und so ist es.

18 EINZIGARTIG

SICH EINZIGARTIG ZU fühlen, ist eine wunderbare Manifestation. Schließlich will niemand »normal« oder so wie alle anderen sein, oder? Sie sind auf einzigartige Weise Sie selbst. So wie keine zwei Schneeflocken und keine zwei Fingerabdrücke gleich sind, so bringen auch Sie die einzigartige Schönheit Ihrer Seele in die Welt. Wenn Sie das Gefühl haben, einzigartig zu sein, dann heben Sie sich ab aus der Menge und bewirken mächtige und bedeutsame Veränderung.

Darauf kommt es an

DIE WIRKLICHEN VERÄNDERER und Visionäre dieser Welt verfügen über ein unkonventionelles Genie und eine einzigartige Art, es zum Ausdruck zu bringen. Jeder Mensch (ohne Ausnahme) kann etwas Einzigartiges beitragen.

Falls Sie vorhaben, das Empfinden für Ihre Einzigartigkeit in der Welt zu manifestieren, dann probieren Sie diese Visualisierung aus, um die Magie des Universums in Ihnen zu entfachen:

Stellen Sie sich vor, dass Sie vor einer wunderschönen und reich mit Gold verzierten Schatzkiste sitzen. Sie berühren das Schloss leicht mit der Hand, und die Kiste öffnet sich mühelos. Dann steigt aus der Kiste ein einzigartiges rosafarbenes Glühen auf. Sie blicken hinein und erkennen den größten Kristall, den Sie je im Leben gesehen haben. Auf den zweiten Blick erkennen Sie, dass es sich um einen der begehrtesten und kostbarsten Edelsteine der Welt handelt – einen rosafarbenen Diamanten, der in den Höhlen vor der Küste Islands gefunden wurde. Sie spüren die heilenden, kreativen und liebenden Schwingungen, die von dem Stein ausgehen. Welche weiteren Eigenschaften des Steins können Sie spüren? Halten Sie einen Augenblick inne, und schreiben Sie drei in ihrer Vision wahrgenommene Eigenschaften auf.

Diese drei Eigenschaften sind letztlich einzigartige Aspekte, die Sie an sich selbst wahrnehmen. Sie selbst sind der Edelstein! Es gibt nur einen einzigen davon auf der ganzen Welt, und nun haben Sie eine heilige Mission zu erfüllen.

Liebes Universum,

möge ich meine großartige Einzigartigkeit annehmen,
um meine Mission erfüllen zu können. Möge ich darauf vertrauen,
dass ich nicht wie alle anderen sein soll, sondern meinen göttlichen Plan
als Lichtarbeiter in der Welt erfülle. Ich danke dir dafür, dass ich
mir dessen bewusst bin, wer ich tatsächlich bin.
So sei es, und so ist es.

19 ENERGIEGELADEN

WENN SIE VOLLER Energie sind, dann schöpfen Sie Ihr Leben ganz aus und erinnern sich daran, dass Sie zu allem fähig sind, was Sie nur wollen. Letztendlich ist das der Zustand, in dem das Universum Sie sehen will – energiegeladen! Denn wenn Sie genug Antrieb haben, dann steht Ihnen der Weg der Intuition, Inspiration, Kreativität und Transformation offen.

Darauf kommt es an

SOLLTE ES NICHT Ihrer Intention entsprechen, ein energiegeladenes Leben zu führen, dann lassen Sie sich die Magie des Menschseins entgehen.

Kennen Sie jemanden, der sich darüber beklagt, dass ihm die Energie fehlt oder er die ganze Zeit müde ist? Sie können sich bestimmt vorstellen, dass es einiges gibt, was man tun kann, um dieses Problem zu lösen und seinen Antrieb zurückzuerlangen.

Fünf Möglichkeiten stehen Ihnen offen, um den Energiefluss in Körper und Seele wieder in Gang zu bekommen:

1. Bewegen Sie Ihren Körper, denn damit erzeugen Sie Energie – tanzen, gehen, laufen Sie, kommen Sie einfach in Gang!
2. Ernähren Sie Ihren Körper – essen Sie gesunde und »lebendige« Nahrung.
3. Wässern Sie Ihren Körper – ausreichende Flüssigkeit hilft Ihnen, Ihr Energieniveau aufrechtzuerhalten.
4. Ruhen Sie Ihren Körper aus – ein überarbeiteter Körper brennt aus.
5. Würdigen Sie Ihren Körper – hören Sie auf das, was er Ihnen über seine Bedürfnisse mitteilt.

Ihre Energie bleibt so lange im Fluss, wie Sie für sich sorgen und darauf achten, Ihre energetischen Quellen nicht mit Gewohnheiten zu überfordern, die Ihnen nicht dienen. Die Meditation ist ebenfalls eine hilfreiche Methode, um das Universum um eine Anhebung Ihres Energieniveaus zu bitten.

Liebes Universum,

ich bin der Kanal für einen unendlichen Energiefluss.
Mir steht eine unbegrenzte Menge an Energie zur Verfügung,
und ich kann sie nutzen, um in jedem beliebigen Bereich meines Lebens
Magie zu erzeugen. Möge ich meinen Körper ehren und mein ganzes
Wesen gut versorgen, damit ich mit meiner Leidenschaft und
meinem Lebenssinn der Welt von Nutzen sein kann.
So sei es, und so ist es.

20 ENGAGIERT

WENN SIE SICH für ein Projekt, eine Mission, einen Menschen oder eine Sache engagieren, dann ist das die bestmögliche Voraussetzung, um etwas Kraftvolles zu manifestieren.

Darauf kommt es an

OHNE HERAUSFORDERUNG KEINE Veränderung.

Dieser inspirierende Satz fand sich an der Wand der Teakwondo-Schule, in der meine Tochter Olivia diesen Kampfsport übte. Sie lernte dort nicht nur Kampfsport, sondern auch, wie man eine selbstbewusste, engagierte Führungspersönlichkeit entwickelt. Als Mutter saß ich zusammen mit den anderen Eltern auf der Bank und habe den Kindern zugejubelt und zugesehen, wie sie ihr Engagement und ihre Hingabe einsetzten.

Mehrmals habe ich miterlebt, wie Kinder Prüfungen für einen höheren Gürtel ablegten. Manche Kinder versuchen es wieder und wieder und vermögen es dennoch nicht, das Brett zu zerschlagen. Für gewöhnlich wird ihre Qual anhand äußerer Zeichen sichtbar: Tränen steigen ihnen in die Augen, sie blicken zu ihren Eltern, um sich bei ihnen Rückversicherung zu holen, gerötete Gesichter usw. Wenn es ihnen schließlich gelingt, das Brett durchzuhauen, dann wird gefeiert – die Zuschauer geraten aus dem Häuschen. Gelingt es Ihnen nicht, dann herrscht im Raum ein nachdenkliches Schweigen. Besonders gefällt mir, dass der Lehrer die Kinder dann an die Macht der Hingabe erinnert und ihnen klarmacht, dass der Gürtel sie nicht als Person definiert. Falls Sie also in Ihrem Leben gerade damit konfrontiert sind, ein Brett durchschlagen zu müssen, sei es die Überwindung einer Krankheit, das Abzahlen von Schulden oder das Ziehen von Grenzen bei geliebten Menschen, dann denken Sie daran: Wo Sie engagiert und mit der richtigen Menge Energie antreten, da haben Sie auf jeden Fall die Lektion verstanden.

Liebes Universum,

gestatte es mir, zu den Herausforderungen
in meinem Leben grundsätzlich mit Engagement und Hingabe
anzutreten. Zeige mir Möglichkeiten, wie ich ein besserer Mensch
werden kann. Ich danke dir für die Gelegenheiten zum Wachsen
und für die Energie des Engagements. Beides erinnert mich daran,
dass Herausforderungen der Schlüssel zur Veränderung sind.
So sei es, und so ist es.

21 ENTSPANNT

MANCHMAL IST ES am sinnvollsten, gar nichts zu tun und sich einfach nur zu entspannen.

Darauf kommt es an

ZUM WAHREN KERN der Entspannung dringt man vor, wenn man sich auf das wunderbare Ganzsein des Lebens einlässt und erst einmal für sich selbst sorgt.

Manche Menschen treiben sich selbst unablässig an. Sie trinken zu viel Kaffee, schlafen nicht ausreichend oder gestatten es dem Stress, dass er sich wie ein Schatten über ihr Glück legt. Sie müssen sich ausreichend Zeit nehmen, um abzuschalten, und die Dinge, die Sie manifestieren wollen, entspannter angehen.

In diesem Zusammenhang ist es sinnvoll, eine Selbstfürsorgeroutine zu etablieren, die es Ihnen gestattet, gut für sich zu sorgen und sich immer wieder auch von den Anforderungen des Alltags zurückzuziehen.

Ein guter Anfang könnte eine Massage sein, die Zubereitung einer gesunden Mahlzeit oder ein heißes Bad. Auch ein Aufenthalt in der Natur kann Wunder wirken. Ruhe und das Fehlen von Geräuschen und Ablenkungen werden Ihnen am schnellsten helfen, Ihre Seele neu zu justieren.

Ich lebe in Las Vegas in der Nähe des Red Rock Canyon. Im Jahr 2017 machten wir an Seans Geburtstag eine Wüstenwanderung. Wir gingen etwa eine Stunde lang in die Berge hinein, kletterten über Felsen und Geröll und ließen die strahlend rosa blühenden Kakteen hinter uns zurück. Der Frieden und die Ruhe dort waren so beruhigend, und wir konnten uns wunderbar entspannen. Es gab keinen Krach und keine Störung durch elektronische Geräte – nichts als Glückseligkeit und weiten Raum zum Entspannen.

Was ruft bei Ihnen die tiefste Entspannung hervor? Nehmen Sie Stift und Papier zur Hand, und schreiben Sie auf, was Sie innerhalb der nächsten zwölf Stunden tun können, um zu entspannen und die Anforderungen des Alltags hinter sich zu lassen.

Liebes Universum,

zeig mir, wie ich mich entspannen und mich
am gegenwärtigen Augenblick erfreuen kann. Gestatte es mir,
mich der Entspannung mit meinem ganzen Sein hinzugeben, damit
ich für die nächsten Schritte in meinem Leben Kraft sammeln kann.
Möge ich mich daran erinnern, dass Entspannung ein zentraler
Bestandteil meines täglichen Selbstfürsorgeprogramms ist.
So sei es, und so ist es.

22 ERFREUT

DIE ENERGIE, DIE entsteht, wenn man sich freut, kann sich auf vielerlei wunderschöne Weise manifestieren. Vielleicht sind Sie erfreut, wenn Sie gute Neuigkeiten erfahren, ein Geschenk erhalten, eine Mahlzeit genau Ihren Erwartungen entspricht oder wenn Sie einen prächtigen Blumenstrauß sehen. Es ist ungeheuer wichtig, sich am Spiel mit der Freude zu beteiligen, denn sie sorgt für Ihre Inspiration und lässt das Universum wissen, dass Sie bereit sind für mehr Freude.

Darauf kommt es an

WENN SIE SICH aufrichtig am Erfolg eines anderen Menschen freuen können, dann eröffnen Sie die Möglichkeit eines solchen Erfolgs auch für sich.

Manchen Menschen gelingt es nicht, sich durch den Erfolg anderer beglücken zu lassen, und sie blockieren damit den Manifestationsprozess. Andere sind neidisch, betrachten den Erfolg ihrer Mitmenschen als eigene Niederlage oder reagieren engherzig und versäumen es mitzufeiern.

Florence Scovel Shinn schrieb:

> »Was ich dir wünsche,
> das wünsche ich auch mir selbst.«

Erfreut zu sein, ist ansteckend. Es ist eine aktive Freude, die durch die Wirklichkeit saust und Teilnehmer für die aufregende Party des Lebens einsammelt.

Das Universum liebt es, wenn es Sie ganz und gar eingetaucht in die Essenz der Freude erlebt. Deshalb ist es so wichtig, Freude in Ihrer gegenwärtigen Wirklichkeit wachzurufen.

Liebes Universum,

ich bin so erfreut über das, was sich gegenwärtig manifestiert
und was sich gerade auf die Manifestierung in meiner Wirklichkeit
vorbereitet. Augenblicke der Freude sind für mich alltäglich,
und ich bin sehr dankbar für die Gelegenheit, mich in diese Schwingung
einzubringen. Möge ich mich an meinen eigenen Erfolgen
und an den Erfolgen anderer erfreuen.
So sei es, und so ist es.

23 ERFÜLLT

ERFÜLLUNG HEISST, DASS alles gut ist in Ihrer Welt. Nichts wird mehr gebraucht oder benötigt, um eine Erfahrung zu einem »vollkommenen Augenblick« zu erklären. Erfüllung kann in unterschiedlichster Form zu uns kommen: Vielleicht erlangen wir beim Scrabble einen dreifachen Wortwert, sammeln beim Super Mario alle Power-ups ein oder schaffen es endlich, das lästige Sesamkorn zwischen den Zähnen herauszupulen. Erfüllung macht ungemein zufrieden. Sie erinnert uns daran, dass nichts im Leben jemals gleichbleibt und dass außerdem alles saisonabhängig ist und man deshalb unbedingt dann feiern soll, wenn einem gerade ein vollkommener Augenblick gelingt.

Auf Blogs, Websites und Shopping-Plattformen gibt es in der Regel die Möglichkeit, Leistungen oder Gegenstände zu bewerten, und viele Menschen machen eifrig Gebrauch davon. Wie oft nutzen Sie die Gelegenheit, um eine positive Bewertung zu hinterlassen? Haben Sie einen solchen Schritt als Geste der Dankbarkeit begriffen, und wie kehrt diese Energie zu Ihnen zurück? Machen Sie es sich zu Ihrer Mission, innerhalb der nächsten vierundzwanzig Stunden, Ihrer Zufriedenheit Ausdruck zu verleihen, und achten Sie darauf, was sich als Nächstes manifestiert.

Liebes Universum,

mach mir die Augenblicke bewusst, in denen ich erfüllt bin
und in denen sich alles am rechten Ort befindet. Erinnere mich daran,
dass die Dankbarkeit eine enge Verwandte der Erfüllung ist,
damit du mir umso mehr Erfahrungen in meine Wirklichkeit sendest,
für die ich meine Wertschätzung ausdrücken kann.
So sei es, und so ist es.

24 ERGEBEN

EINER DER WICHTIGSTEN Bestandteile des Manifestationsprozesses ist die Ergebenheit an die herrschenden Mächte. Sie müssen sich von der Vorstellung befreien, dass sich Dinge genau so ereignen sollen, wie Sie es planen, und sich vertrauensvoll dem Universum ergeben.

Darauf kommt es an

ERGEBENHEIT BEDEUTET, DASS Sie zurücktreten von der Illusion, über irgendetwas die Kontrolle zu haben.

Sie wollen Geld manifestieren? Ergeben Sie sich der Möglichkeit, dass Sie vielleicht niemals Geld manifestieren werden. Sie wollen einen Seelengefährten manifestieren? Finden Sie sich mit der Tatsache ab, dass Sie auch wunderbar allein zurechtkommen. Sie wollen ein Baby manifestieren? Seine Sie zufrieden damit, in diesem Leben nicht auf die erwartete traditionelle Weise Mutter oder Vater zu sein. Sehen Sie, die Schönheit des Spiels mit der Energie des Universums liegt darin, den Prozess spielerisch zu gestalten und die Widerstände im Zusammenhang mit den Intentionen aufzugeben. Das bedeutet nicht, dass sich diese Dinge für Sie nicht manifestieren werden, doch wenn Sie sich dem ergeben, was ist, dann kann es magisch zugehen. Und das tut es für gewöhnlich auch.

Eine meiner Freundinnen prägte das Bonmot:

> »Unendliche Geduld
> bewirkt unmittelbare Ergebnisse.«

Am besten lässt sich die Energie der Ergebung durch Meditation verstärken. Ja, Meditation selbst ist ja bereits die Ergebung an und die Verbindung mit den göttlichen Möglichkeiten im Inneren.

Liebes Universum,

ich ergebe mich jetzt dem gegenwärtigen Augenblick.
Ich befreie mich von allem Festklammern an irgendwelchen Ergebnissen
und mache mir bewusst, dass ich mein Schicksal nicht kontrollieren,
sondern lediglich meine Energie lenken kann. Ich entscheide mich,
die Kontrolle aufzugeben, mich zu ergeben und darauf zu vertrauen,
dass die göttliche Weisheit des Alles-was-Ist zum Wohl
des höchsten Guts manifestiert.
So sei es, und so ist es.

25 ERGRIFFEN

WENN SIE ERGRIFFEN sind, dann fühlen Sie sich so, als wäre an den Saiten Ihres Herzens gezupft worden und als hätte Ihnen das Universum einen Augenblick der köstlichsten Wertschätzung echter Schönheit beschert. Vielleicht hat Sie die freundliche Geste eines vollkommen Fremden berührt. Oder Sie haben die letzten Worte, die ein sterbender Ehemann an seine Ehefrau richtet, auf YouTube gehört. Möglicherweise haben Sie auch von der Wirkung einer wohltätigen Einrichtung auf die Welt gehört. Berührt zu sein ist die echteste und reinste Inspiration.

Darauf kommt es an

JE MEHR SIE sich berühren lassen, desto besser gelingt es Ihnen, Ihr Leben aus der Energie Ihres Herzens zu führen. Das gestattet es Ihnen, sich auf einer tieferen und bedeutsameren Ebene mit Menschen zu verbinden.

Als meine Tochter Lulu ungefähr fünf Wochen alt war, wurde ich zu einem Konzert meiner Mutter in einem örtlichen Gemeindesaal eingeladen. Meine Mutter war jede Woche stundenlang Auto gefahren, um professionelle Gesangsstunden zu nehmen, und sie wünschte sich sehnlichst, dass ich eines ihrer Konzerte miterlebte. Ich hatte meine Mutter nie zuvor singen gehört, schon gar nicht vor so vielen Menschen!

Der Dirigent stellte sie dem Publikum vor. Da stand sie, wie eine Statue, angetan mit einer wunderbar farbenprächtigen Stola um ihre Schultern. Sie wurde von einem richtigen Orchester begleitet. Das Lied stammte offenbar aus einer berühmten italienischen Oper, die eine gescheiterte Liebe zum Thema hatte. Sobald meine Mutter Louise zu singen begann, spürte ich, wie die Tränen in mir aufstiegen, weil mich die Schönheit ihres Gesangs und ihre musikalische Begabung emotional so sehr berührten. Ich war ergriffen von ihrem Selbstbewusstsein, das sie mit ihrem kraftvollen Gesang ihre mentalen Hürden überwinden und etwas tun ließ, was sich weit jenseits ihrer Komfortzone befand.

Sich von etwas ergriffen zu fühlen, ist ein Geschenk des Universums, dessen man sich erfreuen und das man gut im Gedächtnis behalten soll. Schreiben Sie sich auf, wie Dinge, Menschen, Orte und Erfahrungen Sie auf einer tiefen Seelenebene berührt haben. Eine solche Dokumentation ist eine Schatzkarte, mit deren Hilfe man Wunder in jedem Bereich des Lebens auslösen kann.

Liebes Universum,

gewähre mir Erfahrungen, die mich auf der Seelenebene berühren. Möge ich von geliebten Menschen umgeben sein, mit denen ich solche Augenblicke teilen kann, damit magische Erinnerungen für alle Zeiten entstehen und allzeit gewürdigt werden.
So sei es, und so ist es.

26 ERHOBEN

ES KANN EIN großer Spaß sein, wenn man das Gefühl manifestiert, erhöht zu sein. Sie müssen sich fragen, wie Sie das ideale Umfeld schaffen können, um Spaß, Inspiration und Freude möglichst in jedem Augenblick zu erleben. Den Schülern meiner Manifesting Academy bringe ich bei, einen, wie ich es nenne, »Seelensong« zu wählen. Ein Seelensong ist ein Musikstück, das Sie auf jeden Fall auf die Tanzfläche zieht. Bewegung, insbesondere in Form von Tanzen, ist eine hervorragende Methode, um sich emporgehoben zu fühlen und um die Energie des Glücks in Fluss zu bringen.

Darauf kommt es an

JE ERHOBENER SIE sich fühlen, desto besser. Beim Manifestieren geht es im Wesentlichen darum, Freude im gegenwärtigen Augenblick zu suchen, und je glücklicher Sie sind, desto mehr liefert Ihnen das Universum das, was Sie für die Erfüllung Ihrer Wünsche brauchen.

Wie können Sie andere an der Liebe teilhaben lassen und dafür sorgen, dass sie sich ebenfalls erhöht fühlen? Könnten Sie vielleicht inspirierende Videos in den

sozialen Medien einstellen? Könnten Sie nach dem Zufallsprinzip Freundlichkeiten verteilen? Es gibt unzählige Möglichkeiten, um Menschen emporzuheben, die gerade ein bisschen Auftrieb gebrauchen können. Machen Sie es zu Ihrer geheiligten Seelenmission, andere Menschen zu erheben, damit auch Sie sich erhoben fühlen können.

Liebes Universum,

offenbare mir Wege, wie ich mich emporgehoben fühlen und dann diese Energie mit denjenigen meiner Mitmenschen teilen kann, die das gerade nötig haben. Mein Herz ist weit geöffnet, um so viel Freude wie möglich zu empfinden und damit ich meine Schwingung auf ein höheres Niveau anheben und meine Träume und Wünsche manifestieren kann.
So sei es, und so ist es.

27 ERLEICHTERT

NICHTS IST SÜSSER als das Gefühl von Erleichterung – vor allem dann, wenn man eine unbequeme Haltung einnimmt, es irgendwo juckt, man dringend aufs Klo muss oder unsicher ist, wie sich eine bestimmte Situation entwickeln wird. Erleichterung geht für gewöhnlich einher mit dem Gefühl, dass man letztlich vielleicht doch nicht in einer so schrecklichen oder aussichtslosen Situation war.

Darauf kommt es an

WENN SIE ERLEICHTERT sind, dann danken Sie dem Universum dafür, dass es Sie auf Ihrer Reise mit einem günstigen Ergebnis unterstützt hat. Dankbarkeit für das, was ist, verwandelt Ihre Erleichterung in eine wertvolle Erinnerung.

Im Jahr 2014 hatte ich innerhalb von acht Monaten fünf Fehlgeburten gehabt, und gerade war ich wieder etwas über fünf Wochen schwanger. Eines Nachmittags spürte ich alle Zeichen, die darauf hindeuten, dass auch diese Schwangerschaft auf eine Fehlgeburt zutrieb. Sean fuhr mich in die Notaufnahme. Im Krankenhaus muss man manchmal stundenlang warten, bis man endlich einen Arzt zu Gesicht bekommt. Die Zeit schleppt sich dahin, und die glücklichen Babygeschichten irgendwelcher Berühmtheiten, von denen die eselsohrigen Zeitschriften im Warteraum voll sind, fühlen sich an wie Salz in einer Wunde.

Nach ein paar Stunden machte Sean sich auf den Weg, um unsere übrigen Kinder von der Schule abzuholen. Ich fühlte mich okay und sagte ihm, dass ich wisse, was ich zu erwarten hätte, und damit umgehen könne.

Eine weitere Stunde verstrich, und ich entschloss mich, mein Handy herauszuholen und dem Baby eine Nachricht zu schreiben. Damit wollte ich mich beruhigen und in meinem Herzen Raum schaffen für alle Möglichkeiten. Ich schrieb: »Alles wird gut. Ich habe dich lieb. Du bist in Sicherheit. Ich bin dankbar dafür, dass du da bist. Ich bin dem Universum dankbar, ganz egal was geschieht. Es ist mir eine Ehre, mit dir schwanger zu sein. Ganz egal, wie die Sache ausgeht, ich bin hier, mir geht es gut und du bist in Sicherheit.«

Dann rief mich der Arzt auf, um eine Ultraschalluntersuchung vorzunehmen. Auf dem Bildschirm zeigte sich eine wunderbare kleine Bohne mit einem gesunden Herzschlag im Alter von fünf Wochen und drei Tagen. Die Erleichterung darüber, die Lebenskraft in Aktion zu sehen, war unglaublich stark. Ich spürte tiefste Liebe für dieses winzige Herz, und an dem Tag als Lulu Dawn schließlich geboren wurde, empfand ich einen weiteren Schub von Erleichterung, nachdem wir sicher zu Hause angekommen waren und sie zufrieden in meinen Armen lag.

Bitten Sie das Universum in Zeiten der Not um Erleichterung. Am schnellsten können Sie Ängste bekämpfen, indem Sie akzeptieren, dass alles gut wird, wie auch immer das Ergebnis aussehen mag. Alles wird gut.

Liebes Universum,

ich danke dir für diese Erfahrung.
Möge ich mich auf die Energie der Erleichterung stützen
und mich zugleich daran erinnern, dass ich selbst entscheide,
in welche Richtung ich meine Energie lenke. Ich entscheide
mich für die Liebe und überwinde die Angst. Damit ziehen
Ruhe und Erleichterung in mich ein.
So sei es, und so ist es.

28 ERLEUCHTET

MEINER MEINUNG NACH sind Erleuchtung und ihre Interpretation etwas äußerst Subjektives. Kein Mensch kann mit Gewissheit sagen, was es bedeutet, ein »erleuchtetes Wesen« zu sein. Überzeugt bin ich jedoch auch davon, dass jeder Mensch eine Vorstellung davon bekommen kann, wie es sich anfühlt, erleuchtet zu sein. Die Manifestation von Frieden im gegenwärtigen Augenblick und das Verständnis von göttlicher Liebe ist vermutlich die nachvollziehbarste Definition, die mein menschlicher Verstand fassen kann.

Darauf kommt es an

SINN DES LEBENS ist es nicht, in jedem Fall Erleuchtung zu finden. Er besteht vielmehr darin, dieses wilde Abenteuer namens »Leben« zu genießen und an den Widerständen und Umwegen, mit denen wir konfrontiert werden, zu wachsen.

Meiner Meinung nach entscheiden wir uns für den Aufenthalt auf dieser Erde, um zu lernen. Es ist ein heiliger Vertrag, der uns, wenn wir ihn uns bewusst machen, helfen kann, schwierige oder schmerzhafte Zeiten durchzustehen.

Im Buddhismus ist Erleuchtung ein abschließender gesegneter Zustand, der gekennzeichnet ist durch das Fehlen von Wünschen und Leiden. Gerade Wünsche und Leiden aber sind meiner Meinung der Zugang zur Schönheit und Fülle des Lebens. Es gibt nichts, aber auch gar nichts, das von der Gegenwart des Universums unberührt bleibt. Jedes Ereignis, jede Person, jeder Ort und jede Erfahrung manifestieren sich aus einem ganz bestimmten Grund in Ihrem Leben.

Liebes Universum,

jetzt, in diesem Augenblick suche ich Frieden und Gegenwärtigkeit. Möge sich Erleuchtung derart manifestieren, dass ich das Leben von vielerlei verschiedenen Standpunkten und Perspektiven aus verstehen kann. Mögen mein Herz und mein Geist ihren Ausgangspunkt im Einssein haben, und möge jede Beurteilung mich daran erinnern, dass die einzigartige Energie der Schöpfung alles durchströmt und belebt, was ist.
So sei es, und so ist es.

29 ERMÄCHTIGT

ES IST ENTSCHEIDEND, dass Sie sich als die oder der Bevollmächtigte Ihres Lebens fühlen, weil Ihr Leben zählt und weil Sie wichtig sind. Eltern müssen Experten darin sein, ihre Kinder zu den Bevollmächtigten ihres eigenen Lebens zu machen, damit sie gute, gesunde und kluge Entscheidungen für ihr Leben treffen können.

Darauf kommt es an

WENN SIE SICH ermächtigt fühlen, dann haben Sie die Macht, die Welt zu verändern. Wir werden ermächtigt, indem wir der Menschheit beim Wachsen und Heilen helfen. Das ist unsere Chance.

Ihre Stimme ist eng verbunden mit der Stufe Ihrer Ermächtigung: damit, wie Sie Ihre Macht einsetzen, welche Sache Sie unterstützen und wo Sie sich spirituell einbringen. Jahrelang bekam ich meinen Mund nicht auf, behielt kreative Ideen für mich und ließ niemanden an meinen Gedanken teilhaben. Erst als ich mein eigenes Unternehmen gründete, wurde mir klar, wie viel Macht ich in Wahrheit besaß, die ich sogar noch mit anderen teilen konnte. Als Unternehmerin hatte ich die Identität gefunden, die mich ermächtigte, und zehn Jahre häuslicher Gewalt hinter mir gelassen.

Damals hätte ich mir nie vorstellen können, wie sehr ich Millionen Menschen überall auf der Welt ausgerechnet damit helfen konnte, ihren eigenen Weg zur Großartigkeit zu finden, indem ich sie an meinen persönlichen Erfahrungen teilhaben ließ. Ermächtigte Menschen ermächtigen Menschen – so ist das. Sobald Sie herausfinden, dass es in Ihrer Verantwortung liegt, der Sachwalter Ihres Bewusstseins zu sein, wird die Welt zu einem wunderbaren Ort.

Für das Universum sind Sie die/der Bevollmächtigte Ihres Lebens, sobald Sie in Ihren Herzraum eintreten und strahlen.

Liebes Universum,

vielen Dank dafür, dass du mich an meine Macht erinnerst. Vielen Dank auch für die Klarheit meiner Sicht. Danke, dass du mich zu den richtigen Menschen führst, um mich mit ihnen zu verbinden und mich von ihnen inspirieren zu lassen. Möge ich ein liebevolles Vorbild sein und beseelte Führung auf jeder denkbaren Ebene auf den Punkt bringen.
So sei es, und so ist es.

30 FEIERLICH

EINER DER VIELEN Gründe dafür, warum mir das Leben in den Vereinigten Staaten gefällt, ist die Art, mit der die Amerikaner verschiedene Anlässe im Verlauf des Jahres feiern. Hier scheint es viel öfter einen Grund zum Feiern zu geben als in Australien. Mir gefällt beispielsweise, wie die Jahreszeiten in den Läden begangen werden, etwa im Frühling mit großen Bildern von Blumen und der Sonne oder im Herbst mit Kürbissen und Halloween. Das Leben ist zu diesen Zeiten erfüllt von der aufgeregten Energie des Feierns. Und genau das ist die wichtigste Zutat für den Manifestierungsprozess. Es geht um die Freude! Eine feierliche Stimmung bringt Freude, Fülle, Gemeinschaft und Verbindung auf den Punkt.

Viele Jahre lang blieb ich im Hintergrund meines eigenen Lebens und gestattete es mir nicht, besondere Tage – Feier-Tage! – wie Weihnachten oder Ostern wirklich zu genießen. Inzwischen liebe ich sie! Alle! Sie sind schließlich eng verbunden mit der Schönheit der Tradition und mit der Ehrung der uns vorausgegangenen Generationen, denen wir es verdanken, dass wir da sind, wo wir heute sind.

Darauf kommt es an

ICH MÖCHTE SIE ermuntern, für Ihr Leben Ihre eigenen Feiertage, Traditionen und Gedenktage zu bestimmen.

Je intensiver Sie dies betreiben, desto deutlicher sieht das Universum Ihre Bereitschaft zum Spielen, zu Unbeschwertheit und Freude. Wenn Sie sich auf die Magie der feierlichen Stimmung einstimmen oder wenn das Ihr Vorsatz ist, dann ist das Universum immer bereit, sich einzubringen und Ihrer Party Leben einzuhauchen.

Liebes Universum,

ich drücke meine Freude aus, indem ich mich in
feierliche Stimmung versetze. Möge ich allen Grund zu Frohsinn,
Freude und Lachen haben. Mögen wir feiern, als wäre es das letzte Mal,
denn das Leben ist schöner, wenn man einen Grund findet,
die Schönheit des Lebens zu würdigen.
So sei es, und so ist es.

31 FLIESSEND

IM FLUSS ZU sein oder im »Flow«, wie man auch sagt, bedeutet, dass man sich tragen lässt von einem energetisch aufgeladenen Fokus. Es fühlt sich an, als könnten Sie einer bestimmten Tätigkeit den ganzen Tag nachgehen und sich dabei vollkommen in Zeit und Raum verlieren. Daran können wir unsere Leidenschaften erkennen – und das, was wir wirklich gerne tun. Wenn Sie auf diese Art im Fluss sind, dann offenbart sich eine ganze neue Welt wunderbarer und kreativer Möglichkeiten vor Ihren Augen.

Darauf kommt es an

WENN SIE IHR Leben voranbringen wollen, dann ist es entscheidend, zu lernen, wie man diesen fließenden Zustand erreicht. Das kann geschehen, indem Sie meditieren, kraftvoll Vorsätze fassen und aus Ihrer Routine heraustreten, um neue Gedanken zu generieren.

Sie merken, dass Sie im Fluss sind, wenn Ihr Motivationspegel hoch ist und Sie sich zu kreativem Handeln inspiriert fühlen. Das Universum liebt es, wenn Sie in dieser Weise in Schwung sind, und hilft Ihnen mit kleinen Hinweisen auf die richtige Ausrichtung Ihrer Energie.

Sie lernen neue Menschen kennen, die Sie auf Ihrem Weg unterstützen. Außerdem ziehen Sie die erforderlichen Ressourcen und Ereignisse an, die sich direkt vor Ihren Augen entfalten. Am besten ist es, wenn Sie die neuen Gelegenheiten und Abenteuer, die das Leben Ihnen präsentiert, bejahend annehmen. Je besser Sie den Fluss in Gang halten können, desto erstaunlichere »Wunder« stellen sich ein und »beweisen« Ihnen, dass das Universum immer bereit ist, mit Ihnen zu spielen. Es wartet nur darauf, dass Sie mitmachen.

Liebes Universum,

mein Herz und mein Geist sind offen für den Fluss
unendlicher Weisheit und Möglichkeiten. Führe mich,
damit ich neue Möglichkeiten und Freunde anziehe,
unbekannte Orte kennenlerne und neue kreative Versuche starte.
Der Zustand des Flusses löst neue Motivation in mir aus. Mein
Leben entfaltet sich mühelos, kraftvoll, fröhlich und frei.
So sei es, und so ist es.

32 FOKUSSIERT

ES GIBT ZAHLLOSE Gelegenheiten im Leben, bei denen wir uns fokussieren müssen. Ob Sie nun gerade für ein Examen lernen, sich auf die Führerscheinprüfung vorbereiten oder ein Computerspiel spielen, bei dem Ihre Reaktionsgeschwindigkeit gefragt ist: Gute Fokussierung macht alles leichter. Andererseits erleben wir als Gesellschaft, dass Aufmerksamkeitsspannen kürzer und kürzer werden. Mit mehreren Aufgaben gleichzeitig zu jonglieren, ist tatsächlich gar nicht gut für unser Gehirn. Wenn Sie gerade Ihre Hausarbeit für Psychologie schreiben und dabei auf Spotify Musik hören und immer wieder durch ihre Mitteilungen bei Instagram scrollen, dann ist eine Fokussierung unmöglich.

Darauf kommt es an

IHRE ENERGIE FLIESST dorthin, worauf Sie Ihre Aufmerksamkeit richten. Worauf sind Sie fokussiert? Worauf richten Sie überwiegend Ihren Fokus? Gelingt es Ihnen, in einem Gespräch präsent zu sein, oder sind Sie leicht abgelenkt und haben Mühe damit, still zu sitzen und die Informationen aufzunehmen? Wenn Sie dazu in der Lage sind, Ihre Fähigkeit zur Fokussierung zu verbessern, dann ist Ihnen etwas wirklich Sinnvolles gelungen.

Falls Sie Schwierigkeiten damit haben, sich auf eine Sache zu konzentrieren, dann sollten Sie sich von Zucker und Kaffee beziehungsweise von gezuckertem Kaffee fernhalten. Außerdem sollten Sie das Universum um die Unterstützung und Führung bitten, die Sie brauchen, damit Sie auf dem richtigen Weg bleiben und Ihre Energie ohne Umwege auf die richtige Sache lenken.

Liebes Universum,

möge ich jetzt das Grundgerüst der Fokussierung verkörpern.
Möge ich die Aufgabe, vor der ich stehe, auf eine Weise vollenden,
die meine Fokussierung auf das stärkt, was ich erreichen will.
Möge ich meine Augen immer auf mein Ziel richten.
So sei es, und so ist es.

33 FREI

ES GIBT NICHTS Wichtigeres, als sich frei zu fühlen. Freiheit ist der süßeste Nektar für die Seele.

Ich kann mich noch gut daran erinnern, wie es sich anfühlte, als ich zehn Jahre häuslicher Gewalt hinter mir zurückließ. Zum ersten Mal lebte ich als Erwachsene in meiner eigenen Wohnung, bezahlte meine Rechnungen selbst, verdiente mein eigenes Geld und erzog die Kinder auf genau die Weise, die ich selbst für richtig hielt. Die bedrückende Atmosphäre hatte ein Ende. Meine Ängste waren weg. Ich war frei, endlich frei!

Meine Wohnung war alles andere als komfortabel. Es gab weder Heizung noch Klimaanlage. Ich besaß keinen Kühlschrank und keine Waschmaschine, also musste ich die Kleidung mit der Hand in der Badewanne waschen. Zum allerersten Mal – mit dreißig Jahren! – konnte ich meine eigenen Entscheidungen treffen. Mir standen weniger als 15 Dollar pro Tag zur Verfügung, aber auch ohne Geld kam ich mir vor wie der reichste Mensch der Welt.

Darauf kommt es an

EIGENSTÄNDIG ZU SEIN ist das Beste an der Freiheit.

Stellen Sie sich vor, Sie wären ein Vogel am Himmel. Sie fliegen hoch oben über den Menschen, den Bäumen, den Belanglosigkeiten des Alltags. Bewahren Sie sich dieses Gefühl von Freiheit wie einen Schnappschuss, den Sie in der Meditation hervorholen.

Liebes Universum,

mein Körper, mein Geist und meine Seele sind frei.
Diese wunderbare Freiheit manifestiert sich auf mannigfaltige Weise
im Verlauf meines Lebens. Meine Freiheit gestattet es mir,
mein Leben im vollen Ausdruck der Schönheit zu führen.
Ich bin dankbar dafür, dass ich die Lasten der Vergangenheit
ablegen und in eine Zukunft voller unvorhersehbarer
Abenteuer treten darf.
So sei es, und so ist es.

34 FREUDIG

VOLL FREUDE ZU sein, ist einer der lebendigsten und schönsten Flow-Zustände, die man haben kann. Wenn die Energie der Freude Sie mit ganzer Kraft erfasst hat, dann sind Sie vollständig im gegenwärtigen Augenblick präsent. Das Universum fließt in Ihnen, und das Bewusstsein der Menschlichkeit breitet sich mit jedem zusätzlichen Augenblick der Wertschätzung tiefer in Ihnen aus. Die Lebenskraft der Freude ist eine mächtige Währung im Schaffensprozess. Sie ist beglückend, spielerisch, frisch und ausgelassen. Sie betrachten die Sonnenseite des Lebens und das Gute, das auch jedes Unglück noch hat.

Darauf kommt es an

VOR ALLEM WOLLEN Sie jeden Tag einen freudigen Zustand erreichen, damit Ihr Leben im Hier und Jetzt einen Sinn hat.

Falls Sie mehr Freude in Ihrem Leben manifestieren möchten, dann halten Sie täglich nach wenigstens drei Dingen Ausschau, die Sie wertschätzen können. Außerdem ist eine Playlist mit Musik hilfreich, zu der Sie tanzen können. Freude kommt leicht in Gang, wenn Sie Ihren Körper bewegen, Ihrem Kopf eine Auszeit gönnen und Ihrem Herzen die Führung überlassen. Vergessen Sie nicht, sich mit Dingen zu umgeben, die Sie erfreuen. Wenn irgendwelche Dinge Ihnen nichts mehr geben, dann schenken Sie sie jemandem, dem sie besser gefallen als Ihnen.

Am leichtesten kann man Freude auslösen, indem man sich einem vollkommen Fremden gegenüber liebenswürdig zeigt. Es gibt kaum etwas Magischeres als den unerwarteten Gefallen, für den man keine Gegenleistung erwartet. Probieren Sie es aus, finden Sie es selbst heraus! Freundlichkeit löst immer Freude aus.

Liebes Universum,

ich bin fest verbunden mit dem Fluss der Freude in meinem Leben. Ich bin vollkommen offen dafür, dass sich mehr Spaß und Aufregung in meiner Wirklichkeit manifestieren, die ich zutiefst wertschätze und für die ich zutiefst dankbar bin. Mögen meine Freude und Freundlichkeit auch in anderen Menschen Freude und Freundlichkeit inspirieren.
So sei es, und so ist es.

35 FRIEDLICH

ES IST WICHTIG, im eigenen Leben Platz zu schaffen für den Frieden. Ein Leben des Wohlergehens, der Liebe und Freude ist nur mit Frieden möglich. Gelingt es Ihnen, mitten im Sturm ruhig, still und gefasst zu bleiben und Zugang zu einem friedlichen Raum in Ihrem Herzen zu finden, dann haben Sie eine der wichtigsten Lektionen unseres irdischen Daseins gemeistert.

Darauf kommt es an

INNERER FRIEDEN IST ein äußerst bedeutsamer Zustand. Es ist außerordentlich wichtig, Stress zu verringern und regelmäßig Entspannung in Ihrem Alltag zu suchen. Stress ist für viele Menschen ein verstecktes Gesundheitsrisiko. Indem Sie jedoch Ihr Bewusstsein auf Ihre Macht lenken, Frieden zu manifestieren, erhöhen Sie Ihr Glück und Ihr Wohlergehen. Außerdem haben Sie die Freiheit, selbst wählen zu dürfen, was Sie friedlich stimmt und entspannt. Es könnte ein Spaziergang im Park sein, eine Meditation, eine Sendung im Fernsehen oder die Zubereitung eines guten Essens. Innerer Frieden eröffnet sich Ihnen, sobald Sie innehalten und sich an Ihre Macht erinnern, Ihre Energie und Ihre Emotionen zu lenken.

Jeder Augenblick, in dem Sie mit dem Universum verbunden sind, wird Ihnen Frieden schenken.

Liebes Universum,

möge immer Frieden herrschen und sich als der Weg
des geringsten Widerstands erweisen. Mögen mein Handeln
und meine Worte um des Friedens willen ihren Ursprung immer
in einem Raum des Mitgefühls haben.
So sei es, und so ist es.

36 FRÖHLICH

NORMAS AUFGABE WAR es, im Red Rock Casino von Las Vegas die Waschräume zu reinigen. Wie man sich leicht vorstellen kann, gab es freitags und samstags einen Zustrom von Betrunkenen mit den dazugehörigen Missgeschicken, die zusätzliches Aufwischen erforderlich machten. Norma sollte dafür sorgen, dass die Waschräume jederzeit tipptopp waren. Frauen kamen in den Waschraum gewankt, ohne Norma oder ihr Tun zu bemerken – egal, ob sie gerade die Handtuchspender nachfüllte, Seife auslegte oder die Mülleimer leerte. Falls aber doch einmal eine von ihnen Blickkontakt mit Norma suchte, dann kam sie in den Genuss des wärmsten, dankbarsten und fröhlichsten Lächelns.

Auch in der unfreundlichsten Umgebung haben Sie immer die Möglichkeit, sich für eine fröhliche Ausstrahlung zu entscheiden.

Norma war so dankbar dafür, diese Arbeit tun zu dürfen, dass sie immer fröhlich war. Sie hatte fünf Jahre lang in der Innenstadt von Las Vegas in einem Zelt gelebt. In dieser Zeit war sie mehrmals angegriffen worden, hatte eine Lungenentzündung überlebt, war in der Sommerhitze fast verdurstet, hatte die Verbindung zu ihren Kindern verloren und sich kaum vorstellen können, dass sie jemals wieder zu stabilen finanziellen Verhältnissen zurückfinden würde. Dann bewarb sie sich eines Tages um einen Job, den sie in einer örtlichen Zeitung gesehen hatte, und entschloss sich, mit einer fröhlichen Einstellung und der Bereitschaft anzutreten, die Ärmel aufzukrempeln und hart zu arbeiten. Ihr neu gefundenes Ziel war es, die Waschräume im Red Rock Casino blitzsauber zu halten.

Norma manifestierte den Job, und sie war unendlich dankbar für die Chance, wieder auf die Füße zu kommen, und für die Gelegenheit, sich nützlich zu machen.

Darauf kommt es an

WENN SIE SICH mit dieser Geschichte beschäftigen, dann fragen Sie sich bitte, wie Sie einen gut gelaunten Austausch mit einer Person hinbekommen können, bei der Sie sich normalerweise keine Zeit zum Innehalten nehmen und die sie sonst nicht wahrnehmen und würdigen. Bitte lächeln Sie, und begrüßen Sie die Person freundlich, die die Toiletten säubert, Ihre Einkäufe einscannt oder Ihre Pakete ausliefert. Ihre Freundlichkeit bewirkt Fröhlichkeit und wird weitergegeben.

> *Liebes Universum,*
>
> gestatte es mir, fröhlich zu sein, ganz egal,
> wie schwer mir das Leben zusetzt. Ich weiß, dass diese Energie
> ansteckend ist und alle Menschen miteinander verbindet.
> Mit Fröhlichkeit kann man viel erreichen, und sie macht uns bewusst,
> welches Glück wir haben, dass wir jetzt leben.
> *So sei es, und so ist es.*

37 GANZ

SIE HABEN HIER und jetzt alles, was Sie brauchen. Sie sind genug. Sie sind vollständig. Sie werden sich immer auf einer wunderbaren Reise der Liebe, des Lichts und des Wachstums befinden.

Darauf kommt es an

SIE SIND UND werden immer die wahre Verkörperung von Ganzsein und die Manifestation echten Engagements und wahren Friedens sein.

Falls Sie meinen, dass Ihnen etwas fehlt oder dass Sie von irgendetwas mehr brauchen, dann bedenken Sie, dass Sie sich intuitiv danach sehnen, sich auszudehnen. Es ist nicht etwa das Universum, das Sie wissen lässt, dass Sie nicht vollständig sind, denn Sie sind sehr wohl vollständig und waren es schon immer.

Unsere heutige Gesellschaft scheint es sich – mit Unterstützung der Medien – zur Aufgabe gemacht zu haben, uns ständig vorzugaukeln, dass wir nicht gut genug sind. Das ist nebenbei auch ein gutes Geschäft, denn wir kaufen Dinge, um uns vollständig zu fühlen. Wenn es Ihnen jedoch gelingt, sich Achtsamkeit zu eigen zu machen, dann schaffen Sie den Ausstieg aus der verrückten Tretmühle einschränkender Überzeugungen und stecken nicht mehr länger in diesem ungesunden Zyklus fest.

Sie gehören zur Ganzheit der Wirklichkeit, des Universums, jeglicher Existenz. Sie sind Bestandteil all dessen, was ist und was seit Anbeginn der Zeit war. Machen Sie die Aussage, dass Sie genug, würdig und ganz sind, zu einem Bestandteil Ihrer täglichen Affirmationen. Sie sind mit Ihren Unvollkommenheiten vollständig – so wie wir alle. Sie sind in Ihrer Gegenwärtigkeit vollkommen.

Das kollektive Bewusstsein des Universums weiß Ihre Anwesenheit hier zutiefst zu schätzen.

Liebes Universum,

ich danke dir dafür, dass ich das energetische Feld
der Möglichkeiten in seiner Ganzheit wahrnehmen kann.
Möge ich mich immer als ganz und vollständig empfinden.
Möge ich mich in Augenblicken, in denen ich mich ein wenig leer
fühle, daran erinnern, dass ich ein stolzer Repräsentant,
eine Manifestation und die Energie deines Bewusstseins bin.
So sei es, und so ist es.

38 GEDEIHEND

WENN SIE DAS Gefühl haben zu gedeihen, dann ziehen Sie Ihre gegenwärtige Situation und weiteres Gedeihen in Ihre Wirklichkeit.

Darauf kommt es an

JE BESSER SIE sich auf den vollen Fluss der Fülle des Lebens einlassen können, desto gedeihlicher wird Ihr Leben sein.

Das eigene Leben als gedeihend zu empfinden, kann äußerst subjektiv sein. Als ich alleinerziehende Mutter war und unterhalb der Armutsgrenze lebte, fühlte ich mich jedes Mal reich, wenn der Scheck von der Fürsorge auf meinem Konto gutgeschrieben wurde, und war überglücklich, weil ich zwei weitere Wochen überstanden hatte. Wirkliches Gedeihen gelingt, wenn man die Dankbarkeit für das, was sich im eigenen Leben zeigt, in seiner Essenz auf den Punkt bringt.

Im Jahr 2010 hatten Sean und ich einen Mentor, über dessen Schreibtisch Verträge im Wert von über einer Milliarde Dollar gelaufen waren. In der Nachbarschaft hieß es, dass er davon kaum noch hundert Millionen übrig habe und sich nun fürchte, bald am Hungertuch zu nagen. Für »normale« Menschen hören sich solche Ängste vollkommen lächerlich an. Doch es ist eine Frage der Perspektive und davon abhängig, ob man sich die Geisteshaltung der Fülle oder des Mangels auf die eigene Fahne schreibt.

Manche von uns haben Schuldgefühle, weil sie sich ein gedeihliches Leben für sich selbst wünschen. Auf diese Weise aber halten wir die Energie möglichen Gedeihens von uns fern und damit auch die Wahrscheinlichkeit, Gedeihen zum eigenen Wohl und zum Wohl anderer in unserem Leben zu manifestieren. Meine Schüler in meiner Manifesting Academy erinnere ich immer daran, dass Geld nichts anderes ist als Energie. Es ist wie ein Geschäftsvorgang, bei dem die eine Energieform (Geld) gegen eine andere (Bewusstsein) getauscht wird. Je wohlhabender Sie sich fühlen, desto mehr Fülle laden Sie in Ihr Leben ein und desto mehr Freiheit erlangen Sie letztendlich.

Liebes Universum,

der Energie all dessen, was ist, erkläre ich feierlich,
dass ich gedeihe. Meine Geisteshaltung ist auf Fülle fokussiert,
und ich glaube daran, dass die Fülle für alle reicht. Ich gestatte es
mir voll und ganz, ein finanziell unabhängiges Leben zu führen,
in dem meine Seele mit Sinn und Zuwendung genährt wird. Führe mich
auf den Weg inspirierter Ideen, die ich erforschen kann.
So sei es, und so ist es.

39 GEERDET

DAS LEBEN WIRD Sie zu vielen wunderbaren und magischen Abenteuern führen. Sie werden die höchsten Höhen und die tiefsten Tiefen erleben, denn so ist diese aufregende Reise angelegt. Doch kommt es dabei darauf an, die Bodenhaftung nicht zu verlieren – das sichere Gefühl, dass Ihre Füße fest auf dem Boden stehen und Sie sich in Ihrer eigenen Mitte befinden. Manchmal lässt man sich von den Elfen in den Himmel tragen oder steckt den Kopf in die Wolken. Es macht ohne Zweifel Spaß, sich von der Magie entführen zu lassen. Doch sollten Sie sich immer ein Gefühl von Erdung bewahren, insbesondere dann, wenn es Ihre Absicht ist, mit Ihrer Reise Ihre eigene Wirklichkeit zu erschaffen.

Darauf kommt es an

GEERDET ZU SEIN, hilft Ihnen dabei, ausgehend von einer Grundhaltung der Offenheit, Bereitschaft und Transformation Entscheidungen zu treffen.

Wenn Sie Ihrer Energie keine Zügel anlegen und sich nicht die Zeit nehmen, ruhig und zentriert in Ihrem Körper zu sein, dann könnte sehr wohl die Hölle ausbrechen. Je höher Sie steigen, desto tiefer fallen Sie. Erdung ist entscheidend, wenn es Ihr Ziel ist, Ihre Energie wirkungsvoll einzusetzen.

Es gibt zahlreiche kraftvolle und kreative Formen der Erdung. Sie können Yoga ausprobieren, Atemübungen, achtsames und gesundes Essen, Meditation oder auch einfach nur täglich eine Zeit lang mit darauf ausgerichtetem Bewusstsein barfuß im Sand oder im Gras stehen. Fragen Sie sich, was Ihnen helfen würde, sich im gegenwärtigen Augenblick zu erden und Ihre Energie unter Kontrolle zu halten.

> *Liebes Universum,*
>
> möge ich in diesem geschenkten gegenwärtigen
> Augenblick geerdet sein. Ich bin mir der in mir und meinem Körper
> gespeicherten Energie bewusst und suche nach Gleichgewicht
> und Harmonie, damit ich inspiriert und geführt
> auf meinem Weg vorangehen kann.
> So sei es, und so ist es.

40 GEFÜHRT

WENN SIE SICH vom Universum geführt und still getragen fühlen, dann wird Ihr Leben zu einem wilden und aufregenden Abenteuer. Führung in Form von Intuition, Träumen, Eingebungen oder Ratschlägen durch einen guten Freund oder Mentor ist unglaublich wichtig. Sie sollten sich aber daran erinnern, dass allein Sie entscheiden, welchen Weg Sie wählen, und dass niemand Ihnen vorschreiben darf, welche Wahl Sie treffen. Die Führung, die Sie erhalten, besteht lediglich aus Vorschlägen, auf deren Basis Sie Ihre eigenen Entscheidungen treffen können. Sie und nur Sie allein entscheiden, ob Sie einem Rat folgen und ihm damit Sinn verleihen.

Darauf kommt es an

WENN SIE MIT offenem Herzen Orientierung suchen, dann reagiert das Universum, indem es Ihnen »göttliche Winke« schickt, die Ihnen bestätigen, dass Sie auf dem richtigen Weg sind.

Sinnvoll kann es außerdem sein, Ihren Frageprozess unter die Lupe zu nehmen. Wenn Sie Hinweise und Führung durch das Universum empfangen möchten, dann müssen Sie fragen. Platzieren Sie Ihre Intention in der Welt, und sehen Sie zu, wie Ihre Wirklichkeit die Mitteilungen Ihres höheren Selbst und des Universums zu Ihnen zurückspiegelt.

Nehmen Sie sich Ihr Tagebuch und schreiben Sie auf, welche Zeichen Ihnen das Universum schickt. Es könnte sich um Zahlen, Rosen, Regenbogen, eine bestimmte Melodie, Schmetterlinge, ein Symbol handeln – um alles, was für Sie persönlich eine Bedeutung hat. Führen Sie Buch darüber, wie Sie sich bei jedem eintreffenden Zeichen fühlen, und vergessen Sie dabei auch nicht das Datum.

Indem Sie Führung akzeptieren, lernen Sie, darauf zu vertrauen, dass sich alles genau so entfaltet, wie es vorgesehen ist.

Liebes Universum,

ich bin offen, um Führung und Weisheit zu empfangen.
Ich bin dazu bereit, Orientierungshilfen in meinem Leben
wahrzunehmen und mich daran erinnern zu lassen, dass ich
auf dem richtigen Weg inspirierten Handelns bin.
So sei es, und so ist es.

41 GEHEILT

WIR ALLE WERDEN mit der Macht geboren, uns selbst zu heilen – sowohl emotional als auch physisch. Ihr Körper wurde durch das Universum geschaffen, um Wohlergehen und Gleichgewicht aufrechtzuerhalten. Heilung ist Ihre natürliche Begabung. Täglich und jederzeit regenerieren und produzieren Sie Milliarden Zellen. Heilung beinhaltet, sich über einschränkende Überzeugungen hinwegzusetzen und sich bewusst zu machen, dass alles möglich ist. Die Suche nach Heilung ist eine geheiligte Mission. Für viele entwickelt sie sich zu einer kraftvollen spirituellen Suche nach sich selbst.

Darauf kommt es an

JEDE KRANKHEIT IST eine Aufforderung, sich auf die eigene Macht zu besinnen und sich in Gedanken, Emotionen und Handlungen für Heilung und damit für den Weg des Wohlergehens zu entscheiden.

Um Heilung zu erfahren, müssen Sie sich auf die Macht Ihres Herzens einstimmen, sich mit Affirmationen stärken und sich die Unterstützung suchen, die Sie brauchen, um zu gedeihen.

Auch Visualisierungen sind ein äußerst wirkungsvolles Mittel im Heilungsprozess.

Schließen Sie für einen Moment die Augen, und stellen Sie sich vor, dass Sie in lebhaftem rosa-goldenem Licht baden. Das Licht durchströmt Ihren Geist und heilt Ihre Organe, Ihre Zellen, Ihr Blut und Ihre Knochen. Das Licht durchdringt Ihren Geist und heilt Ihre Emotionen. Es dringt in Ihren Körper ein und heilt Organe, Zellen, Blut und Knochen. Es erfüllt Ihr Herz und Ihr gesamtes Sein mit der lebendigen Energie von Gesundheit und Wohlergehen. Sehen Sie die Bilder täglich vor Ihrem inneren Auge und beobachten Sie Ihre Empfindungen dabei.

Liebes Universum,

ich bin unglaublich dankbar für die Gesundheit
und das Wohlergehen, die ich in meiner Wirklichkeit erlebe.
Ich danke dir dafür, dass du mich an Körper, Geist und Seele heilst.
Ich habe die Macht, um jedes Mal für die Worte, die ich spreche,
die Gefühle, die ich empfinde, und die Nahrung, die ich
meinem Körper zuführe, eine gute Wahl zu treffen.
So sei es, und so ist es.

42 GELASSEN

GELASSENHEIT IST DIE Ruhe nach dem Sturm. Sie ist diese magische Beschaulichkeit, die sich anfühlt, als würde man mit seinem ganzen Sein zum ersten Mal seit Langem eine wohlverdiente Pause einlegen.

Darauf kommt es an

GELASSENHEIT IST WERTVOLL für das eigene Wohlergehen. Je besser Sie sich auf Gelassenheit einstimmen können, desto leichter gelingt es Ihnen, in Körper, Geist und Seele Harmonie zu schaffen.

Im Jahr 2014 hatte ich nacheinander fünf Fehlgeburten. Wir lebten in Melbourne/Australien, und mir war klar, dass ich mich um Gelassenheit bemühen musste. Sonst würde ich einen Nervenzusammenbruch erleiden, von dem ich mich vielleicht nie wieder erholen würde. Mein Mann Sean, meine beiden älteren Kinder und ich entschieden uns, zurück an die Küste nach Noosa zu ziehen. Dort hatte ich gelebt, als ich mich ein paar Jahre zuvor in Sean verliebt hatte. Ich war dorthin gezogen, um meine Seele nach der Trennung von Max neu einzustellen, und ich war mir der magischen Heilkraft eines Lebens an der Küste bewusst.

Das Haus, das wir mieteten, klebte an einem Felsvorsprung mit Blick über den Ozean. Ich hatte mein Schlafzimmer im obersten Stock, und bei offenem Fenster konnte ich nachts die tosenden Wellen des Ozeans hören. Das Haus und seine Lage

waren ein Segen und schenkten mir viel Gelassenheit. Oft sahen wir Wale, Delfine und einzigartige Regenbögen. Die beruhigende Nähe zum Wasser sorgte dafür, dass mein Herz rasch heilen konnte. Innerhalb von zwei Wochen nach unserem Umzug wurde ich mit meiner Tochter Lulu schwanger. Ich hatte nichts anderes tun müssen, als zu wissen, wo ich Gelassenheit finden würde.

> *Liebes Universum,*
>
> offenbare mir den idealen Ort, um im Äußeren Gelassenheit zu finden, damit ich sie im Inneren empfinden kann.
> Ich lasse es mit meinem ganzen Sein zu, dass sich die Energie von Friedlichkeit und Stille in meiner Wirklichkeit manifestiert.
> So sei es, und so ist es.

43 GELIEBT

WAS BEWIRKT, DASS Sie sich geliebt fühlen? Wenn Sie sich geliebt fühlen, dann kommt Ihnen die ganze Welt irgendwie freundlicher vor, und Sie fühlen sich nicht so allein.

Darauf kommt es an

DAS UNIVERSUM VERGÖTTERT Sie als den Menschen, der Sie jetzt sind und der zu werden Sie im Begriff sind. Sie werden geliebt und geschätzt.

Liebe annehmen zu können, ist lebenswichtig. Wenn Sie eine zwischenmenschliche Beziehung, welcher Art auch immer, eingehen, dann entsteht ein gegenseitiges Unterstützungssystem. Es muss gepflegt und ins Gleichgewicht gebracht werden und setzt das sinnliche Bewusstsein dafür voraus, wann Probleme einfach gelöst werden müssen oder wann reine, bedingungslose Unterstützung notwendig ist.

Sich geliebt zu fühlen, bedeutet außerdem, dass Sie mit der Sprache der Liebe angesprochen werden, die Sie sich wünschen und die Sie erreicht. Ich zum Beispiel finde Blumen einfach wunderbar. An unserem achten Kennenlerntag überraschte mich mein Seelengefährte Sean mit zwei Rosensträußen und mit einer Orchidee im Topf. Ja, er kauft alle paar Wochen eine neue Orchidee für mich, weil er weiß, dass ich mich dann geliebt fühle. Außerdem fühle ich mich geliebt, wenn er mir Kaffee kocht oder mir morgens sagt, dass ich schön aussehe, auch wenn meine Haare mehr einem Vogelnest gleichen.

Deshalb ist es so wichtig, sich zu fragen, wie man dafür sorgen kann, dass sich jemand, der einem am Herzen liegt, geliebt fühlt. Was können Sie tun, damit diese Person sich unterstützt fühlt? Wie können Sie eine Verbindung auf einer tieferen Ebene herstellen?

Außerdem ist es mir wichtig, bei meinen Kindern täglich darauf zu achten, dass sie spüren, wie sehr sie geliebt werden. Es gibt keinen Tag, an dem ich sie nicht umarme oder küsse oder ihnen dafür danke, dass sie in meinem Leben sind. Das

Universum lebt durch uns in der Art, wie wir geliebt werden und lieben. Durch Liebe wird das Bewusstsein des Planeten erweitert. Liebe ist der metaphysische Sauerstoff, der die Menschheit atmen lässt.

> ## Liebes Universum,
>
> ich werde unendlich geliebt. Jede Zelle meines Seins singt,
> wenn ich eine Geste der Liebe entgegennehme.
> Auch ich selbst liebe und akzeptiere mich genau so, wie ich bin.
> Ich bin würdig, Liebe zu geben und zu empfangen.
> So sei es, und so ist es.

44 GESCHÄTZT

WOLLEN SIE DIE Energie manifestieren, sich geschätzt zu fühlen, dann müssen Sie zunächst Ihren Mitmenschen Ihre Wertschätzung zeigen. Bei unserer Tochter Lulu Dawn, vor der ich fünf Fehlgeburten hatte, gehen wir davon aus, dass es jedes Mal die gleiche Seele war, die zu uns kommen wollte. Jeden einzelnen Tag sagen Sean und ich zu Lulu: »Vielen Dank, dass du hier bist.« Lulu empfindet auf die gleiche Weise, und sie weiß, wie sehr wir es zu schätzen wissen, dass sie die Reise zu uns trotz der schwierigen Umstände angetreten hat.

Darauf kommt es an

ES IST SEHR wichtig, von den Menschen, die man liebt, Wertschätzung zu erfahren. Sie müssen Ihr Herz öffnen und Raum in Ihrem Leben schaffen, damit andere Sie spüren lassen können, dass Sie besonders sind.

Als meine Schwester und ich noch Kinder waren, kam meine Großmutter Mollie mindestens einmal im Jahr von Neuseeland nach Australien, um Zeit mit uns zu verbringen. Auf dem Weg vom Flughafen zu uns nach Hause saß Oma in unserem Auto auf dem Rücksitz zwischen uns. Sie war schon fast achtzig Jahre alt und hatte weiche, runzelige Hände, die sich anfühlten, als hätten sie viel gelebt und für viele Menschen gesorgt. Sie drückte meine Hand und hielt sie so fest, weil sie sich so sehr freute, uns zu sehen. Oma strahlte vor Glück über ihr Zusammensein mit ihren Enkelinnen.

Holen Sie Ihr Tagebuch heraus und schreiben Sie auf, wie Sie im Laufe Ihres Lebens – im Kleinen wie im Großen – Wertschätzung erfahren haben. Und dann machen Sie es zu Ihrer Mission, dass andere von Ihnen auf die gleiche Weise Wertschätzung empfangen, und geben Sie ihnen etwas, woran sie sich gerne erinnern.

Liebes Universum,

ich empfange in meinem Leben so viel Wertschätzung.
Ich bin im Begriff, für andere die gleiche Wertschätzung zu manifestieren.
Vielen Dank dafür, dass du mich auf dieser Reise begleitest,
und dafür, dass ich mir dessen bewusst bin,
welche Kraft es mir gibt, mich geliebt zu fühlen.
So sei es, und so ist es.

45 GLÜCK HABEND

MAN KÖNNTE DURCHAUS behaupten, dass es so etwas wie Glück gar nicht gibt, dass wir unser Schicksal selbst bewirken und lediglich einen geheiligten Vertrag ausleben, auf den wir uns vor unserer Geburt mit der Hilfe des Universums festgelegt haben. Ich bin davon überzeugt, dass das Schicksal von Natur aus veränderbar ist. Es verändert sich, wechselt die Richtung und ordnet sich neu, abhängig davon, wie Emotionen gelenkt werden.

Darauf kommt es an

GLÜCK UND ERFOLG sind einfach nur die Energie freigesetzter Fülle und das Bewusstsein, dass ein manifestiertes Ereignis günstig orchestriert wurde.

Eines Abends kamen Sean und ich in Las Vegas aus einem chinesischen Restaurant, wollten uns ins Auto setzen und nach Hause fahren. Plötzlich hörten wir aggressive Stimmen hinter einem Bauzaun, die uns übel beschimpften. Es war eine Gruppe Halbstarker. Ich setzte mich rasch ins Auto, und Sean ging um das Fahrzeug herum, um auf dem Fahrersitz Platz zu nehmen. Dann hörten wir einen Knall, der uns wie ein Schuss vorkam.

Die Jugendlichen hatten Sean über den Zaun hinweg mit einem Ziegelstein beworfen. Er flog nur ein paar Zentimeter an seinem Kopf vorbei. Hätte er ihn getroffen, der Aufprall hätte ihn vermutlich sofort getötet. Stattdessen zerschmetterte der Ziegelstein das Rücklicht unseres Autos. Können Sie sich vorstellen, wie ich mich in diesem Augenblick gefühlt habe? Wir hatten so ein Glück gehabt! Ich war glücklich, dass das Universum Seans Kopf und den Ziegelstein nicht hatte aufeinandertreffen lassen. Doch handelt es sich um Glück oder um göttliches Eingreifen? Man könnte wohl ebenso gut versuchen, die Frage zu beantworten, wer zuerst da war, das Huhn oder das Ei.

Glück und göttliches Eingreifen sind ein und dasselbe – die Essenz von Gnade. Augenblicke des Glücks erinnern uns daran, dass alles möglich ist.

Liebes Universum,

ab sofort ziehe ich das Glück in jeden Bereich meiner Wirklichkeit.
Ich danke dir dafür, dass ich mich auf den energetischen
Fluss grenzenloser Möglichkeiten einstimmen darf.
Ich bin dankbar für die Segnungen und die
günstigen Umstände in meinem Leben.
So sei es, und so ist es.

46 GLÜCKLICH

FALLS SIE DAS Empfinden von Glück in Ihrer gegenwärtigen Wirklichkeit manifestieren wollen, dann ist das einfach eine Entscheidung, die Sie im gegenwärtigen Augenblick treffen. Glück ist kein Ziel in der Zukunft, und es ist hundertprozentig Ihre Wahl, ob Sie jetzt für sich Glück schaffen.

Darauf kommt es an

SIE WERDEN NICHT erst dann glücklich sein, wenn Sie abgenommen, Ihren Seelengefährten kennengelernt oder eine Million Euro manifestiert haben. Seien Sie jetzt glücklich. Die Freude liegt in der Reise.

Viel zu oft machen wir andere für das verantwortlich, was wir empfinden. Wir geben anderen die Verantwortung für unser Glück. Gedanken wie »Du machst mich glücklich« oder »Du machst mich unglücklich« sind sinnlos, weil Sie damit die Entscheidung über Ihr Leben anderen Menschen in die Hände legen, die eine solche Macht über Sie gar nicht haben sollten. Holen Sie sich die Entscheidungsgewalt über Ihr Leben zurück!

Ihre Aufgabe ist es, sich auf die Dinge einzulassen, die Ihnen Freude bringen, ganz egal, welcher Art sie sind. Dabei finden Sie wahres Glück. Umgeben Sie sich mit den Menschen, suchen Sie die Orte auf, und machen Sie die Erfahrungen, die Sie von innen heraus strahlen lassen.

Rufen Sie die Magie des Universums herbei, damit sie Ihnen hilft, das Glück tief in Ihrem Inneren anzufachen.

Liebes Universum,

ich danke dir für diesen Augenblick des Glücks.
Ich weiß, dass ich meine Energie zurückführen kann
in einen Zustand der Freude und der Wertschätzung,
wann immer ich mich dazu aufgefordert fühle. Ich befreie
nun meine Mitmenschen von der Last, für meine Gefühle
verantwortlich zu sein, und beanspruche meine Macht zurück,
selbst in jedem köstlichen Augenblick des Lebens
nach meinem Glück zu suchen.
So sei es, und so ist es.

47 GÖTTLICH

WIR ALLE SIND göttliche Wesen. Möglicherweise ist uns unsere Macht nicht permanent bewusst, aber das ändert nichts an den Tatsachen. Wir alle wurden aus dem gleichen magischen Sternenstaub gemacht. Uns daran zu erinnern, dass wir göttlich sind, heißt zu wissen, dass wir alle miteinander verbunden und Bestandteile eines größeren Gebildes sind.

Darauf kommt es an

GÖTTLICHE ENERGIE DURCHSTRÖMT Sie unablässig in Form von Inspiration, Träumen, Eingebungen und Wissbegierde.

Ihr Bewusstsein göttlicher Energie hilft Ihnen, sich über Vorurteile zu erheben und daran zu erinnern, dass wir alle gemeinsam dieses große Abenteuer des Lebens zu bestehen haben. Mit dieser Einsicht geht der Vorbehalt einher, dass nichts und niemand jemals von der göttlichen Energie abgeschnitten wird.

Eines meiner Lieblingszitate lautet: Zeig mir, wo Gott nicht ist.

Das Universum ist im wahrsten Sinne des Wortes in allem: in allen Dingen, Menschen, Erfahrungen, Interaktionen, Emotionen, Gefühlen, Orten und Träumen. Sich der Tatsache bewusst zu werden, dass das Leben zu unseren Gunsten da ist und dass wir nicht seine Opfer sind, ist besonders wichtig.

> *Liebes Universum,*
>
> vielen Dank, dass du mich daran erinnerst,
> dass alles, was existiert, göttlich ist, und dass es zwischen mir
> und meinen Urteilen keine Trennung gibt. Möge diese Erkenntnis in
> meiner Seele Mitgefühl und Verständnis auf einer Ebene auslösen,
> die meine Mitmenschen dazu inspiriert, ihren eigenen
> göttlichen Ursprung zu erkennen.
> *So sei es, und so ist es.*

48 GRENZENLOS

SIE SIND EIN grenzenloses Wesen. Wir alle bestehen aus dem gleichen Stoff des Einsseins. Ein Beispiel: Nachdem meine Tochter Lulu mit Kaiserschnitt zur Welt gekommen war, musste der Schnitt genäht werden. Doch die Narkose hörte auf, zu wirken, und ich konnte alles spüren. Ich spürte die Luft in meinem offenen Bauch; es war eine Qual. »Ich kann das spüren! Ich kann das spüren!«, rief ich panisch. Was gerade noch ein Wunder gewesen war, verwandelte sich innerhalb von Minuten in einen Horrorfilm.

Als Letztes hatte ich das Gefühl dahinzutreiben, ohne zu schlafen. Ich nahm wahr, dass ich irgendwo anders war, hoch oben, über allem und zugleich Teil von allem, so, als wäre ich in einem anderen Stockwerk des Krankenhauses, von wo aus ich alle Vorgänge zugleich beobachten konnte.

Der Schmerz ließ nach. Alles war irgendwie rosa. Ich befand mich in einem breiten Gang mit Türen und angrenzenden Räumen. Hinter jeder Tür konnte ich zeitgleich unterschiedliche Szenen beobachten. Ich sah Sean, wie er bei Lulu saß, ich sah, wie mein Körper zugenäht wurde, ich sah die Krankenschwestern und Thomas und Olivia, ich fühlte mich wie eins mit Lulu, und ich blickte aus ihrer neuen Perspektive hinaus in die Welt. Es fühlte sich an, als flöge ich in diesem Gang umher, in diesem merkwürdigen Reich, und ich war mir unsicher, wie ich zu mir selbst zurückfinden sollte, zu meinem Bewusstsein. Ich fühlte mich grenzenlos.

Plötzlich wurde mir klar, dass ich keine Kontrolle mehr über mein Aufwachen hatte, und ich fand das ein wenig beängstigend. Mir gefiel der Ort, an dem ich war. Es war friedlich. Doch je friedlicher ich wurde, desto weiter trat meine Erinnerung an mich selbst und an meinen Daseinszweck zurück.

Ich weiß noch genau, dass ich mich fragte: »Bin ich tot? Wer bin ich?«

Ich konnte mich nicht mehr daran erinnern, wer ich war. Dann hörte ich eine Stimme, die die Namen meiner Kinder sagte. Es war nicht meine Stimme, und sie klang undeutlich. Aber sie war wie ein Anker der Liebe, der mich zu mir selbst zurückkehren ließ. Um 19.11 Uhr erwachte ich, nach einem verrückten Abenteuer im Unendlichen wieder in meinen Körper zurückgekehrt.

Darauf kommt es an

WIR LEBEN IN einer Welt unendlicher Möglichkeiten, und die jenseitige Welt ist die reinste Essenz unendlicher und bedingungsloser Liebe. Wir sind viel mehr als unsere physische Wirklichkeit.

> ## Liebes Universum,
>
> führe mich, damit ich mich an mein wahres,
> unendliches Wesen erinnere. Möge ich die grenzenlose und
> alles durchdringende Energie in meinem Herzen spüren.
> Möge Liebe mein Kanal sein, der mich mit der Welt verbindet.
> So sei es, und so ist es.

49 GROSSARTIG

STIMMEN SIE SICH ein auf die Energie Ihrer eigenen Großartigkeit – wir alle tragen sie in uns. Sie haben Zugang zu grenzenloser Weisheit und Führung. Sie müssen nur Vertrauen aufbringen und sich daran erinnern, dass Sie zu allem fähig sind, was Sie sich in den Kopf setzen und was Sie in Ihrem Herzen tragen. Denken Sie darüber einen Moment lang nach. Wie konnte Beethoven so überragende Musik komponieren, obwohl er doch taub war? Wie gelang es Frida Kahlo, sich ausreichend von ihrem fast tödlichen Unfall zu erholen und dann weiterhin so außergewöhnliche Kunstwerke zu schaffen? Wie war es möglich, dass J.K. Rowling so oft abgewiesen wurde, um dann letztlich dennoch mit ihrer Romanfigur Harry Potter in aller Munde zu sein? Menschen, die Großes erreichen, glauben an ihre eigene Großartigkeit. Dazu ist keine marktschreierische Selbstbeweihräucherung erforderlich, es bedarf lediglich eines winzigen Funkens der Inspiration, den Sie in Ihrem Herzen tragen und der Sie daran erinnert, dass Sie würdig sind, Erfolg zu haben.

Darauf kommt es an

IDEEN, DIE DAS Leben verändern, sind oft solche, die vom Universum »empfangen« oder »heruntergeladen« wurden.

Seien Sie offen, um Ihre Großartigkeit zu manifestieren, indem Sie auf Ihre Träume achten, Ihre Intuition kultivieren und darauf vertrauen, dass sich die richtigen Umstände, die Ihre Intentionen unterstützen, früher oder später einstellen werden.

Es folgt eine Meditation, mit der Sie die Essenz Ihrer Großartigkeit hervorholen können.

Liebes Universum,

öffne mein Herz und meinen Geist,
damit ich die Kernessenz meiner einzigartigen Großartigkeit
empfangen kann. Möge sie sich klar, detailgenau und
in Schritten manifestieren, die mich inspiriert handeln lassen,
wenn die Zeit gekommen ist.
So sei es, und so ist es.

50 GROSSZÜGIG

DER BUDDHA SAGT, dass ein wahres spirituelles Leben ohne ein großzügiges Herz nicht möglich ist. Großzügigkeit geht Hand in Hand mit einer inneren Einstellung der Fülle – es ist genug von allem da, das wir teilen können.

Großzügigkeit ist ein herzerwärmendes Gefühl. Es heißt, dass Sie sich einbringen und für andere in der Welt von Nutzen sind.

Ein besonders großzügiger Mensch in meinem Leben ist meine Schwiegermutter Lauren. Als ich ihren Sohn Sean heiratete, da nahm sie meine beiden anderen Kinder – Thomas und Olivia – an wie eigene Enkelkinder. Im Jahr 2014 wurde bei ihr Brustkrebs diagnostiziert, aber sie war weiterhin der großzügige und freundliche Mensch, der sie schon immer gewesen war. Ja, sie widmete hinfort ihr Leben den Menschen, die vor der gleichen Angst einflößenden Unsicherheit standen wie sie selbst. Seitdem sind ihre Tage angefüllt mit der Arbeit, das Bewusstsein für Brustkrebspatientinnen und -überlebende anzuheben. Sie bringt Menschen, die es sich sonst nicht leisten könnten, Weihnachtsbäume, hilft bei Sammelaktionen, beteiligt sich an Aufmärschen für Frauenrechte und vergisst niemals auch nur einen der Geburtstage ihrer sieben Enkelkinder.

Darauf kommt es an

WENN SIE IM Herzen großzügig sind, dann führen Sie ein von Sinn und Zweck erfülltes kraftvolles Leben.

Beobachten Sie andere Menschen, die Sie als großzügig empfinden – und das nicht nur, weil sie sich von ihrem Geld trennen. Achten Sie auf die empathischen Fähigkeiten der Großzügigen als Zuhörer, auf ihre Präsenz, und lassen Sie sich selbst im Hinblick auf Ihr Zuhören, Ihre Empathie und Präsenz inspirieren.

Liebes Universum,

möge ich Großzügigkeit in jedem Bereich
meines Lebens aktivieren. Ich erinnere mich daran,
dass die Großzügigkeit meines Herzens mehr Fülle anzieht und
dass ich dann mehr bedürftige Menschen unterstützen kann.
So sei es, und so ist es.

51 HEFTIG

GERÄT IHNEN IM Moment alles zu heftig? Vielleicht sehen Sie sich gerade als Rächer und teilen soeben Karma an die Menschen aus, die es verdienen, so als seien Sie Mitglied in einer spirituellen Bürgerwehr, die die Welt zur Gerechtigkeit zurückführen will.

Solche Gefühle haben ihre Berechtigung, vorausgesetzt, auch weiche und mitfühlende Empfindungen haben in Ihnen Platz. Erst dann wird ein wichtiger Unterschied deutlich. Wenn sich etwa irgendjemand mit meinen Kindern anlegt, dann verwandle ich mich in eine Bärenmutter, die sich vor ihnen aufbaut. Ich würde alles tun, um meine Kinder zu beschützen – oder anderer Leute Kinder, um das gleich klarzustellen.

Heftige Gefühle treten jedoch nicht nur in Konfliktsituationen zutage. Man kann einen Vertrag mit Vehemenz aushandeln, mit heftigen Gefühlen ein Abendkleid auswählen oder leidenschaftliche Emotionen bei einer Demonstration für eine gute Sache sichtbar machen – es gibt vieles, was durch Heftigkeit eine Steigerung erfährt.

Darauf kommt es an

HEFTIG ZU SEIN, muss nicht zwangsläufig auch bedeuten, dass man furchterregend ist. Es kann einfach bedeuten, dass Ihre Empathie und Ihr Gerechtigkeitsgefühl eine intensivere Ausprägung haben oder dass Sie sich auf einer Mission befinden, um spürbare Veränderungen zu bewirken.

Liebes Universum,

*hilf mir, Kraft und Vehemenz in mir zu wecken,
wenn es notwendig ist, die von mir geliebten Menschen zu beschützen.
Möge ich meine Kämpfe klug wählen und mich ihnen mit Kraft und
Mitgefühl stellen. Möge ich mir immer die Gefahr von Mutmaßungen
bewusst machen. Möge die heftige Energie der Ermächtigung
dann in mir fließen, wenn sie gebraucht wird.
So sei es, und so ist es.*

52 HILFSBEREIT

HILFSBEREITSCHAFT HEISST, DIENST am Nächsten zu üben, und ist ein wirkgewaltiges Element im Manifestationsprozess. Sich selbst fortgesetzt zu fragen, wie man von Nutzen sein kann, lässt im eigenen Leben ebenso wie in dem anderer Menschen mehr Freude aufkeimen.

Darauf kommt es an

HILFSBEREITSCHAFT HAT IHREN Ursprung in einem freundlichen Herzen. Die Welt braucht so viele gütige Menschen wie möglich.

Jemandem die Tür zu öffnen, ist eine hilfsbereite, freundliche Geste. Fragt jemand nach dem Weg, dann hat man die Gelegenheit, hilfsbereit zu sein. Ist ein Mensch in Not, und Sie bieten Ihre Hilfe an, dann kann das diesem Menschen unendlich viel bedeuten. Andererseits werden zugleich auch Ihr Selbstgefühl und Ihr Gefühl der Sinnhaftigkeit gestärkt, wenn Sie etwas Wichtiges tun und spüren, dass Sie mit Ihrem Handeln die Welt ein klein wenig besser machen.

Hilfsbereite Menschen sind immer dann zur Stelle, wenn Not am Mann ist. Die ersten Hilfsbereiten bei einer Naturkatastrophe oder einer anderen Notsituation sind die Engel unserer Gesellschaft. Sie krempeln die Ärmel auf und helfen, ohne an irgendwelche Gefahren zu denken. Sie tun das, weil sie sich daran erinnern, dass wir alle in einem Boot sitzen und einander so behandeln sollen, wie wir selbst gerne behandelt werden möchten.

Ich habe einmal zufällig miterlebt, wie eine alte Dame im Supermarkt zusammenbrach. In ihrer unmittelbaren Nähe waren sechs Personen. Drei beugten sich über sie und versuchten, ihr zu helfen. Die Übrigen gingen so schnell wie möglich weg. Ich legte ihr die Hand auf die Schulter und fragte sie, ob es ihr gut gehe.

»Ja, Liebes, es ist alles in Ordnung«, antwortete sie.

Man muss nicht viel tun, um hilfsbereit zu sein, aber es fühlt sich großartig an – so als wisse man, was im Leben am Wichtigsten ist, und als täte man sein Bestes.

Liebes Universum,

zeige mir, wie ich meinen Freunden, geliebten Menschen und Fremden gegenüber hilfsbereiter sein kann. Gestatte es mir, mich nützlich zu machen, und zeige mir Wege, wie ich Menschen, die es brauchen, mit Freundlichkeit begegnen kann.
So sei es, und so ist es.

53 HINGEBUNGSVOLL

WENN SIE SICH einer Sache hingeben, dann ist Ihr Herz weit geöffnet, und Ihre Seele ist glücklich. Sie sind verbunden mit dem göttlichen Fluss der grenzenlosen Möglichkeiten in Ihrem Leben, und Sie respektieren zutiefst die Energie, die alles belebt und die seit Anbeginn der Zeit vorhanden ist.

Hingabe ist nicht nur für Glauben und Religion reserviert. Sie können sich hingebungsvoll Ihrer Familie widmen, Ihrer Arbeit oder einer Sache, für die Sie leidenschaftlich empfinden. Spirituelle Aktivität ist das Kernstück, wenn es darum geht, Hingabe auszulösen.

Darauf kommt es an

SICH EINER SACHE voller Hingabe zu widmen, ist der Aufruf Ihrer Seele, das übergeordnete Wohl zu Ihrer Mission zu machen. Hingabe geht weit über die eigennützigen Betätigungen des Ichs hinaus; sie repräsentiert das Feiern magischer Wunder und die Macht der Liebe, die sich in Ihrer Wirklichkeit manifestieren.

Dem Universum können Sie Ihre Hingabe zeigen durch Beten, Meditation, Dienst, liebevolles Handeln, Freundlichkeit, Mitgefühl, Fürsprache und dadurch, dass Ihnen bewusst ist, dass wir alle aus dem gleichen magischen Sternenstaub erschaffen wurden.

Liebes Universum,

wie kann ich dich ehren? Wie kann ich dir dienen?
Wie kann ich dir meine Hingabe zeigen und unsere außergewöhnliche
Verbindung auf der authentischsten und reinsten Ebene in Ehren halten?
Mein Leben ist ein Geschenk und ein Segen, doch ohne Hingabe
an die Energie des Alles-was-Ist verliert sie ihre Bedeutung.
Möge Verehrung mein beseeltes Leitbild sein, damit ich mich
daran erinnere, woher ich komme und wohin ich
eines Tages zurückkehren werde.
So sei es, und so ist es.

54 HOFFNUNGSVOLL

HOFFNUNG BESITZT DURCH und durch magische Energie. Wer hoffnungsvoll ist, der ist optimistisch, positiv und eifrig darauf bedacht, dass sich seine Intention so rasch wie möglich auf die gewünschte Weise manifestiert. Genau in diesem Zustand will uns das Universum sehen, damit sich unsere Wünsche leichter realisieren.

Darauf kommt es an

WENN ICH AN die Zeiten in meinem Leben zurückdenke, in denen ich hoffnungsvoll war, dann fällt mir auf, dass sich meine Hoffnungen auf äußerst unterschiedliche Dinge bezogen. Ich war jedes Mal hoffnungsvoll, wenn ich einen Schwangerschaftstest machte – ich kann mir kaum aufregendere Augenblicke vorstellen. Alles weist auf eine Schwangerschaft hin, aber der Test ist die letzte Bestätigung. Hoffnungsvoll war ich auch immer, wenn ich im Laufe der Jahre Verlagen Buchprojekte vorschlug. Ich habe hoffnungsvoll an Veränderung geglaubt, an die Genesung geliebter Menschen und daran, dass etwas (irgendetwas!) den Status quo verändern würde.

Hoffnungsvolle Gefühle sind Ausdruck einer Leichtigkeit des Herzens und der Vorstellung, dass sich alles zum Besten wendet und einem höheren Zweck dient.

Liebes Universum,

ich verkörpere die Energie der Hoffnung darauf,
dass sich alles so zum Besten wendet, wie es soll. Ich vertraue
auf göttliches Timing und verstehe, dass sich meine Intentionen
abhängig von der Hoffnung in meinem Herzen manifestieren.
Möge ich jeder Situation mit Hoffnung statt mit Zweifel begegnen.
So sei es, und so ist es.

55 INSPIRIERT

SICH INSPIRIERT ZU fühlen, hat magische Kraft. Es ist die Energie des Potenzials, der Kreativität und Freude. Sie befinden sich auf einer wunderbaren Reise in ein Reich, in dem Träume auf Intuition treffen und in dem alles möglich ist.

Inspiration ist am wirkungsvollsten in Kombination mit einem Zustand, den man »Flow« nennt. Dabei handelt es sich um einen meditativen Zustand der Achtsamkeit, in den man gerät, wenn man inspiriert handelt und spürt, dass das Universum durch einen wirkt.

Darauf kommt es an

WENN SIE SICH inspiriert fühlen, dann manifestieren Sie Wunder, und das Universum übernimmt die Aufgabe, zur Unterstützung Ihres Abenteuers für die kleinen Details zu sorgen.

Unglaubliche Ideen können zum Vorschein kommen, wenn man sich inspiriert und an das Universum angeschlossen fühlt. Es heißt, dass Paul McCartney die Idee zu dem Beatles-Song »Yesterday« – dem am häufigsten gecoverten Song der Musikgeschichte – in einer Nacht des Jahres 1964 im Traum hatte.

Künstler beziehen ihre Inspiration aus der Natur, von Beobachtungen, aus eigenen und fremden Erfahrungen und aus ihrer Intuition. Schriftsteller nutzen ebenfalls Inhalte, die sie faszinierend finden. Wenn Sie die Energie der Inspiration in Ihrer Seele entfacht haben, dann führen Sie Ihr Leben vorsätzlich. Sie sind ein wirksamer Schöpfer, der seine Wirklichkeit als sein Meisterstück erschafft.

Wenn Sie Inspiration suchen, dann gelingt Ihnen das am besten, wenn Sie sich auf das Spiel mit dem Universum einlassen.

Liebes Universum,

ich fließe jetzt mit meinen inspirierten Ideen,
um etwas Schönes, Magisches und Bedeutsames in meinem Leben
zu erschaffen. Möge mein Geist Ideen für Aktivitäten empfangen,
die mich auf diesem Weg der Inspiration unterstützen. Möge ich
geführt werden, mich emporgehoben und inspiriert fühlen.
So sei es, und so ist es.

56 INTUITIV

WIR ALLE KENNEN dieses »Ahnen« in der Magengrube, wenn etwas nicht stimmt. Andererseits kennen Sie aber dieses Gefühl des Ausgerichtetseins und dieses gewaltige »Ja!«, wenn sich etwas richtig anfühlt. Hier geht es darum, die eigenen intuitiven Fähigkeiten zu würdigen und zu fördern. Indem Sie es zulassen, dass Ihr Herz geführt wird von dem, was Sie intuitiv als richtig erkennen, stärken Sie den Muskel Ihrer Intuition für Zeiten, in denen Sie ihn besonders brauchen.

Darauf kommt es an

WENN SIE IN Ihrem Leben Intuition auf einer höheren Ebene manifestieren wollen, dann bitten Sie das Universum, Sie zu unterstützen.

Eine noch immer außerordentlich unterforderte intuitive Quelle ist die Macht unserer Nachtträume. Bitten Sie das Universum abends vor dem Einschlafen um einen Traum, ein Zeichen oder eine geflüsterte Führung, falls Sie in einer bestimmten Sache Klarheit suchen.

Wenn Sie es lernen, mit der Energie des Universums zu spielen, dann heben Sie Ihr Urteilsvermögen auf eine neue Ebene. Sobald Sie Ihr Vertrauen zu dieser Supermacht in Ihrem Herzen aufgebaut haben, sind Sie aktiv an der Magie und Schönheit des Lebens beteiligt.

Liebes Universum,

ich bringe meiner Intuition höchste Wertschätzung entgegen.
Ich höre auf den unversiegbaren Fluss der Führung und Unterstützung meines höheren Selbst. Ich vertraue auf die Klarheit meiner inneren Sicht, um den richtigen Weg inspirierten Handelns zu finden.
So sei es, und so ist es.

57 KLAR

KLARHEIT ZU ERLEBEN ist erfrischend. Die Gedanken können frei und mühelos fließen, ohne auf Widerstände zu stoßen. Man fühlt sich in seinem Herzen geerdet und hat eine deutliche Vorstellung davon, wohin man mit seinem Leben will. Man spürt, dass es mehr gibt, als man auf den ersten Blick sieht, und dass man ein neues, lebendiges Kapitel seines Lebens aufgeschlagen hat.

Um mehr Klarheit manifestieren zu können, müssen Sie die tägliche Aufnahme von Informationen beschränken – insbesondere morgens, in den ersten Stunden nach dem Aufwachen. Viel zu oft greift man morgens als Erstes zum Handy und scrollt sich gedankenlos durch irgendwelche Chats. Machen Sie es zu Ihrem Morgenritual, der Welt erst dann Zutritt zu Ihrem Leben zu gewähren, wenn Sie sich ausreichend um sich selbst gekümmert haben. Das könnte geschehen in Form von Meditation, eines ersten Glases voll kaltem, frischem Wasser, der Einnahme Ihrer Vitamintabletten, einiger Streckübungen oder Yogapositionen – alles, was Sie aus der Welt löst, damit Sie für sich Klarheit schaffen, bevor Sie der Welt gegenübertreten.

Darauf kommt es an

SOBALD SIE KLAR und deutlich erkennen, was Sie in Ihrer Wirklichkeit manifestieren wollen, wird Sie das Universum dabei unterstützen.

Die detaillierte Klarheit Ihrer Ziele ist der Schlüssel zu ihrer Manifestierung. Das Universum beziehungsweise Gott findet sich immer in den Details, denn es verwirklicht Ihre Träume proportional dazu, wie detailliert Sie sie sich ausmalen.

Liebes Universum,

ich verkörpere jetzt die wahre Essenz der Klarheit
und des inspirierten Handelns. Indem ich für mein Leben
detaillierte Vorsätze fasse, helfe ich der Energie der Möglichkeiten,
in meine Wirklichkeit einzudringen. Ich bin klar. Ich vertraue darauf,
dass meine Vorsätze sich nach göttlichem Timing verwirklichen.
So sei es, und so ist es.

58 KREATIV

DIE GÖTTLICHE ESSENZ des Universums drückt sich in Ihrer Kreativität aus. Kreativität hebt Ihre Schwingungen an, verstärkt Ihre Energie und gestattet es schönsten Ausdrucksformen, sich in Ihrem Leben auf die von Ihnen gewünschte Weise zu manifestieren.

Darauf kommt es an

KREATIVITÄT ERFÜLLT IHRE Seele auf vielen Ebenen. Sie ist das beste Mittel, um Ihre Verbindung mit dem Universum anzufachen.

Kreative Energie kann sich manifestieren durch Malerei, Schreiben, Musik, Ideen, Kochen, emotionalen Ausdruck, Tanz, Bewegung, Einfallsreichtum – die Liste ließe sich endlos fortsetzen.

Finden Sie Ihre kreative Ausdrucksform, die sich für Sie am besten eignet, um zum Ausdruck zu bringen, wer Sie zum gegenwärtigen Zeitpunkt sind. Und haben Sie keine Angst, neue Medien und Methoden zu erproben.

Als ich vierzehn Jahre alt war, hatte ich die Idee, Geschenkpapier zu entwerfen und meine inspirierten Entwürfe an verschiedene Hersteller zu schicken, um herauszufinden, ob sie die Produktion übernehmen würden. Ich brachte zwei Wochen damit zu, mit grellbunten Farben verschiedene Muster zu entwerfen. Ich sammelte Kopien meiner Designs ordentlich in Mappen und verschickte sie mit einem sorgfältig verfassten Begleitbrief. Ich verschwieg darin mein Alter, ließ jedoch den Hinweis fallen, dass ich auch noch andere Druckereien angeschrieben hatte.

Bei Hallmark wollte ich am liebsten landen, doch hatte ich meine Mappen noch an fünf weitere Firmen geschickt. Hallmark war der Marktführer im Bereich der Schreibwaren und hatte die größte Verbreitung. Sobald ich meine Unterlagen auf dem Postweg versandt hatte, wartete ich und wartete und wartete …

Während ich wartete, stellte ich mir die fertigen Geschenkpapierbögen in den Regalen der Geschäfte vor und malte mir aus, wie sich das anfühlen würde. Ich erinnere mich genau daran, dass ich mich in allen Einzelheiten auf das Gefühl einstimmte. Es ging nicht vorrangig ums Geld, denn ich hatte gar keine Vorstellung davon, was die Gestaltung von Geschenkpapier und Glückwunschkarten eigentlich einbrachte. Mir wäre alles äußerst willkommen gewesen, und weil ich für alle Möglichkeiten offen war, hatte ich an der Aufregung dieser Erfahrung besonderen Spaß.

Eines Tages, nachdem ich ungefähr einen Monat gewartet hatte, rief mich meine Mutter ans Telefon: Da sei eine Dame von Hallmark, die mit mir sprechen wolle. Sie wollten mit mir über den Entwurf einer neuen Produktreihe für ihre Frühjahrskollektion sprechen. Ein paar Monate später erhielt ich einen Scheck über mehrere Tausend Dollar für meine »Designtätigkeit«. Das war ein unglaubliches Erfolgserlebnis, und ich war unendlich stolz auf das, was meine kreative Energie manifestiert hatte.

Das Universum spielt nur allzu gerne mit kreativer Energie. Bitten Sie darum, dass diese wunderbare Energie der Möglichkeiten in Ihnen zum Fluss kommt.

Liebes Universum,

ich öffne mein Herz für den Fluss reiner kreativer Energie,
damit sie sich in meiner Wirklichkeit manifestieren kann.
Mögen meine Ideen ihren Ursprung in göttlichen Quellen haben.
Jeder Ausdruck meiner Kreativität nährt meine Seele
und beglückt mein Herz.
So sei es, und so ist es.

59 LEBENDIG

EIN LEIDENSCHAFTLICHES LEBEN zu führen, ist eine sehr mächtige Herzensintention.

Um sich lebendig zu fühlen, müssen Sie sich gesund ernähren, an erhebenden Gesprächen teilhaben, ausreichend Bewegung für Ihren Körper schaffen, all das tun, was Ihnen Freude bereitet, und sich in die Energie des Glücks und der Freude hüllen.

Darauf kommt es an

ALLES IM UNIVERSUM ist Energie, die in einer bestimmten Frequenz vibriert. Bejahen Sie Ihre Lebendigkeit und Ihre starke Energie, und Ihre Wirklichkeit wird eine Manifestation des Wohlergehens sein.

Ich glaube daran, dass unsere Lieblingsfarben unsere Stimmung aufhellen, insbesondere dann, wenn es strahlende Farben sind. Jahrelang war Rosa meine Lieblingsfarbe – die beseelte Farbschattierung meines Lebensthemas in den Jahren zwischen dreißig und vierzig. Im Jahrzehnt davor war ich wie besessen von Violett, wer kann also wissen, welche Lieblingsfarbe meine Vierziger begleitet. Machen Sie sich bewusst, dass jede Farbe, die Ihnen gefällt, das Potenzial hat, Ihr Herz zum Singen zu bringen. In meinem Büro habe ich eine Orchidee mit rosafarbenen Blüten auf meinem Schreibtisch, ein in Rosatönen gehaltenes Gemälde an der Wand, rosafarbene Klebezettel, rosafarbene Marker und außerdem natürlich die Sammlung meiner Rosenquarze auf meinem Manifestationsaltar.

Kristalle eignen sich ebenfalls hervorragend, um Ihre Frequenz zu verstärken und dafür zu sorgen, dass Sie sich lebendiger fühlen. Wenn Sie sich wirklich lebendig fühlen, dann strahlen Sie ein einzigartiges Selbstvertrauen aus, das kein anderer Mensch so ausstrahlen könnte. Das Universum kann mit Ihrer Energie viel besser spielen, wenn Sie sich lebendig fühlen, weil Sie dann viel offener sind. Möge die sich anschließende Meditation Ihnen helfen, sich auf die Schwingungen Ihres Herzens und Ihrer Umgebung einzustimmen.

Liebes Universum,

ich fühle mich außerordentlich lebendig.
Meine Energie spricht deutlicher, als es meine Worte vermögen,
und ich sorge eifrig für meine Schwingung, damit ich das anziehe,
wovon mein Herz wirklich träumt und was es sich tatsächlich wünscht.
Alles ist Energie, und ich verpflichte mich, ein hochfrequenter
Mensch zu sein, der Magisches manifestiert.
So sei es, und so ist es.

60 LEIDENSCHAFTLICH

WAS WECKT IHRE Leidenschaft? Was heitert Sie von innen heraus auf und inspiriert Sie dazu, tätig zu werden? Leidenschaft ist eine offensichtliche Kraft, die Menschen veranlasst, wunderschöne Dinge und Erfahrungen zu schaffen. Sind Sie ergriffen von Leidenschaft, dann spüren Sie eine starke Präsenz im Prozess. Sie sind mittendrin in der Freude, der Liebe, Ihrer Motivation. Leidenschaft ist der Antrieb Ihrer Emotionen. Sie befördert Sie an die Ziele, die Ihrem Herzen am nächsten stehen. Ob Sie sich als spiritueller Aktivist betätigen, ob es um Kunst, Sex, Lyrik oder um Ideen geht, die eine Person oder die ganze Welt hören soll: Leidenschaft ist die Verdichtung göttlicher Energie im Handeln.

Darauf kommt es an

NUR SIE WISSEN, was Ihre Leidenschaft weckt. Leidenschaft ist ein Geschenk und wie ein Kanal, der Ihre Energie in die Richtung lenkt, in der kraftvolle Veränderungen möglich sind.

Ich liebe die Energie und Leidenschaft von Menschen, die ihre ganze Kraft aufbieten, um für Leidende etwas zu verändern. Wenn Dienst und Leidenschaft zusammenkommen, dann kommt das Beste im Menschen zum Vorschein. Leidenschaft facht immer die Flammen an, die radikale und bedeutsame Veränderungen ermöglichen. Wenn Sie sich in Ihrem Leben also mehr Leidenschaft wünschen, dann halten Sie inne, und fragen Sie sich, wie Sie helfen und was Sie unterstützen können. Welche sind Ihre Werte? Wie können Sie sich für andere Menschen nützlich machen und damit zugleich Ihre Leidenschaft entfachen? Für welches Lebensprojekt brennen Sie am leidenschaftlichsten? Wie kann das Universum Sie unterstützen?

Liebes Universum,

möge sich die Energie der Leidenschaft
in meiner Wirklichkeit manifestieren, damit ich mich inspiriert fühle,
etwas Magisches in meinem Leben und im Leben anderer zu schaffen.
Möge ich spüren, wie Leidenschaft meine Motivation befeuert
und sich mein Herz für alle Möglichkeiten öffnet.
So sei es, und so ist es.

61 LIEBENSWÜRDIG

NACH NEUNUNDZWANZIG EHEJAHREN ging Mary mit ihrem um einiges jüngeren Nachbarn Keith ins Bett. Marys Ehemann Antonio hatte das Gefühl, sie wolle ihn bewusst in Rage bringen. Über den Zaun hinweg bekam er die Gelegenheit, mit anzusehen, wie das neue Paar seine gegenseitige Zuneigung zur Schau stellte. Und dann, eines Tages, verließ Mary sie beide und zog in einen anderen Staat. Antonio litt unter dem tiefen Schmerz des Treuebruchs, und Keith fühlte sich benutzt. Die beiden Männer kannten einander nicht.

Ein paar Wochen nach Marys Flucht klopfte es an Antonios Tür. Es war Keith, der mitteilte, dass das heiße Wasser bei ihm nicht funktionierte und dass er herausfinden wollte, ob sein Nachbar das gleiche Problem hatte.

»Sie können sich bei mir heißes Wasser holen, wenn Sie möchten. Bei mir ist alles in Ordnung«, bot Antonio an.

Diese Geschichte mag zwar nicht das allerbeste Beispiel sein, aber sie zeigt doch, dass sich die Gelegenheit zur Liebenswürdigkeit in den merkwürdigsten Situationen einstellen kann.

Darauf kommt es an

JE WEITER SIE sich über Vorurteile und zurückliegende Verletzungen und Feindseligkeiten erheben, desto liebenswürdiger können Sie sein, wenn es auf Freundlichkeit ankommt – selbst gegenüber einem Fremden, der mit Ihrer Frau geschlafen hat.

Das Universum kann durch Sie wirken, wenn Sie sich für Liebenswürdigkeit öffnen.

> ### Liebes Universum,
>
> wie kann ich mich heute nützlich machen?
> Wie kann ich dazu beitragen, dass andere durch
> deine göttliche Gnade inspiriert werden?
> So sei es, und so ist es.

62 LIEBEVOLL

> »Von jemandem zutiefst geliebt zu werden,
> gibt dir Kraft. Jemanden zutiefst zu lieben,
> verleiht dir Mut.«
> LAOTSE

WENN SIE DIE Energie der Liebe, die Ihnen zuteilwird, in sich aufnehmen wollen, dann müssen Sie sich auf das einstimmen, was Sie ausdrücken wollen, statt auf das, was Ihre Liebe Ihrer Meinung nach hervorbringt. Bei vielen Menschen klingt ihr »Ich liebe dich« fast wie eine Frage. Sie sagen die drei Worte, als wollten sie eine Bestätigung dafür, dass sie sich tatsächlich in einer Beziehung befinden, die auf gegenseitiger Liebe basiert.

Liebevoll zu sein ist die Energie des Dienstes, der keine Gegenleistung erwartet. Es ist die Perfektionierung der Selbstlosigkeit. In dieser Form fließt das Universum unablässig in uns und durch uns hindurch.

Darauf kommt es an

WENN ES IHNEN gelingt, immer liebevoll zu sein, dann ist Ihr Ausgangspunkt das Mitgefühl. Außerdem fördern Sie die magische Verbindung, die die Menschheit vereint.

Menschen verleihen ihrer Liebe auf ganz unterschiedliche Weise Ausdruck. Echte spirituelle Arbeit leisten Sie dann, wenn Sie liebevoll sind, unabhängig davon, was man Ihnen sagt oder was man Ihnen vorsetzt. Wenn es Ihnen gelingt, Ihre Unvoreingenommenheit und Ihr Mitgefühl jederzeit aufrechtzuerhalten, dann verkörpern Sie liebevollen göttlichen Dienst.

Liebes Universum,

zeig mir, wie ich liebevoller sein kann,
mir selbst oder meinen Mitmenschen gegenüber. Führe mich,
damit ich mich daran erinnere, dass Liebe und Mitgefühl
die Menschheit einen. Liebevoll zu sein,
ist mein natürlicher Zustand.
So sei es, und so ist es.

63 MÄCHTIG

ALS MENSCH SIND Sie mächtig. Wenn Sie sich entscheiden, Ihr Leben der Freude zu widmen, inspiriert und aus Ihrem Herzraum heraus zu handeln, der Menschheit zu dienen und sich Mitgefühl für andere zu bewahren, dann sind Sie sogar unglaublich mächtig. Viel zu oft wischen Menschen ihre Macht beiseite oder schütteln sie ab wie einen Fussel von der Jacke. Man will uns weismachen, dass Macht etwas Schlechtes ist und dass wir vom Universum abgeschnitten sind.

Darauf kommt es an

WENN SIE IHRE Macht annehmen, dann gewinnen Sie damit die Freiheit, Ihre eigene Wirklichkeit bewusst zu gestalten. Die Landschaft Ihres Lebens wird sich im wahrsten Sinn des Wortes um Sie herum fügen und formen.

Allein schon die Erkenntnis Ihrer Macht vermag Ihren Geisteszustand radikal zu verändern. Angst ist nicht mehr länger die Grundlage Ihres Handelns, und Sie lenken Ihre Energie, wie es Ihnen richtig scheint, um Ihre Emotionen besser zu kontrollieren. Es liegt echte Macht in der Erkenntnis, dass Sie selbst auf dem Fahrersitz Ihrer Seele sitzen und dass das Universum Ihr Beifahrer ist.

Viele Menschen sind davon überzeugt, dass äußere Kräfte für die Ereignisse in ihrem Leben verantwortlich sind. Sie vergessen das wunderbare Kontinuum der universellen Macht. Da alles Energie ist, entscheiden Sie mit Ihren Überzeugungen zu Ihrer Macht oder Ohnmacht, ob das Leben mit Ihnen tut, was es will, oder ob es sich durch Sie manifestiert.

Bejahen Sie täglich Ihre eigene Macht. Es ist Ihr göttliches Geburtsrecht, Ihre Macht für sich zu beanspruchen und bewusst zu nutzen, um Ihre eigene Wirklichkeit zu schaffen.

Liebes Universum,

ich bin ein mit Macht gesegnetes Wesen.
Ich verfüge über die Macht, selbst meine eigene Wirklichkeit
zu erschaffen. Ich nehme meine Macht mit meinem Herzen an,
um allzeit mit Liebe zu führen. Ich stimme mich auf meine Macht ein,
um Führung, Weisheit und inspirierte Ideen zu erbitten. Meine
Machtquelle wird neu aufgeladen, wenn ich mich mit dem Fluss
grenzenloser Möglichkeiten verbinde. Meine Macht wächst,
wenn ich mich in den Dienst meiner Mitmenschen stelle.
So sei es, und so ist es.

64 MAGISCH

DAS LEBEN IST magisch. Es ist möglich, sich auf diese Magie einzustimmen und die mächtige Quelle zu spüren, deren Energie unablässig in uns strömt.

Darauf kommt es an

SIE SELBST WIRKEN Ihre Wunder. Wenn Sie das Universum bitten, Ihnen Magisches zu schicken, dann müssen Sie an Magie glauben. Suchen Sie zunächst die Welt der Wunder, dann wird Ihnen alles gegeben.

Kinder haben die entscheidenden Bestandteile des Lebens durchschaut. Ihre kleinen Augen leuchten auf, wenn sie etwas sehen, was sie für magisch halten. Die Weihnachtszeit ist ein gutes Beispiel dafür, wie Kinder sich von der Magie des Schenkens, der Verbundenheit, des Staunens, der Ehrfurcht und der grenzenlosen Möglichkeiten fesseln lassen. Aber warum reduzieren wir das magische Glitzern auf wenige Tage im Jahr? Wir sollten die Welt der Wunder und der Magie durch die Augen eines Kindes sehen.

Als ich ein Kind war, da gefiel mir die Vorstellung, etwas könnte magisch sein. Mit mir ging gelegentlich die Fantasie durch, weil ich dermaßen fasziniert von allem Magischen und Wunderbaren war. Ich mochte die Vorstellung, dass es verschiedene Reiche geben könnte, unter anderem eines, in dem die Elfen und Feen lebten, und dass Wünsche wahr werden könnten. Um die Wahrheit zu sagen: Ich habe nie wirklich aufgehört, daran zu glauben, und ich rate auch Ihnen dringend, die Magie in Ihrem Leben wieder zu entfachen. Verkleiden und schmücken Sie sich, kaufen Sie sich einen Zauberstab, feiern Sie, machen Sie Geschenke, lassen Sie sich Überraschungen einfallen, zeigen Sie sich gütig (so oft wie möglich), tragen Sie Glitzerndes, hören Sie Tschaikowskys »Tanz der Zuckerfee«, sehen Sie sich nachts die Sterne an, und wünschen Sie sich etwas, wenn Sie eine Sternschnuppe sehen, pflücken Sie Wildblumen, schmücken Sie Ihren Hof mit solarbetriebenen Lichtern (nicht nur in der Winterzeit) – Ihren kreativen Möglichkeiten sind keine Grenzen gesetzt! Magie ist überall und alles, was Sie dazu machen!

Liebes Universum,

ich bin mit Haut und Haaren auf die Magie des Lebens eingestellt.
Ich danke dir für das Verständnis und die Weisheit,
die mir Zugang zur Welt der Wunder gewähren. Ich sehe
meine Wirklichkeit durch die Augen eines Kindes und
schaffe Platz für die Magie der Möglichkeiten.
So sei es, und so ist es.

65 MITFÜHLEND

JEDER MENSCH SOLL in seinem Leben so viel Mitgefühl wie nur möglich zum Ausdruck bringen. In Beziehungen ist Ihr Teilhaben an den Gefühlen Ihres Partners das Geheimnis einer langen glücklichen Verbindung. Darüber hinaus sollen wir Selbstmitgefühl kultivieren und aufhören, mit uns selbst für die kleinsten Fehltritte so unversöhnlich zu sein.

Darauf kommt es an

FALLS ES IHNEN gelingt, in Ihrem Herzen für einen Mitmenschen oder für sich selbst Mitgefühl aufzubringen und nicht nur in Begriffen wie »richtig« oder »falsch« zu denken, dann sehen Sie Ihre Erfahrung mit den Augen des Universums. Das kann wahrhaft transformierend sein.

Einmal habe ich die Hand eines verurteilten Kinderschänders gehalten, der nur wenige Tage vor seiner Hinrichtung stand. Er konnte nicht sprechen und nur mit den Augen kommunizieren. Ich kannte die Einzelheiten seines Verbrechens nicht, aber ich versuchte, in diesem Augenblick, jenseits seiner unentschuldbaren Taten, Mitgefühl für ihn aufzubringen. In seinen Augen lag eine Angst, die ich niemals vergessen werde. Ich blieb im Jetzt und versuchte, mit ihm zu fühlen. Ich versichere Ihnen, das war schwer, aber für mich war es eine wichtige Erfahrung.

Echtes Mitgefühl kann nicht nur für die Menschen reserviert sein, die es Ihrer Meinung nach verdienen. Wenn Sie wirklich an die transformierende Kraft des Mitgefühls glauben, dann vertrauen Sie auch darauf, dass die Energie, die Sie investieren, wieder zu Ihnen zurückkehrt. Aus dem Mitgefühl – und nicht aus der Verurteilung – entsteht tief greifende spirituelle Kraft.

Liebes Universum,

wie kann ich in diesem Augenblick mehr Mitgefühl aufbringen? Hilf mir, mehr zu sehen als das, was ich verurteile, damit ich meine Energie den Menschen schicken kann, die Liebe und Heilung brauchen. Nur so kann es mir gelingen, mich über die Energie der Ungerechtigkeit zu erheben und ihr Wachstum nicht noch zu fördern. Möge ich bewusst Heilung ermöglichen.
So sei es, und so ist es.

66 MOTIVIERT

MOTIVATION IST EINE mächtige Kraft. Sie bewirkt Transformation, Inspiration oder liefert Anstöße – im eigenen Leben und im Leben der Mitmenschen. Wenn Sie motiviert sind, dann fällt es Ihnen leicht, Ihre Ziele zu verfolgen und bedeutsame Veränderungen in Ihrer Wirklichkeit zu manifestieren.

Darauf kommt es an

WIRKLICHE MOTIVATION BEREICHERT Ihr Leben vor allem dann, wenn Sie unausgesetzt zu inspiriertem Handeln bereit sind. Unter dieser Voraussetzung wächst Ihre Intention lawinenartig an und entwickelt den Schwung, der Sie ausreichend mitreißt, um Ergebnisse zu manifestieren.

Was motiviert Sie im Leben am meisten? Wenn Sie über diese Frage nachdenken, dann wird Ihnen Ihre Mission und Ihre Aufgabe auf diesem Planeten bewusster, und Sie sehen klarer. Ist Ihre Motivation Geld? Haben Sie altruistische Zielsetzungen? Oder ist Ihr Motor der Schmerz, weil es für Sie unerträglich ist, wenn eine bestimmte Sachlage in Ihrem Leben sich nicht verändert? Schmerz ist einer der wirksamsten Motivatoren und Katalysatoren der Veränderung.

Um es klar zu sagen: Motivation ist mit der Intention eng verwandt. Die beiden sind wie das Ochsenpaar vor einem Karren. Wenn die Intention die Verwirklichung der Vision ist, dann ist die Motivation der Raketentreibstoff, der Sie ans Ziel bringt. Um also die Motivation in Ihrem Leben in Gang zu bringen, müssen Sie lernen, wie Sie sich gerade nur so viel antreiben, dass Sie sich in Bewegung setzen.

Es ist schrecklich einfach, nicht ins Fitnessstudio zu gehen, sich nicht für den Kurs einzuschreiben, auf den Anruf zu verzichten, das Aufräumen der Abstellkammer bleiben zu lassen, nicht noch einmal per E-Mail nachzufassen. Doch Motivation ist wie ein Fluss unendlicher Möglichkeiten, und wenn Sie sich dieser Energie anvertrauen, dann gelangen Sie zu aufregenden neuen Möglichkeiten und Orten.

Der erste Schritt? Finden Sie heraus, was Sie motiviert, und entwerfen Sie dann in Ihrem Tagebuch einen Spielplan, in dem Sie alles das einbeziehen, was Sie unterstützt, damit Sie sich motiviert und inspiriert fühlen.

Liebes Universum,

ich bin ein offener Kanal für den unausgesetzten Schwung der Motivation. Ich öffne mich für inspiriertes Handeln, damit ich die Ergebnisse bewirken kann, die ich in meiner Wirklichkeit manifestiert sehen möchte. *So sei es, und so ist es.*

67 MUTIG

DAS LEBEN IST voller Gelegenheiten, uns mutig zu zeigen. Als ich eines Abends nach Hause kam, war mein erster Mann Max rasend vor Wut auf der Suche nach Streichhölzern. Alles, was ich an Kleidung besaß, lag auf einem benzingetränkten Haufen im Hinterhof. Meinen Laptop hatte er mit dem Hammer in tausend Stücke geschlagen, meinen Schreibtisch mit der Axt in zwei Teile gehauen. Meine geliebten Kindheitsfotos waren zerrissen, und ich besaß nichts mehr als das, was ich auf dem Leib trug.

An diesem Abend war es Max' Aufgabe gewesen, auf die Kinder aufzupassen. Ich konnte ihr Schluchzen im Schlafzimmer hören. Als ich die Bettdecke zurückschlug, saßen da meine beiden Kinder, außer sich vor Angst, die Augen weit aufgerissen. Fast konnte ich ihre Herzen vor Angst rasen hören.

»Nur Mut. Ich bin da. Ihr seid in Sicherheit.«

Bis zu diesem Zeitpunkt hatte ich noch nie die Polizei gerufen, wenn Max mich angriff. Erst als er alles, was ich besaß, zerstört hatte, war mir klar, dass ich handeln musste.

In mir breitete sich eine gespenstische Klarheit aus, als die Polizei kam, um meine Aussage aufzunehmen und meinen Ehemann zu verhaften. Mein Mut kam allerdings ins Wanken, als ich dem Polizisten die Namen und das Alter meiner Kinder nennen sollte. Von diesem Moment an wollte ich mich mit aller Kraft dafür einsetzen, dass sich meine Kinder sicher fühlten. Ich habe Max nicht sofort verlassen, aber dieser Vorfall war der Anfang vom Ende einer sehr giftigen Situation.

Darauf kommt es an

SIE SIND SO viel stärker, als Sie selbst es sich vorstellen können.

Liebes Universum,

möge ich mutig sein in den Augenblicken,
in denen ich es mit aller Kraft sein muss. Hilf meinem Herzen,
sich daran zu erinnern, dass mir nie mehr zugemutet wird,
als ich bewältigen kann.
So sei es, und so ist es.

68 NACHSICHTIG

NACHSICHT ZU ÜBEN, befreit Ihre Seele. Wer sich an der Energie der Vergangenheit festhält, der kann für sich in der Zukunft nichts Schönes und Aufregendes schaffen. Gelingt es Ihnen, in sich auf authentische Weise Raum für Nachsicht zu schaffen, dann wird Ihr Leben magisch und radikal transformiert.

Darauf kommt es an

ANDEREN MENSCHEN UND sich selbst zu vergeben, ist eine bewusste Entscheidung. Vergebung heißt nicht, dass alles vergessen ist; sie bedeutet, dass Sie die an den betreffenden Vorfall oder an den betreffenden Menschen gebundene Energie loslassen.

Beispielsweise habe ich meinem früheren Mann Max zu hundert Prozent für zehn Jahre häuslicher Gewalt und gemeinsamen Schmerzes vergeben. Ich habe im wahrsten Sinn des Wortes null Interesse, die Vergangenheit festzuhalten. Ich habe die Leser dieses Buches und Teilnehmer meiner Workshops nur deshalb an meinen Erfahrungen teilhaben lassen, um zu zeigen, dass ich eine Überlebende bin, die sich befreien und nachsichtig sein kann. Tatsächlich bin ich Max sogar dankbar für unsere gemeinsamen Erfahrungen. Mir ist völlig klar, dass ich sonst nichts verändert hätte, selbst wenn es mir möglich gewesen wäre. All die geweinten Tränen, die Einsamkeit, die blauen Flecken, die Vernachlässigung – nichts von alledem war sinnlos dank des Bewusstseinsprozesses, den diese schrecklichen Dinge ausgelöst haben. Und meine Geschichte hat anderen geholfen, für sich einen Sinn im Leben, eine Aufgabe und Sicherheit zu finden. Ich würde mich jederzeit wieder auf zehn Jahre Traurigkeit einlassen, wenn ich wüsste, was am anderen Ende auf mich wartet. So zeigt sich die Schönheit des Lebens mit aller Strahlkraft, wenn man vergeben und den Sinn hinter dem Schmerz erkennen kann. Auf einer Seelenebene liebe ich Max – er weiß das, und ich würdige ihn für die Rolle, die er in meiner Lebensmission gespielt hat. Er ist auf seinem Weg, ich bin auf dem meinen. Es gibt keine Scham, keinen Groll und keine Verbitterung, an denen man sich festhalten müsste – nur die Absicht, dem Universum und seinen Lektionen zu vertrauen.

Vergessen Sie jedoch nicht, dass Nachsicht kein einfacher Weg ist. Ich habe viele Jahre gebraucht, um die energetische Kontrolle, die die Ereignisse über meine Seele hatten, abzubauen. Aber – auch wenn das billig klingt – die Zeit heilt tatsächlich alle Wunden. Machen Sie sich auf den Weg, um sich vom Schmerz der Vergangenheit zu befreien, und das Universum nimmt Sie bei der Hand und erinnert Sie daran, dass Sie mit der Zeit die Zusammenhänge verstehen und zuletzt auch akzeptieren werden.

> *Liebes Universum,*
>
> ich vergebe … (Namen einfügen) für … (Ereignis einfügen).
> Vor allem aber vergebe ich mir selbst. Ich befreie mich
> von der Energie der Vergangenheit und schreite voran in eine
> glänzende, glückliche, lebendige Zukunft, in der ich mit
> meinen Freunden und geliebten Menschen besondere
> Erinnerungen schaffe. Das Leben ist zu kurz, um irgendwelchen
> Groll aufrechtzuerhalten. Ich entlasse die Situation
> mit Liebe, Licht und Mitgefühl.
> So sei es, und so ist es.

69 NEUGIERIG

> »Du hast viele Antworten erhalten,
> aber du hast sie noch nicht verstanden.«
> HELEN SCHUCMAN: EIN KURS IN WUNDERN

MANCHE MENSCHEN GLAUBEN, sie könnten ihre Intelligenz unter Beweis stellen, indem sie unablässig Antworten kennen und liefern. Wirklich bewusste und kluge Menschen wissen, dass man sich vielmehr anhand der Fragen, die jemand stellt, das Maß seiner Intelligenz erschließen kann. Entscheidend ist, dass die Fragen Wissbegier und Neugier wirklich sichtbar machen.

Darauf kommt es an

STELLEN SIE FRAGEN. Stellen Sie viele Fragen, und seien Sie immer neugierig, wenn es um das Wesen der Wirklichkeit geht. Auf diese Weise wächst Ihr Bewusstsein.

Manche Menschen stellen nicht gerne Fragen, wenn Sie etwas nicht verstehen. Sie fürchten, dumm dazustehen. Doch wer Fragen stellt und wissbegierig ist, der wächst.

Wenn Sie eine Seelenladung Fragen quält und wenn Sie Antworten brauchen, dann ist das eine Einladung zum Wachstum. Sie müssen sich nur bewusst machen, dass Sie manche der Antworten erst wirklich verstehen, wenn der richtige Zeitpunkt gekommen ist.

Das Universum liebt neugierige Seelen. Mit ihnen kann man am besten spielen.

Liebes Universum,

offenbare mir die Antworten auf meine brennendsten Fragen.
Erinnere mich an die Macht der Neugier. Erinnere mich
außerdem daran, unterschiedliche Quellen zu befragen und
mit den Informationen, die ich erhalte, wirklich objektiv umzugehen.
Es gibt zahlreiche Methoden und Wege.
So sei es, und so ist es.

70 OFFEN

OFFENHEIT IST DER Engstirnigkeit weit überlegen. Mit einem für neue Gelegenheiten und Erfahrungen offenen Herzen und Geist kann Ihnen das Universum mehr aufregende Abenteuer liefern und Ihr Leben sinnvoller machen.

Garys und Glorias Sohn hieß Marcus. Er war ihr einziges Kind und ihr Augenstern. Als Marcus mit der Schule fertig wurde, machte Gloria sich Sorgen, dass er nicht am Abschlussball teilnehmen würde, weil er nie über Mädchen sprach, die er mochte. Gary war ein früherer Footballspieler und leitete eine Wartungsfirma für Schwimmbecken. Er fragte sich oft, warum Marcus so introvertiert und zurückgezogen wirkte.

»Hast du schon eine Freundin?«, fragte Gary seinen Sohn manchmal.

Marcus spielte Schach, liebte Hockey und japanische Zeichentrickfilme und sammelte Comics, aber seine Eltern lernten nie irgendwelche Freunde von ihm kennen.

Eines Tages stellte Gary dann seinem Sohn die Frage, die zu stellen er sich fürchtete, weil ihm sein eigener Mangel an Offenheit bewusst war: »Mein Sohn, bist du schwul?«

Marcus erstarrte und antwortete ruhig: »Nein … ich bin bisexuell. Mir gefallen Mädchen *und* Jungen.«

Gary und Gloria erhoben sich und umarmten ihren Sohn. Sie ließen ihn spüren, dass sie ihn von Herzen liebten und ihn in jeder Weise unterstützen würden, die sich für ihn richtig anfühlte.

Darauf kommt es an

OFFEN ZU SEIN heißt, dass Sie mit Liebe und Mitgefühl zur Stelle sind, wenn Freunde und Familienmitglieder Ihre Unterstützung brauchen.

Liebes Universum,

öffne mein Herz und meinen Geist, damit ich
die Welt jenseits meiner Vorurteile wahrnehme. Lass mich
meine blinden Flecken erkennen und die Räume erforschen,
die ich noch mehr für meine Mitmenschen öffnen könnte.
Ich will offen sein für neue Menschen,
neue Orte und neue Möglichkeiten.
So sei es, und so ist es.

71 OPULENT

WENN SIE SICH als opulent empfinden, dann sind Sie eingestimmt auf die Energie der Freiheit und der unbegrenzten Möglichkeiten. Es fühlt sich an wie ein warmer Tag im Frühling nach einem endlos langen Winter. Vielleicht wissen Sie auf geerdete und achtsame Weise, dass im gegenwärtigen Augenblick alles gut ist und von jetzt an noch besser wird.

Darauf kommt es an

WAS SIE ALS opulent empfinden, können Sie selbst festlegen. Es könnte sich um finanzielle Freiheit handeln oder um die Gewissheit, dass das Universum in Zeiten der Not immer helfend an Ihrer Seite ist. Oder Opulenz wird für Sie symbolisiert durch die Fülle der Ressourcen wie etwa, wenn Sie Ihr Gemüse selbst anbauen, das Geschenk sauberen Trinkwassers, eine eigens für Sie zubereitete Mahlzeit oder die Manifestierung eines frischen Blumenstraußes.

Opulenz ist überall, wenn Sie sich darauf einlassen, Dinge zu sehen, die Sie wertschätzen. Wie es Florence Scovel Shin von der Neugeist-Bewegung einmal ausdrückte: »Für jede Nachfrage gibt es ein Angebot.«

Das bedeutet, jeder Wunsch wird mit der Energie der Möglichkeit erfüllt. Sobald Sie sich an diese Wahrheit erinnern und sie in Ihrem Gedächtnis verankern, können Sie anfangen, mit den Möglichkeiten zu spielen, die das Universum Ihnen schickt.

Nutzen Sie die folgende Meditation, um die Energie der Opulenz in Ihrem Leben zu manifestieren:

Liebes Universum,

ich danke dir für die Fülle, die in unterschiedlichsten Formen und mühelos durch mein Leben fließt. Danke für die Gelegenheit, Geld als Energie zu sehen. Möge ich geführt sein, damit ich mich an die Macht der Dankbarkeit erinnere. Möge ich so inspiriert sein, dass ich etwas an Projekte zurückgebe, die einen Beitrag zum Allgemeinwohl leisten. Möge ich darauf vertrauen, dass ich allzeit Zugang zu einer unendlichen Quelle des Wohlstands habe. Ich danke dir für die Freiheit, die sich in meinem Leben manifestiert hat.
So sei es, und so ist es.

72 POSITIV

SICH POSITIV ZU fühlen, ist der beste Platz im Herzen, den man nur einnehmen kann. Wenn es Ihnen gelingt, sich daran zu erinnern, dass Sie Ihren Blick immer nur auf die helle Seite des Lebens richten, dann können Partymuffel Ihnen den Spaß jedenfalls nicht verderben.

Darauf kommt es an

DIE MACHT EINER positiven Einstellung transformiert Ihre Wirklichkeit im Nu.

Im Leben kommen häufig Ereignisse und Situationen vor, die wir als »negativ« bezeichnen. Machen Sie sich bewusst, dass selbst die schwärzesten Wolken einen hellen Rand haben, wenn man sie nur genau genug betrachtet. Sind Sie bereit, Ihre gegenwärtige Situation als vorübergehend zu erkennen, dann ist sie nur eine getarnte Segnung.

Außerdem müssen Sie sich bewusst machen, dass es unmöglich (und zudem gar nicht wünschenswert) ist, die ganze Zeit hundertprozentig superpositiv zu sein. Es ist unmöglich, im Verlauf aller Geschehnisse Ihres Lebens nur Regenbogen, Glitzern und Einhorn zu sein. Um voranzukommen, ist es erforderlich und unabdingbar, auch die gegensätzliche Energie zu spüren. Ohne Auf und Ab kann es keine Manifestation geben; Hochs und Tiefs sind notwendig, damit Sie vorangetrieben werden, hinein in eine lebendige und aufregende neue Wirklichkeit. Bitten Sie das Universum, Sie immer an den hellen Rand der dunklen Wolken zu erinnern.

> *Liebes Universum,*
>
> ich vertraue darauf, dass sich alles, was sich
> in der Gegenwart ereignet, am Ende zum Positiven wendet.
> Ich erinnere mich jetzt daran, dass ich die Wahl habe und
> meine Energie lenken kann. Möge ich meine Intention so wählen,
> dass ich nach Positivem Ausschau halte,
> für das ich dankbar sein kann.
> *So sei es, und so ist es.*

73 PRÄSENT

WENN SIE SICH im gegenwärtigen Augenblick präsent fühlen, dann sind Sie der mächtigste Dreh- und Angelpunkt der Schöpfung. In dem Geschenk der Präsenz offenbart sich Ihnen die Magie des Universums.

Darauf kommt es an

WENN SIE EINEN Blick erhaschen auf sich, wie Sie im gegenwärtigen Augenblick, im Jetzt, sind, dann sehen Sie, wer Sie wirklich sind, und Sie erinnern sich an Ihre Superkräfte.

Viele Menschen neigen dazu, in der Vergangenheit zu leben. Sie liegt bereits hinter ihnen, und dennoch wärmen sie sie immer wieder auf und wünschen sich, alles wäre anders gekommen. Andere wiederum richten sich in Tagträumen über die Zukunft ein, weil sie darauf bauen, dass dann alles anders und viel besser sein wird. Doch es sind die Präsenz im Augenblick, das Sicheinlassen auf das, was sich gerade zeigt, und die Dankbarkeit, die uns die Unterstützung des Universums sichern und es veranlassen, uns immer mehr Wunder zu schicken.

Erinnern Sie sich an Zeiten in Ihrem Leben, in denen Sie besonders präsent waren. Machen Sie in Ihrem Tagebuch Ihre persönliche Top-Ten-Präsenz-Liste auf. Auf meiner Liste stehen die Augenblicke, als ich meine eben geborenen Kinder zum ersten Mal im Arm hielt und sich ihre winzigen Händchen um meinen kleinen Finger schlossen. Außerdem war ich hundertprozentig gegenwärtig, als ich meinem Seelengefährten das Jawort gab und mein Eheversprechen direkt von meinem zu seinem Herz sandte. Ich bin präsent in der Meditation, wenn ich mich an einem Glas Rotwein oder an einer liebevoll zubereiteten Mahlzeit erfreue, ein Kunstwerk betrachte oder wenn ich beim Schreiben in einen Flow-Zustand gerate. Immer, wenn Sie im Augenblick präsent sind, vereint Sie die Schönheit des Jetzt mit dem Universum. Das ist die Essenz der Liebe.

Liebes Universum,

ich bin mir jetzt der Stille und der Gegenwärtigkeit
dieses Augenblicks bewusst. Gestatte es mir, mich mit
meinem ganzen Sein in diese Energie der Hingabe hinein zu entspannen.
Möge sie mich stärken und mich vor der Versuchung bewahren,
aus der Gegenwart zu fliehen. Ich gehe jetzt mit dem Fluss
und erlebe, wie Präsenz meine Seele auf
vielen Ebenen trösten kann.
So sei es, und so ist es.

74 RÜCKSICHTSVOLL

WENN SIE DIE Energie der Rücksichtnahme manifestieren wollen, dann ist kreatives Denken wichtig. Außerdem sollten Sie prüfen, ob Sie möglicherweise auf der Basis falscher Annahmen handeln und ob Ihre Rücksichtnahme überhaupt erwünscht ist. Einmal wollte mir ein Mann in der Post die Tür öffnen, aber er war sich nicht sicher, ob ich vielleicht Feministin sei und seine Geste als Beleidigung auffassen würde. Erkennen Sie, wie gefährlich falsche Annahmen sein können? Ich erklärte ihm, dass ich selbst jedermann (und jederfrau) gerne die Tür öffne, unabhängig von ihrem Geschlecht, weil mir Freundlichkeit einfach wichtig ist.

Darauf kommt es an

RÜCKSICHTNAHME MACHT DAS Leben für einen Mitmenschen ein wenig leichter. Sie machen sich nützlich, und das Universum kann in Ihnen strömen.

Manchmal heißt es, Gott finde sich in den Details. Unter Beweis kann man diesen Satz am besten stellen, indem man rücksichtsvoll ist, egal ob im Großen oder im Kleinen. Rücksichtnahme und Freundlichkeit stärken Ihre Beziehungen. Rücksichtsvolle Gesten könnten darin bestehen, dem liebsten Menschen vor dem Zubettgehen noch ein Glas Wasser zu bringen, einem schwer tragenden Fremden die Tür aufzuhalten oder einer Familie mit einem Neugeborenen eine Mahlzeit zuzubereiten. Es fühlt sich so gut an, rücksichtsvoll zu sein, dass man damit echte Magie auslösen könnte.

Liebes Universum,

führe mich auf einen inspirierten Weg,
der es mir gestattet, mehr Rücksichtnahme in meinem Leben
zum Ausdruck zu bringen. Wie kann ich auf kreative Weise freundlich
auftreten und damit meine Freunde, Liebsten oder unbekannte
Menschen unterstützen? Führe mich, und ich werde gerne folgen.
So sei es, und so ist es.

75 RUHIG

WENN ES IHNEN gelingt, einen Zustand der Ruhe zu manifestieren, ganz egal, wie sich Ihre Wirklichkeit gerade präsentiert, dann haben Sie schon gewonnen. Es ist Ihre Mission (vorausgesetzt, Sie nehmen sie an), zu lernen, auch mitten im Sturm die Ruhe zu bewahren. Was auch immer Ihnen das Leben vor die Füße wirft, Sie können zurückkehren an Ihren inneren Ort des Glücks und dort Frieden und Seelenruhe genießen. Am schnellsten und leichtesten ist dieser Ort über die Meditation zu erreichen.

Man kann es einüben, auch in schwierigen Situationen ruhig zu bleiben.

Darauf kommt es an

JE BESSER SIE Meditation zu einem Teil Ihrer alltäglichen spirituellen Praxis machen, desto mehr stärken Sie Ihre Fähigkeit, ruhig zu bleiben und auf Ihrem Weg einfach weiterzugehen.

Wenn Sie die Energie des Seelenfriedens und der Ruhe erzeugen wollen, dann können Sie zu diesem Zweck die folgende Visualisierung nutzen.

Liebes Universum,

vor meinem inneren Auge sitze ich jetzt im Meditationsgarten mit Blick auf das Meer. Die Sonne fühlt sich warm auf meiner Haut an. Die Luft ist frisch, und der Windhauch des Ozeans bringt mir den süßen Duft der Jasminblüten. Alles ist gut; Glück und Zufriedenheit erfüllen mein Herz. Ich berge dieses Gefühl der Ruhe und Gelassenheit in meinem unbewussten Geist. Ich kann jederzeit hierher zurückkehren und von einer Position des Mitgefühls aus reflektieren, was ist.
Ich danke dir für diesen Frieden in meinem Leben.
So sei es, und so ist es.

76 SCHAMLOS

LAYLA HATTE EINEN wunderbaren kleinen Jungen namens Leo geboren. Er war etwa sechs Wochen alt, als sie ihn zum ersten Mal mit ins Einkaufzentrum mitnahm. Leo war ein sehr zufriedenes Baby, das nur aufwachte und grantig wurde, wenn es Hunger hatte. Nachdem sie zwanzig Minuten lang durch die Läden gezogen war, suchte sich Layla einen Platz in einem Café, wo sie sich ausruhen und ihr Baby stillen konnte. Weil ihr bewusst war, dass manche Menschen Probleme damit haben, in der Öffentlichkeit stillende Mütter zu sehen, achtete sie darauf, sich zu bedecken, ohne jedoch ihr Kind am Atmen zu hindern.

»Können Sie das nicht im Waschraum erledigen?«, ließ sich die ärgerliche Stimme der Frau vom Nachbartisch vernehmen. »Mein Mann kann sehen, was Sie da tun!«

»Ich stille meinen Sohn! Wo soll ich Ihrer Meinung nach hingehen? Würden Sie Ihr Mittagessen auf der Toilette verzehren wollen?«, entgegnete Layla.

Laylas Ton war (verständlicherweise) ein wenig zurückhaltend, dennoch nutzte sie die Gelegenheit, der Frau zu erklären, warum es wichtig ist, etwas so vollkommen Natürliches ohne Scham zu tun. Sie empfand es seither als ihre Mission, das Stillen in der Öffentlichkeit als einen ganz normalen Vorgang zu zeigen: zum Wohle aller, die mit ihren Babys nicht nur zu Hause sitzen wollen.

Darauf kommt es an

JA, ES IST wichtig, »schamlos« zu sein, sich nicht für das zu schämen, was man ist und tut, solange man damit niemandem schadet. Aber natürlich sind Ihre Regeln nicht die Regeln aller anderen Menschen, und es ist erforderlich, Mitgefühl und Diskretion aufzubringen.

Liebes Universum,

möge ich jegliche Scham und Negativität
aus meinem Energiefeld entlassen. Möge ich Verständnis
aufbringen für die Sichtweise meiner Mitmenschen, aber dennoch
dem treu bleiben, was ich für natürlich halte. Ich schäme mich nicht,
mich auf die für mich richtige Art zum Ausdruck zu bringen.
So sei es, und so ist es.

77 SCHÖN

SIE SIND SO schön! Sie sind innen wie außen einzigartig. Sich von innen heraus schön zu fühlen, ist unglaublich wichtig. Innere Schönheit ist das, worum es geht, denn in der Welt geht so viel Kaltes, Leeres, Nichtssagendes, Falsches und Künstliches vor sich. Sie müssen nicht an die Illusion der retuschierten und sorgfältig kuratierten Schönheit glauben. Wenn Sie diese Worte lesen, dann weiß ich, dass Sie die Zusammenhänge durchschauen. Wir sind wunderschöne Seelen, die aus einer einzigartigen Form heraus strahlen. Sie selbst dürfen definieren, was Sie für schön halten. Schönheitsfehler, Narben, Falten, Muttermale, Grübchen und so weiter … Falls Sie an Ihrer Schönheit zweifeln, dann stellen Sie sich für einen Moment vor, wie Sie sich mit den Augen des Universums wahrnehmen würden. Was sehen Sie dann? Sie sind vollkommen. Blicken Sie in den Spiegel und sagen Sie sich, wie schön Sie sind, denn Ihre Seele hat sich entschieden, hier und jetzt auf diesem aufregenden Spielplatz namens »Leben« bei uns mitzumachen. Es gibt so vieles, wofür Sie dankbar sein können.

Falls Sie Schwierigkeiten mit diesem Prozess haben sollten, vermeiden Sie es, sich die Veränderung verschiedener Aspekte Ihres Lebens zu wünschen, denn dann bewirken Sie die Entstehung energetischer Widerstände. Derartige Wünsche blockieren tatsächlich Ihren Energiefluss und hindern Sie am Manifestieren.

Darauf kommt es an

AKZEPTANZ UND SELBSTVERTRAUEN sind die Schlüssel zur Schönheit.

Mögen Sie mit der folgenden Meditation Ihre Schönheit feiern.

Liebes Universum,

vielen Dank dafür, dass es mich gibt.
So, wie keine zwei Schneeflocken gleich sind, bin auch
ich einzigartig und freue mich darüber. Möge ich
andere Menschen dazu inspirieren, ebenfalls die Essenz
ihrer Schönheit zum Ausdruck zu bringen.
So sei es, und so ist es.

78 SELBSTBEWUSST

WENN SIE SICH selbstbewusst als der Mensch präsentieren, der Sie sind, dann sind Sie geerdet in der wunderschönen Wirklichkeit der Sicherheit. Es gibt zahllose Menschen, die alles dafür geben würden, wenn sie nur selbstsicherer und zuversichtlicher sein könnten.

Darauf kommt es an

SELBSTBEWUSSTSEIN ZEIGT SICH in unterschiedlichen Stärken und auf verschiedenste Weise und lässt sich in eine Vielzahl von Kategorien einordnen. Auf jeden Fall sind Sie es als Mensch wert, auf ihre eigene, einzigartige Weise selbstbewusst zu sein.

Ich bin davon überzeugt, dass Selbstbewusstsein, solange es mit einer gewissen Demut und Mitgefühl für andere einhergeht, von einer authentischen Position aus projiziert werden darf. Zeigen sich Menschen in ihrem Auftreten »unverfroren« und »dreist«, dann ist das ein Hinweis auf Ichbezogenheit und Egoismus. Es ist jedoch möglich, auf stille und unaufdringliche Art selbstbewusst zu sein und damit erstaunliche Verbesserungen in der Welt zu bewirken.

Mein guter Freund Scott de Moulin bringt Unternehmern bei, wie sie ihr öffentliches Auftreten verbessern können. Ich habe an seinen Workshops teilgenommen und aus erster Hand erfahren, wie wichtig es ist, selbstbewusst zu sein. Am faszinierendsten war es für mich, zu erleben, dass ausgerechnet die Personen, die ich für besonders selbstbewusst gehalten hätte, die meiste Unsicherheit zeigten. Hierzu bemerkte Scott: »Was Sie nicht zeigen, kann der andere nicht sehen.« Damit brachte er zum Ausdruck, dass der Kunde nicht weiß, wie es um Ihr Selbstbewusstsein bestellt ist, wenn Sie ihn nicht gerade mit der Nase darauf stoßen.

Das Universum möchte, dass Sie Ihr Selbstbewusstsein kultivieren, vor allem dann, wenn es um Ihre Überzeugung geht, dass Sie sich jetzt und hier auf dem richtigen Weg befinden.

Liebes Universum,

ich danke dir dafür, dass du hier und jetzt
mein Selbstbewusstsein stärkst und mich zeigen lässt,
wer ich bin und was ich erreichen will. Möge meine Energie
mehr zum Tragen kommen als meine Worte. Möge ich
geerdet sein und die Essenz der Integrität,
des Mitgefühls und des Verständnisses ausstrahlen.
So sei es, und so ist es.

79 SELIG

ACH, SÜSSE SELIGKEIT! Eine radikale Transformation zu manifestieren, setzt Superkräfte frei, die man nie für möglich gehalten hätte.

Für Seligkeit ist im Leben auf vielfältige Weise Platz. Ob es die reine Energie des Glücks ist, die man empfindet, wenn man ein neugeborenes Kind in den Armen hält oder wenn man barfuß durch den weißen Sand eines tropischen Strandes läuft, Seligkeit ist überall da zu finden, wo man Glück sucht. Der große Mythenforscher Joseph Campbell sagte einmal: »Wenn Sie sich auf die Suche nach Seligkeit begeben, dann wandeln Sie auf einem Pfad, der schon immer da war und auf Sie gewartet hat, und das Leben, das Sie führen, ist das Leben, das Sie führen sollen. Suchen Sie ohne Angst nach Seligkeit, und Türen werden sich öffnen, wo Sie keine vermutet haben.«

Darauf kommt es an

INDEM SIE SICH auf die Energie der Seligkeit einstimmen, erhöhen Sie Ihre Schwingung und fließen mit der Ausrichtung Ihrer Leidenschaften.

Erdenken Sie beim Meditieren Ihre eigene Liste »universeller Augenblicke«. Welche Dinge, Menschen, Orte oder Erfahrungen verschaffen Ihnen in Ihrem Leben die größte Freude?

Liebes Universum,

ohne Zögern öffne ich mich für mehr Seligkeit in meinem Alltag.
Ich danke dir dafür, dass ich in allem, was ich mir wünsche,
und in allem, was ich tue, bewusst nach Freude suche.
So sei es, und so ist es.

 # SEXY

SICH SEXUELL BEGEHRENSWERT zu fühlen, ist unglaublich wichtig und sollte nicht verdrängt oder verleugnet werden. Zu den wichtigsten Menschen in unserem Leben suchen wir auch eine sexuelle Verbindung. Sich begehrenswert zu fühlen, ist die auf den Punkt gebrachte Energie der Freude und Kreativität, das Versprechen einer möglichen Bindung und die göttliche Essenz wahrer Vereinigung. Hier können Funken fliegen, und Magie kann sich ausbreiten.

Jeder Mensch möchte auf die eine oder andere Weise begehrt werden. Doch leider werden wir von den Medien mit geschönten Abbildungen dessen bombardiert, was die Werbung für »sexy« hält. Was sie liefern, ist eine Illusion, in der Regel basierend auf klischeehafter Zuordnung, die Parfüms, Unterwäsche, Autos und alle nur denkbaren anderen Produkte zu verkaufen helfen soll. Sie dürfen sich nicht dazu verleiten lassen, an das zu glauben, was externe Quellen als »sexy« bezeichnen. Genauso wenig müssen Sie sich jemals irgendwelche institutionellen Schönheitsideale auf die eigene Fahne schreiben. Diese falsche Perspektive soll lediglich dafür sorgen, dass Sie sich mit sich selbst unwohl fühlen. So unwohl, dass Sie Ihr Geld ausgeben, um Abhilfe zu schaffen.

Darauf kommt es an

SIE DÜRFEN SELBST festlegen, was Sie für sexy halten und wie Sie sich als ein Mensch zeigen, der sich für sexy hält und entsprechend zum Ausdruck bringt.

Sich sexuell für begehrenswert zu halten, ist ein Geisteszustand.

Manchmal denken wir so gründlich darüber nach, was sexy ist und was nicht, dass wir uns tatsächlich selbst daran hindern, uns so zum Ausdruck zu bringen, wie wir uns wirklich fühlen.

Liebes Universum,

ich akzeptiere mich voll und ganz so, wie ich bin,
und weiß, dass ich auf meine eigene wunderschöne Art
supersexy bin. Leite mich, damit ich mich daran erinnere,
dass Selbstvertrauen der Schlüssel ist, um mich über die Illusion
zu erheben, ich sei nicht gut genug. Möge ich die Essenz
der sexuellen Attraktivität auf meine eigene Art verkörpern.
Das bin ich mir wert.
So sei es, und so ist es.

81 SICHER

FÜR GEWÖHNLICH IST Menschen in ihrem Herzen daran gelegen, im Wesentlichen drei Dinge zu manifestieren: Sicherheit, Kontrolle und Zustimmung. Es ist eines Ihrer Grundrechte, sich in Ihrem Leben sicher zu fühlen, aber diese Sicherheit ist nicht immer garantiert. Vielleicht haben Sie nicht das Gefühl, über einen sicheren Raum zu verfügen, in dem Sie Ihre Gedanken oder Emotionen in einer Beziehung zum Ausdruck bringen können. Oder Sie fühlen sich nicht sicher, wenn Sie nachts nach zweiundzwanzig Uhr von der Yogastunde zurück zu Ihrem Auto gehen. Es könnte auch sein, dass Sie sich in Ihren Entscheidungen oder mit den Grenzen, die Sie für sich ziehen, nicht sicher sind.

Darauf kommt es an

IN DER MEHRZAHL der Fälle werden uns kluge Weisheiten offenbart, wenn wir nach Sicherheit suchen. Fühlen wir uns sicher, dann müssen wir feststellen, dass das Leben sehr rasch die Richtung ändern kann. Es ist besser, wenn wir darauf vorbereitet sind, uns dem Fluss anzuvertrauen und uns ungezwungen dem gegenwärtigen Augenblick anzupassen.

Ich habe mich viele Male in meinem Leben unsicher gefühlt. Im Jahr 2009 drohte mir mein Exmann Max damit, mir mit einem Hammer den Schädel einzuschlagen. Nachdem er verhaftet worden war, entschloss ich mich in einem grotesken Versuch, die Beziehung zu heilen, weiter bei ihm zu bleiben. Ich dieser Zeit fühlte ich mich nicht im Geringsten sicher. Als ich mich jedoch viele Monate später entschloss, ihn zu verlassen, da war ich mir meiner Sache äußerst sicher und hielt mich für vernünftig. Zum ersten Mal seit Jahren konnte ich mit einem Gefühl von Sicherheit schlafen, ohne Angst vor körperlicher oder emotionaler Gewalt haben zu müssen. Wenn man in Sicherheit ist, dann fühlt man sich frei.

Wenden Sie sich immer, und ich meine wirklich immer, an das Universum, wenn Sie mehr Sicherheit brauchen. Sollte Ihre körperliche Unversehrtheit in irgendeiner Weise in Gefahr sein, dann suchen Sie bitte dringend Hilfe. Es gibt keinen Grund, sich zu schämen, weil man Hilfe braucht.

Liebes Universum,

ich wünsche mir, mich sicher zu fühlen.
Offenbare mir einen mich ermächtigenden Weg,
damit ich in meiner gegenwärtigen Situation Sicherheit finde.
Möge ich darauf vertrauen, dass sich die richtigen Menschen
und Ressourcen manifestieren, die mich auf
meinem Weg unterstützen.
So sei es, und so ist es.

82 SICHTBAR

WER SICH SICHTBAR macht, kann Widerstand auslösen. Doch wenn Sie in der Welt etwas verändern und authentisch sein wollen, wenn Sie mit anderen Kontakt aufnehmen möchten, dann müssen Sie aus dem Schatten treten.

Mein Mann Sean und ich haben einmal etwas ausprobiert, was wir als »Seelenschau« bezeichnen: Wir haben einander so lange in die Augen gesehen, wie wir es nur aushalten konnten.

Unser Vorhaben erwies sich als viel schwieriger und intimer, als ich es mir je hätte vorstellen können. Anfangs fanden wir es vor allem lustig, mussten lachen und hatten Mühe, uns darauf einzulassen. Ich war unruhig und konnte nicht still sitzen. Es fiel mir schwer, meine Augen ununterbrochen auf Seans Augen gerichtet zu halten; sie mussten ständig im Raum hin und her flitzen. Doch dann fingen wir an, einander wirklich zu sehen, und ich meine hier die Art von Sehen, bei der man Geist in winzigen, transformierenden Teilchen funkeln sehen kann. Wir kämpften uns durch verschiedene Stufen, lachten, spielten, ließen unserer Neugier die Zügel schießen und gestatteten schließlich auch die Tränen.

Ich spürte die größte Verletzlichkeit, die ich je bei mir oder einem anderen wahrgenommen habe – er konnte *alles* von mir sehen! Die größte Überraschung war für mich, welche hohe Mauer ich auf dieser Ebene der Intimität errichtet hatte. Wir hatten schon früher mit dieser Übung herumexperimentiert, aber nie die Zeit gefunden, um bis zum Ende durchzuhalten. Dass es so schwer sein kann, einem anderen Menschen in die Augen und auf den Grund seiner Seele zu blicken!

Darauf kommt es an

EINE NEUE EBENE des Mitgefühls und der Nähe erschließt sich, wenn Sie es zulassen, sichtbar zu sein.

Im Leben geht es um nichts anderes als darum, Schichten zu entfernen und neue Ebenen des Bewusstseins und der Verbundenheit mit dem Göttlichen im Inneren freizulegen. Ich kann Ihnen nur empfehlen, diese Übung mit einem Menschen zu machen, dem Sie vertrauen und den Sie lieben, und zu diesem Zweck mit der nachfolgenden Meditation zu beginnen.

> ## Liebes Universum,
> ich öffne mich, um für andere Menschen vollständig
> sichtbar zu sein. Ich brauche mich nicht zu verstecken oder
> eine Mauer um mein Herz zu errichten. Ich bin sicher, und ich werde
> gesehen. Diese Erkenntnis gestattet es mir, zu gedeihen.
> *So sei es, und so ist es.*

83 SINNLICH

SINNLICHKEIT IST EIN wichtiges Element, wenn es darum geht, die eigene weibliche beziehungsweise männliche Energie zu fördern. Meine Freundin Marla Mattenson, eine Beziehungsexpertin, erklärte mir einen Sachzusammenhang, den sie »Geschlechterrollenspektrum« nennt. Mir gefällt dieser Denkansatz, weil er Energie als an- und abschwellend anerkennt und sie nicht basierend auf der jeweiligen Geschlechtszugehörigkeit fixiert. Da beide Geschlechter abhängig vom Zeitpunkt unterschiedliche Energieniveaus aufweisen können, ist dies ein wertvoller Denkansatz.

Darauf kommt es an

SINNLICHKEIT IST NATÜRLICHE Weisheit, die in einer geheimnisvollen Kraft zum Ausdruck kommt, und die Verkörperung göttlicher Energie und Essenz.

Aufgrund von Unausgewogenheiten, Schmerz, Angst oder Traumata aus der Vergangenheit kommt es leider vor, dass Menschen ihre Sinnlichkeit unterdrücken.

Um Ihren Heilungsprozess in Gang zu bringen und Ihr Herz für die sofortige Manifestation von Sinnlichkeit zu öffnen, stellen Sie sich einen Moment vor, dass Sie auf einer riesigen Blume sitzen. Sie sehen sich dort sitzen und bemerken, dass Ihr Körper in ein wunderbar strahlendes violettes Licht getaucht ist. Im Geiste nehmen Sie sich nun vor, jegliche Energie freizusetzen, die mit Ihrer Sinnlichkeit in Zusammenhang steht. Stellen Sie sich vor, wie Sie durch Berührungen, Fürsorge, die Erfahrung und Wertschätzung von Schönheit liebevoller und warmherziger werden können. Wie fühlt sich das an? Wie wird durch diese Vorstellung die Intimität in Ihrer Beziehung beeinflusst? Welchen Einfluss nimmt sie auf Ihre Beziehung zu sich selbst?

Wenn Sie bereit sind, dann fassen Sie gemeinsam mit dem Universum den folgenden Vorsatz.

Liebes Universum,

ich bin ein sinnliches Wesen, das Berührung,
Intimität, Nähe und Verbindung braucht. Ich akzeptiere mich,
wie ich bin — ohne Verurteilung und Kritik. Ich erlebe jetzt
die Liebe, die ich kenne, und vertraue darauf,
dass ich sie voll und ganz verdiene.
So sei es, und so ist es.

84 SPIELERISCH

DAS UNIVERSUM LIEBT spielerische Menschen, weil Spiel augenblicklich Glück und Freude manifestiert und Raum schafft für mehr Spaß in Ihrem Leben. Je spielerischer Sie an das Leben herangehen, desto freudvoller wird Ihr Leben sein.

Mit Glück hat man hundert Jahre zu leben, und trotzdem lassen sich erwachsene Menschen so leicht von den ernsten Aspekten des Lebens, von Arbeit, Rechnungen, Politik, dem Blick auf die Zukunft (die Liste ließe sich beliebig fortsetzen) herunterziehen.

Darauf kommt es an

WENN SIE AUS Ihrem Kopf in Ihr Herz wechseln können, dann befinden Sie sich am besten Ort, um sich in der Kunst des Spielerischen zu üben.

In Beziehungen wirkt das spielerische Element oft Wunder. Auch die meisten Kinder würden sich von ihren Eltern einen spielerischen Umgang mit dem Leben wünschen. Entscheidend ist es dabei, die eigene Komfortzone zu verlassen. Im Sommer kommen Wasserspiele gut an. Ringen Sie sich häufiger zu Gesellschaftsspielen durch. Spielen Sie im Freien, lachen Sie und sehen Sie die humorvolle Seite des Lebens. Das Universum hat Ihr Leben als Komödie geplant.

Als mein Mann Sean und ich eines Abends feststellen mussten, dass das Geld nicht reichte, um unsere Rechnungen zu bezahlen, kam schlechte Stimmung auf. Es war der Winter 2012. Ich hatte die verrückte Idee, hinaus in unseren vor fremden Blicken geschützten Hof zu gehen, uns auszuziehen und eimerweise mit Wasser zu bespritzen, um uns zum Lachen zu bringen. Und es hat geklappt! Wir hatten unbeschreibliche hysterische Lachanfälle, weil die Situation so urkomisch, albern und erheiternd war! Egal, wie lächerlich sich Ihre Idee auch anhört, probieren Sie sie aus! Sie kann helfen, eingefahrene mentale Muster aufzubrechen, einschränkende Überzeugungen und Programmierungen auszusetzen, die uns weismachen wollen, dass wir für Spaß und Spiel zu alt sind. Das Leben ist viel zu kurz, um nicht wenigstens einmal am Tag einen Grund zum Lachen zu finden.

Liebes Universum,

schicke mir kreative Ideen, damit ich mehr Spaß
mit meinen Freunden und meinen geliebten Menschen habe.
Gestatte es mir, von ganzem Herzen zu lachen und
lustige Erfahrungen und Lebensfreude zu genießen.
So sei es, und so ist es.

85 STARK

SIE SIND VIEL stärker, als Sie meinen. Wenn Sie sich stark fühlen, dann werden Sie mit jeder Prüfung und jeder Mühe fertig, die das Universum Ihnen schickt.

Darauf kommt es an

STARK ZU SEIN bedeutet nicht, dass Sie keine Emotion zeigen oder Ihre Gefühle nicht ausdrücken dürfen. Es liegt eine große Stärke darin, sich verletzbar zu zeigen, Tränen zu vergießen oder andere Menschen um Unterstützung zu bitten.

Ein Beispiel ist, wie #VegasStrong nach dem schrecklichen Massaker am 1. Oktober 2017 zum Fokus der Stadt wurde. Die Gemeinschaft tat sich zusammen, um Stärke zu zeigen.

Innere Stärke ist genauso machtvoll und bedeutend wie physische Stärke. Es gibt zahlreiche Geschichten, in denen Frauen für sie viel zu große Gewichte wie etwa ganze Autos oder Lastwagen mit ihren bloßen Händen stemmten, um ihre Kinder zu befreien. So als übernähme eine innere und angeborene Weisheit die Macht über ihren Körper und brächte übermenschliche Kraft auf, um die Situation zu bewältigen.

Die interessanten und unerwarteten Wendungen, die das Leben uns abverlangt, machen immer innere Stärke erforderlich. Wenn man den Verlust eines geliebten Menschen betrauert, wenn man darum ringt, genug Geld zusammenzukratzen, um sich durch den Tag zu bringen, wenn man so niedergeschlagen ist, dass man den Kopf nicht vom Kissen heben kann – all das sind Momente im Leben, in denen man in sich und beim Universum nach der Stärke suchen muss, um seine gegenwärtige Situation mit möglichst viel Leichtigkeit und Würde zu bewältigen.

Liebes Universum,
bitte gib mir jetzt die Stärke, die ich brauche.
Ich sammle jetzt all die Energie, zu der ich Zugang habe,
um der Situation Herr zu werden. Möge ich die erforderliche Stärke
aufbringen, um meine Herausforderungen zu meistern.
Ich danke dir dafür, dass du mir all die Stärke und all
die Mittel gibst, die ich benötige.
So sei es, und so ist es.

86 STILL

DAS GEFÜHL ABSOLUTER Stille ist etwas Kostbares. Alles in Ihrer Welt fühlt sich ruhig und friedlich an, und Sie vertrauen darauf, dass das Universum Ihre Intentionen auf jede nur erdenkliche Weise fördert. Wenn Sie mit Ihrem Geist zurückreisen können bis zu einem Moment, in dem Sie absolute und erholsame Stille erlebt haben, dann steht Ihnen ein glückseliger Raum zur Verfügung. Dorthin können Sie sich zurückziehen, wenn Sie Ruhe nötig haben.

Darauf kommt es an

STILLE IST DIE reine Präsenz und Verbindung mit dem Universum. Je besser es Ihnen gelingt, Stille als tägliches Ritual zu einem Bestandteil Ihres Lebens zu machen, desto mehr Harmonie werden Sie erleben.

Ich selbst stelle mir immer die Vier-Hektar-Farm meiner Eltern in Red Hill vor, wo ich von meinem achten bis zum achtzehnten Lebensjahr den größten Teil meiner Kindheit verbracht habe. Meine Eltern besaßen dort eine kleine Galerie und ein Atelier mit Blick auf Obstbäume, Rosen, Zuckerschoten und wunderbar grüne Weideflächen. Ich saß oft in einem der Apfelbäume und las. Wenn ich Hunger bekam, brauchte ich nur die Hand nach einem Apfel auszustrecken, ihn zu pflücken und zu essen. In der Zeit, wenn die Sonne eben im Begriff war unterzugehen, starrte ich einfach vor mich auf den Kirschgarten und genoss die Stille. Ich sah zu, wie die rosafarbenen Kirschblüten vom Wind fortgetragen wurden.

Ich träumte von den Abenteuern und von den Menschen, die das Leben mir bringen und an meine Seite stellen würde, fragte mich, ob ich Kinder haben und was aus mir werden würde. In diesen Augenblicken wusste ich bereits, dass ich mich eines Tages an diese Stille erinnern würde, an die ruhigen fragenden Gedanken und dass ich mich darüber wundern würde, wie sehr sich mein Leben seit jenen Augenblicken der Stille verändert hatte.

Interessieren Sie sich für Ihren eigenen inneren Raum der Stille. Auf der Basis dieses Bewusstseins gelingt es Ihnen, ein authentisches und reales Gespräch mit dem Universum zu führen.

> *Liebes Universum,*
>
> ich nehme die Essenz der Stille in meinen Alltag auf.
> Ich bin mir bewusst, dass ich, je mehr Zeit ich investiere,
> um mein Empfinden von Stille zu fördern, das Tempo zu drosseln
> und mich mit dem Universum zu verbinden,
> immer mehr die Magie der Möglichkeiten entfache.
> *So sei es, und so ist es.*

87 STOLZ

MANCHEN VON UNS hat man beigebracht, dass Stolz etwas Schlechtes sei. Meiner Meinung nach ist nichts Falsches daran, wenn man sich selbst auf den Rücken klopft und stolz auf eine geleistete Arbeit ist. Wenn Sie in sich den Raum für Stolz finden, weil Sie es auf Ihrer Reise bisher so weit gebracht haben, dann wissen Sie, dass Sie Ihr Leben voll ausschöpfen.

Ich bin eine ungemein stolze Mutter. Im Jahr 2018 lud mich mein Sohn Thomas ein, seinen Abschluss in der japanischsprachigen Highschool bei uns am Ort mitzufeiern. Sie kündigten ihn namentlich an, und er ging selbstbewusst auf die Bühne, ergriff das Mikrofon und hielt in fließendem Japanisch eine fünfminütige Rede. Ich verstand natürlich kein Wort, aber er brachte das Publikum wenigstens dreimal zum Lachen! In diesem Augenblick war ich so stolz auf ihn – auf alles, was er bis zu diesem Punkt in seinem Leben geschafft hatte.

Darauf kommt es an

WENN STOLZ IN Ihrem Herzen aufwallt, dann ist das Ihre Anerkennung dafür, dass der gegenwärtige Augenblick für die Wahrheit steht und dass sich ein mächtiges Kapitel vor Ihnen ausgebreitet hat.

Wir alle befinden uns auf einer Reise, auf der wir in dieser Welt authentisch zum Ausdruck bringen sollen, wer wir sind. Dazu benötigen wir genug Raum, um dies ohne Angst vor Verurteilung tun zu können. Stolz zu sein auf den bisher zurückgelegten Weg und auf den Menschen, zu dem wir uns entwickelt haben, ist für das Universum lebenswichtig, weil es durch uns göttliche Energie zum Ausdruck bringt.

Liebes Universum,

ich bin so stolz auf diesen Augenblick.
Ich bin stolz darauf, wer ich bin und zu wem ich mich entwickle
und entwickelt habe. Möge ich den Erfolg anderer und
meine eigenen Errungenschaften ausgehend
von Menschlichkeit und Dankbarkeit feiern.
So sei es, und so ist es.

88 TOLERANT

MIR BEGEGNEN IMMER wieder Menschen, die Personen und Ereignissen gegenüber gerne toleranter wären. Toleranz kann manchmal bedeuten, dass man sich in einer bestimmten Situation mit weniger zufriedengibt, als man ursprünglich manifestieren wollte. Dennoch gehört diese Emotion meiner Meinung nach in den Bereich der liebevollen Gefühle, weil so viele Menschen für sich nach mehr Toleranz streben.

Verstehen Sie mich nicht falsch: Uns allen würde es guttun, im Bereich der unterschiedlichen Überzeugungen und Perspektiven mehr Toleranz zu entwickeln. Doch gibt es auch Menschen, die zu ihrem eigenen Nachteil tolerant sind, insbesondere in Beziehungen.

Darauf kommt es an

SIE MANIFESTIEREN DAS, was Sie tolerieren.

Wenn Sie bereit sind, Gefühle, Gewohnheiten oder Überzeugungen zu akzeptieren, die sich von Ihren eigenen unterscheiden, dann ist das sehr großzügig, kann aber auf Kosten Ihres eigenen Selbstgefühls gehen.

Der Inbegriff von Toleranz ist vielleicht ein Mensch, der in der Beschwerdeabteilung einer Firma arbeitet. Den ganzen Tag lang hat es dieser Mensch mit wütenden und unzufriedenen Kunden zu tun, die nichts als ihren Ärger zum Ausdruck bringen wollen.

Sie sind nicht verpflichtet, die Energie der Toleranz zu manifestieren. Geduld, das ja, denn Geduld ist, wie wir alle wissen, eine Tugend. Toleranz hingegen ist Ihre Gelegenheit herauszufinden, ob Sie tatsächlich die Prinzipien der Akzeptanz verinnerlichen oder doch nur Ihr Selbstgefühl den Wölfen zum Fraß vorwerfen.

Liebes Universum,

gestatte es mir, die Elemente, die ich in meinem Leben toleriere, genau daraufhin zu untersuchen, ob sie nicht doch durch eine kleine Verlagerung meiner Energie wesentlich transformiert werden könnten. Zeige mir, wie ich Freundlichkeit und Mitgefühl zum Ausdruck bringen kann, ohne mich dabei zu verlieren.
So sei es, und so ist es.

89 TRANSFORMIEREND

WENN SIE SICH in einer gewollt transformierenden Phase sehen, dann erhält Ihr Leben eine ausgesprochen magische und aufregende Note. Möglicherweise wollen Sie sich bilden und etwas Neues lernen. Oder Sie möchten Ihren Körper trainieren und seine Kraft steigern. Oder vielleicht erlernen Sie neue Techniken, um eine Beziehung im Alltag mit mehr Frieden und Harmonie zu erfüllen. Auf jeden Fall geht es darum, sich ernsthaft als lebenslang Lernende zu begreifen – immer dem fortwährenden Wandel und dem persönlichen Wachstum verpflichtet.

»Kaizen« ist das japanische Wort für »Wandel« oder »Veränderung zum Besseren«. Die dem Begriff zugrunde liegende Philosophie von einem erstrebenswerten Zustand hat Eingang in verschiedene Coaching-Systeme und psychotherapeutische Modelle gefunden. Wenn wir uns in unserem Leben der bewussten Transformation verschreiben, dann gibt uns das das Gefühl, ein sinnvolles Leben in enger Verbindung mit unserer Umwelt zu führen.

Seit Sie als kleines Baby die Bühne der Welt betreten haben, befinden Sie sich mitten im wunderbaren Abenteuer der fortwährenden Veränderung. Da das Wesen allen Lebens zyklisch ist, werden wir immer wieder sanft daran erinnert, dass Transformation unvermeidlich ist. Sie sind jetzt nicht mehr die gleiche Person wie vor fünf Minuten, geschweige denn vor fünf Jahren. Neue Zellen werden beständig hergestellt, neue Gedanken bilden sich aus, und die Wirklichkeit um Sie herum und in Ihnen manifestiert ihrerseits unablässig Neues.

Darauf kommt es an

UM TRANSFORMATION ZU feiern und in Ihrem Leben willkommen zu heißen, müssen Sie Ihr Wachstum und Ihre Entwicklung anerkennen und würdigen. Durch Nachdenken wird Ihnen bewusst, dass das Leben eine sich ewig entwickelnde Schöpfungsreise ist.

Liebes Universum,

möge ich mich darauf besinnen, dass die Jahreszeiten meines Lebens natürliche und zwingende Elemente meiner Seelenreise sind. Möge ich Veränderungen in meinem Leben willkommen heißen und die zyklische Natur der menschlichen Erfahrung anerkennen.
So sei es, und so ist es.

90 UNEIGENNÜTZIG

ES LIEGT EINE unglaubliche Schönheit darin, anderen Menschen zu Diensten sein zu können, ohne irgendeine Gegenleistung zu erwarten. Uneigennützig zu sein, fällt uns nicht leicht, und es ist ganz gewiss nichts für Feiglinge. Erst wenn man bereit ist, sich wirklich zu hundert Prozent hinzugeben und sich ganz der Sorge für einen anderen Menschen zu widmen, ist man wirklich selbstlos.

Eltern eines Neugeborenen oder auch nur die Besitzer eines noch ganz jungen Hundes begreifen das wahre Wesen der Uneigennützigkeit. Ihnen macht es nichts aus, wenn ihr Schlaf mehrmals pro Nacht unterbrochen wird, um eine Fütterung oder in der Eingewöhnungsphase einen nächtlichen Gassigang einzulegen. Das eigene Leben gehört einem nicht mehr allein, und weil man bedingungslose Liebe empfindet, will man es auch gar nicht anders haben.

Darauf kommt es an

ES GEHT UM die Energie, die Sie in den Dienst an anderen Menschen einbringen. Wenn Sie uneigennütziger sein wollen, dann suchen Sie nach Mitteln und Wegen, wie Sie Ihrer Familie oder Ihrer örtlichen Gemeinde Ihre Zeit schenken können.

Meine Freundin Dallyce hat mir einmal anvertraut, dass sie es zu ihrem privaten Projekt gemacht hat, den Abfall mitzunehmen, den sie am Strand findet. Diese Art kreativer Uneigennützigkeit ist äußerst inspirierend. Betreuungspersonen, Krankenschwestern, Eltern und gutherzige Menschen tragen zur schönen Energie des Planeten bei, indem sie nicht nur an sich selbst denken. Ich erinnere mich noch an den Tag, als Sean ins Haus gelaufen kam, sich ein Paar dicke Socken schnappte und sie dem Obdachlosen brachte, den er an einer Ecke gesehen hatte. Die Vorstellung, dass der Mann den Winter in Las Vegas mit kalten Füßen überstehen müsste, hatte Sean veranlasst, zu helfen. Sie sehen also, Mitgefühl ist das Herzblut der Menschlichkeit. Wenn wir uns daran erinnern, dass wir alle in einem Boot sitzen, dann brauchen wir nicht lange nachzudenken, um einem anderen Menschen uneigennützig zu helfen.

Liebes Universum,

unterstütze mich darin, die wahre Essenz der Uneigennützigkeit
zu verkörpern. Wenn ich einem anderen etwas Gutes tue, dann nicht,
um damit (womöglich auf Instagram) anzugeben, sondern
in dem stillen Bewusstsein, dass ich mitwebe
am Menschheitsstoff der Freundlichkeit.
So sei es, und so ist es.

91 UNTERSTÜTZT

WENN IHRE ZIELE, Träume, Wünsche und Sehnsüchte von Ihren liebsten Menschen unterstützt werden, dann leisten diese Menschen einen Beitrag, um Ihre Energie auf einem inspirierten Weg zu halten.

Darauf kommt es an

DAS UNIVERSUM IST immer da, um Sie auf Ihrer Reise zu fördern.

Das Universum unterstützt Sie immer, wenn Sie konsequent und inspiriert handeln. Es ist so, als wäre da immer ein Sicherheitsnetz, wenn Sie es brauchen und ohne Bedingungen. Inwieweit Sie es dem Universum gestatten, Ihnen zu helfen, erkennen Sie genau daran, inwieweit sie sich von Ihren Mitmenschen helfen lassen. Gelingt es Ihnen, Hilfe anzunehmen, dann gelangen Sie in den Fluss der unendlichen Möglichkeiten.

Als sich Louise von Toni scheiden lassen wollte, betrug die Gebühr siebenhundertfünfzig Dollar – eine Summe, die sie nicht aufbringen konnte. Louise hatte die feste Intention, ihre Verbindung offiziell zu lösen, doch hatte sie nicht das Geld, um ihren Vorsatz so rasch wie möglich umzusetzen. Im Geiste einigte sie sich mit dem Universum, dass sie den Betrag innerhalb einer Woche zusammenbringen würden, irgendwie.

In ihrem Herzen sang sie: »Dem Wind sage ich, schaff Geld herbei. Dem Wind sage ich, schaff Geld herbei.«

Es verging keine Woche, und ihr wurde angeboten, ein Kinderbuch zu illustrieren. Das Projekt sollte ihr genau siebenhundertfünfzig Dollar einbringen.

Ihre klaren Intentionen und Ihre Offenheit für die Unterstützung durch das Universum sorgen für leichte Manifestation, sobald Sie sich von Ihren Widerständen befreit haben.

Liebes Universum,

ich erinnere mich daran, dass ich zu hundert Prozent
auf meiner Reise zur Manifestation unterstützt werde. Lass mich
Unterstützung, Führung, Weisheit und Zeichen auf meinem Weg
empfangen, die mir helfen, mich in diesem Abenteuer zu erden.
Möge ich außerdem meine liebsten Menschen und meine Freunde
auf die mir mögliche Weise fördern. Ich weiß, dass mich
die Energie des Helfens und Dienens mit dem Fluss
unendlicher Weisheit verbindet.
So sei es, und so ist es.

92 VERBUNDEN

ES GIBT ZWEI wunderbare Arten, wie man sich verbunden fühlen kann. Entweder Sie spüren die Verbindung zwischen sich und dem Universum – diesen beseelten großartigen und magischen Funken, der Sie daran erinnert, dass Sie ein Teil von allem sind. Oder Sie fühlen sich mit den Menschen in Ihrem Leben verbunden. Beides ist förderlich und sorgt dafür, dass der Mensch, der Sie wirklich sind, auf der Seelenebene gut versorgt wird.

Inspiration kommt dann in Fluss, wenn Sie sich verbunden fühlen, und bringt neue Ideen, Erfahrungen und Abenteuer für Sie hervor.

Darauf kommt es an

DAMIT SIE SICH verbunden fühlen können, müssen Sie den Raum schaffen, in dem sich Verbindungen in Ihrem Leben entwickeln können. Und ich meine hier keine Freundschaften auf dem Niveau der sozialen Medien. Ich spreche davon, dass Sie dem Bildschirm den Rücken kehren und sich mit richtigen Freunden zu einer Tasse Tee oder Kaffee verabreden. Die neue Welt der sozialen Medien hat leider eher dazu geführt, dass viele Menschen sich jetzt noch isolierter, einsamer und abgeschnittener fühlen als vorher. Als Menschen sehnen wir uns danach, mitten unter denen zu sein, die wir lieben. Erst dann fühlen wir uns lebendig und stark.

Schnappen Sie sich Ihr Tagebuch, und tragen Sie die Namen der drei Personen ein, mit denen Sie noch diese Woche Kontakt aufnehmen wollen. Es sollten Menschen sein, die Sie gerne sehen würden, für die Sie aber zuletzt einfach keine Zeit gefunden haben. Jetzt meditieren Sie darüber, wie es wäre, wenn Sie der Aufnahme und Wiederaufnahme von Verbindungen mehr Platz in Ihrer gegenwärtigen Wirklichkeit einräumen würden.

Liebes Universum,

ich danke dir für die wunderbaren, zugewandten,
lustigen, schlauen, schönen Freunde und geliebten Menschen
in meinem Leben. Ich rufe jetzt die Energie grenzenloser Möglichkeiten
an, damit sie die Magie der Verbundenheit auslöst.
Ich bin bereit für aufregende Abenteuer, für die Begegnung
mit neuen Menschen und eine authentische Verbundenheit
mit möglichst vielen seelenverwandten Geistern.
So sei es, und so ist es.

93 VERLETZLICH

DIE FÄHIGKEIT, EINEN anderen Menschen die eigene Verletzlichkeit sehen zu lassen, kann eine wirklich magische Wirkung entfalten. Es öffnen sich Tore zu Herzen, die zuvor verschlossen waren. Außerdem entstehen Vertrauen und Raum für eine starke Verbindung oder es entwickelt sich eine Freundschaft.

Darauf kommt es an

WENN SIE BEREIT sind, sich anderen verletzlich zu zeigen, dann entfachen Sie die Magie der Menschlichkeit und des wundersamen Zusammenwirkens.

Es ist mir eine seelenvolle Ehre, bei der Arbeit, die ich in der Welt tue, mutig genug zu sein, um meine Verletzlichkeit zu zeigen. Ich erinnere mich noch gut daran, wie ich zum ersten Mal vor den Mitgliedern eines Frauennetzwerks auf der Bühne stand und sprach. Ich erzählte von meiner zehnjährigen Ehe, die von häuslicher Gewalt geprägt war. Ich war unglaublich nervös, aber mir war klar, wenn ich meine Nervosität und mich selbst nicht überwand, dann würde ich niemandem helfen können. In dem Saal saßen in etwa zweihundert Frauen. Während ich meine Geschichte erzählte, kam unglaublich viel positive Energie von den Frauen zu mir zurück. Ich konnte sehen, wie sich Augen mit Tränen füllten, wie sich Hände auf Herzen legten und wie wir alle miteinander eins wurden im seelenvollen Dialog über die Macht der Veränderung.

Monate später erhielt ich eine E-Mail von einer Frau, die mir berichtete, dass sie endlich den Mut gefunden hatte, ihre zwanzigjährige, von Missbrauch bestimmte Ehe zu verlassen, weil sie meine Geschichte gehört hatte. Seit diesem Tag bin ich davon überzeugt, dass Verletzlichkeit die Macht hat, das Leben von Menschen radikal zu verändern, und dass wir alle unseren Mitmenschen gegenüber die Verantwortung haben, mit Liebe als gutem Beispiel voranzugehen.

Liebes Universum,

gestatte es mir, andere Menschen auf der Basis
von Verletzlichkeit und aus meinem Herzen heraus an
meinen Erfahrungen teilhaben zu lassen. Auch wenn es anfangs
beängstigend ist, so vertraue ich darauf, dass ich mit meiner Reise
und meiner Wahrheit mithelfen kann, für einen Menschen
in Not einen heilsamen Weg auszuleuchten.
So sei es, und so ist es.

94 VERSORGT

> »Möge Nahrung deine Medizin und
> Medizin deine Nahrung sein.«
> HIPPOKRATES

SICH AUF JEDER Ebene gut versorgt zu fühlen, ist der schnellste Weg zu Wohlergehen in körperlicher, geistiger und seelischer Hinsicht. Nahrung ist mehr als das, was wir in Form von Essen aufnehmen: Sie beinhaltet auch die Stimuli unseres Geistes und unserer Seele. Konfrontieren Sie sich also etwa durch Bücher, Filme oder Situationen unablässig mit Horrorgeschichten oder gewalttätigen Szenen, dann nehmen Sie sie in sich auf und unterlassen es, Ihr Bewusstsein ausreichend vor solchen beunruhigenden Bildern zu schützen. Ich halte mir bei Horrorfilmen oder grundlosen Gewaltdarstellungen im Fernsehen immer rasch die Hände vor die Augen. Wissenschaftliche Studien haben gezeigt, dass sich solche Szenen und Bilder auf das Unterbewusstsein auswirken. Sie verursachen einen Cortisol-Anstieg im Blut und blockieren die Nährstoffaufnahme. Gleichwohl ist es wichtig, am Leben dranzubleiben. Informiert zu sein, bedeutet auch, die Gelegenheit zur Einflussnahme auf die eigene Meinungsbildung und zum Mitgefühl zu erhalten.

Darauf kommt es an

WAS AUCH IMMER Sie in Ihren Körper oder in Ihren Geist hineinlassen, wird entweder Ihre Seele versorgen und nähren oder Ihren Kontakt zum Universum schwächen. Dabei hängt alles von Ihrer Perspektive ab und von der Energie, die Sie in die Situation einbringen.

Meiner Meinung nach existiert eine enge Verbindung zwischen unserer Beziehung zu unserer körperlichen Nahrung und unserer Beziehung zum Universum. Essen ist der Treibstoff, mit dem wir unseren Körper gesund und aktiv halten. Außerdem erinnert es uns daran, dankbar zu sein für die Nahrung, die sich täglich in unserer Wirklichkeit manifestiert. Nahrung ist eine Erweiterung der Liebe, die das

Universum für uns empfindet, und gerade deshalb ist es so wichtig, ihr den richtigen Stellenwert einzuräumen.

Danken Sie täglich allen, die für das Wachsen unserer Nahrung verantwortlich sind: der Sonne, der Luft und dem Wasser, den Landarbeitern und der Energie der Fülle, die Ihnen die Wahl gestattet, mit welchen Nahrungsmitteln Sie Ihr Leben angemessen aufrechterhalten wollen. Dies kann Ihre Dankbarkeitsmeditation sein:

Liebes Universum,

ich danke dir, dass du mich mit der Nahrung versorgst,
die meine Lebenskraft aufrechterhält. Ich wertschätze
mein Bewusstsein, das es mir gestattet, gesunde Entscheidungen
zu treffen, und ich verpflichte mich, meine Energie
in einen Zustand des fortgesetzten Wohlbefindens zu leiten.
Und wenn ich mich manchmal für Pizza oder Wein entscheide,
dann ist dieses Selbstmitgefühl meine Nahrung. Ich danke
dir für den Segen, dass ich jedes Mal neu wählen darf.
So sei es, und so ist es.

95 VERTRAUENSVOLL

VERTRAUEN IST EIN wunderbares Gefühl. Wenn Sie einem Menschen oder einer Situation oder dem Universum mit ganzem Herzen vertrauen können, dann gleicht Ihr Leben einem mühelosen Fluss. Fehlt Ihnen jedoch Vertrauen oder Sie gründen Ihre gegenwärtige Situation auf Nachklänge der Vergangenheit, dann entsteht Schmerz.

Darauf kommt es an

GELINGT ES IHNEN nicht, Menschen zu vertrauen, dann bleibt Ihnen Vertrauen auch in Bezug auf das Universum versagt. Ähnlich verhält es sich, wenn Sie nicht in Ihr Wohlergehen investieren wollen. Das Vertrauen darauf, dass auf einer tieferen Ebene alles zum Wohl des höchsten Gutes geschieht, gestattet es Ihnen, Inspiration in jedem Bereich Ihres Lebens zu entfachen.

Nehmen Sie zum Beispiel Elvie. Sie lebte in Neuseeland in einer kleinen Wohnung mit Ihrem Kater Roy zusammen. Er erhielt seinen Namen im liebevollen Gedenken an ihren Ehemann, der im Zweiten Weltkrieg gefallen war. Elvie war eine Optimistin, die in allen Menschen immer nur das Gute sehen wollte und das, obwohl sie ihren geliebten Roy verloren hatte. Sie richtete ihren Blick immer auf die gute Seite des Lebens, wagte sich jedoch nur selten aus ihrer Wohnung heraus, um etwas Neues auszuprobieren oder neue Menschen kennenzulernen.

Eines Nachmittags leerte sie ihren Briefkasten und erhielt ein Rubbellos von einer scheinbar seriösen Firma. Sie rubbelte die drei Flächen frei und blickte auf die Mitteilung »Hauptgewinn. 250.000 Dollar«. Elvie war fassungslos. Sie rief sofort die Hotline an und offenbarte sich aufgeregt als Gewinnerin. Die Telefonistin wies Elvie an, der Firma ihre Bankverbindung mitzuteilen, damit man ihr den Gewinn zukommen lassen könne.

Können Sie sich vorstellen, was dann geschah? Elvie kam der Bitte nach, und in nur einer Woche war sie ihre gesamten Ersparnisse von 20.000 Dollar los. Ein klarer Fall von Betrug.

Elvie entschloss sich, ihren Glauben an die Menschheit trotzdem nicht zu verlieren, nur weil sie das Opfer einer Gaunerei geworden war. Sie hatte andere Investitionen, die den Verlust wettmachen würden. Doch sie entschloss sich, die Betrüger anzuzeigen und einen Anwalt mit dem Verfahren zu beauftragen. So lernte sie ihren neuen Ehemann James kennen. Wäre sie dem Betrug nicht aufgesessen, dann hätte sie sich nie aus ihrer Komfortzone herausgewagt und sich der Liebe nicht geöffnet. Elvie bewahrte sich auch weiterhin ihr Vertrauen in das Universum.

Liebes Universum,

ermögliche es mir, vollständig auf die Umstände zu vertrauen,
in denen ich mich gegenwärtig befinde. Möge ich ganz
und gar darauf vertrauen, dass alles, was ich erlebe,
nur die Erfüllung dessen vorbereitet,
worum meine Seele bittet.
So sei es, und so ist es.

96 WAHRGENOMMEN

MEIN MANN SEAN und ich machten gemeinsam ein kleines Experiment mit erstaunlichen Ergebnissen. Während des letzten Monats meiner Schwangerschaft mit Lulu wollten wir, dass im Schlafzimmer absolute Stille herrschte. Das bedeutete auch, dass wir dort nicht miteinander redeten. Unser Ziel war es, in unserem Schlafzimmer einen geheiligten Raum zu schaffen, in dem wir einander wirklich wahrnehmen konnten.

Diesen Vorsatz fasten wir, weil Paare oft darunter leiden, dass es keinen Raum für sinnhafte, verbindende gemeinsame Zeit gibt – Menschen hängen ja ständig am Telefon oder sitzen vor dem Fernseher. Es mangelt uns oftmals sogar an Blickkontakt und echter Aufmerksamkeit. Dieses Experiment verwandelte unser Schlafzimmer in einen Ort der Ruhe, der Verjüngung und der bedeutungsvollen Verbindung.

Darauf kommt es an

WAHRNEHMUNG ERMÖGLICHT BETRIEB in beide Richtungen. Sie müssen es sich gestatten, sichtbar zu sein, um auf der Seelenebene wahrgenommen zu werden.

Erkennt ein anderer, wer Sie wirklich im tiefsten Inneren Ihres Herzens, im Kern Ihrer Seele sind, dann entsteht eine Verbindung. Darum geht es im Leben. Wir können uns entweder auf Einssein (Liebe) oder auf Trennung (Angst) hin orientieren.

Es zuzulassen, dass andere Sie sehen und wahrnehmen, ist der erste Schritt, um bedeutungsvollere Beziehungen mit den wunderbaren Menschen da draußen in der Welt zu entwickeln.

Liebes Universum,

ich fühle mich von meinen Lieben wahrgenommen.
Ich fühle mich gesehen von den Menschen,
mit denen ich in der Welt zusammenarbeite. Ich fühle mich
gesehen von meinen Freunden. Wenn ich mit der Seele
des anderen Kontakt aufnehmen will, dann blicke ich ihm
in die Augen und sage: »Ich sehe dich.« So aktiviere
ich augenblicklich meine Authentizität, und wir erinnern
uns daran, wer wir wirklich sind.
So sei es, und so ist es.

97 WEIT

SIE WERDEN ES wissen, wenn Sie bereit sind, das nächste Kapitel in Ihrem Leben aufzuschlagen. Sie werden in Ihrem Herzen ein Gefühl der Weite spüren und sich darüber im Klaren sein, dass Sie jetzt etwas wagen, Ihre Flügel ausbreiten und fliegen wollen.

Ich spürte solch einen intuitiven kleinen Schubs, als ich Australien verließ, um nach Amerika zu ziehen. Ich hatte keinerlei Vorstellung, wie wir den Umzug bewältigen würden. Ich hatte gerade unsere Tochter Lulu zur Welt gebracht, und unsere Geschäfte liefen nicht besonders gut. Außerdem machten wir uns Sorgen, ob mein Exmann Max die Papiere unterschreiben würde, damit meine älteren Kinder mit mir das Land verlassen durften. Letztendlich entwirrte das Universum alle Einzelheiten auf ideale Weise und im perfekten Timing. Ich hatte nichts zu tun, als dem Prozess zu vertrauen.

Darauf kommt es an

DIE AUFFORDERUNG AUS Ihrem Herzen, Ihr Leben weiter voranzubringen, kann manchmal recht beängstigend und verunsichernd sein. Doch für gewöhnlich beruht sie auf dem Wunsch Ihrer Seele nach Wachstum und Transformation. Vertrauen Sie Ihrer Intuition, sie führt Sie zu einem neuen Kapitel Ihres Lebens.

Als Menschen hat uns das Universum so geschaffen, dass wir uns dem Wesen unseres Bewusstseins gemäß beständig ausdehnen wollen. Ziel unseres Lebens ist es, zu wachsen und zu erblühen; deshalb ist es unglaublich wichtig, dass Sie sich Abenteuern und neuen Erfahrungen nicht versagen.

Ihre Hauptaufgabe bei dieser Reise ist es, für jegliche Erweiterung und Erneuerung offen zu sein. Ob Sie in ein anderes Land umziehen, einen neuen Job annehmen oder sich auf eine Verabredung mit einem Unbekannten einlassen. Das Universum wird Sie immer für Ihre Bereitschaft belohnen, eine neue Perspektive für die Betrachtung Ihres Lebens zu suchen.

Liebes Universum,

öffne mein Herz und meinen Geist für neue,
aufregende Erfahrungen und Abenteuer.
Ich vertraue darauf, dass du mich leitest, intuitiv
dem richtigen Weg zu gutem Handeln zu folgen.
So sei es, und so ist es.

98 WILLKOMMEN

NICHTS IST ANGENEHMER, als sich bei geliebten Menschen oder Freunden willkommen zu fühlen. Werdende Eltern bringen Monate damit zu, die Ankunft ihres Kindes vorzubereiten, damit es sich geliebt und in ihrem Heim willkommen fühlt. Wenn Familienmitglieder von langen Reisen zurückkehren, dann werden nicht selten Willkommenspartys veranstaltet.

Darauf kommt es an

ANDEREN DAS GEFÜHL zu geben, dass sie in Ihrem Leben und in Ihrem Zuhause willkommen sind, ist ein gutes Mittel, um Freundschaften und Beziehungen zu stärken. Es öffnet die Herzen und schafft Raum, damit Freundlichkeit sich manifestieren kann.

In manchen englischsprachigen Ländern antwortet man, wenn sich jemand bedankt, mit »you are welcome« (du bist willkommen). Ich habe lange gebraucht, bis ich diese Entgegnung in aller Aufrichtigkeit äußern konnte. In Australien sagt man üblicherweise »my pleasure« (es war mir ein Vergnügen) oder »it's okay« (schon gut) oder »no worries« (kein Problem). Als ich noch neu in Los Angeles war und die Leute »you are welcome« sagen hörte, da kam mir diese Erwiderung eher unaufrichtig vor. Inzwischen habe ich sie als einen wichtigen Teil der amerikanischen Kultur begriffen. In ihr schließt sich der Kreis der Freundlichkeit. Andere willkommen zu heißen, ist eine Geste des offenen Herzens, und von dieser Art Energie kann die Welt nie genug haben.

Liebes Universum,

möge ich mich überall, wo ich bin, willkommen fühlen.
Möge ich auch meine Mitmenschen in meiner Nähe
und meinem Zuhause willkommen heißen.
Damit kommt die Verbindung zwischen mir und
meinen Nächsten in Fluss. Ich danke dir für das Bewusstsein,
dass ich Menschen in meinem Leben brauche.
Es nährt mein Herz und fühlt sich gut an.
So sei es, und so ist es.

99 WÜRDIG

SICH WÜRDIG ZU fühlen, ist Ihr Geburtsrecht, denn Sie sind ein einzigartiger Mensch. Wir alle haben Fehler, Mängel und Marotten, kennen Bedauern, Reue und spirituelle Umwege, und genau das macht uns so vollkommen in unserer Unvollkommenheit.

Im Laufe der Jahre habe ich mit Tausenden von Menschen an der Manifestierung ihrer Träume gearbeitet. Meiner Meinung nach hindert uns in erster Linie das Gefühl, nicht würdig zu sein, an einem absichtsvoll großartigen Leben. Es könnte sein, dass Sie sich infrage stellen, dass Sie Ihre Wünsche in Zweifel ziehen oder es nicht wagen, erfolgreicher als andere in Ihrer Familie zu sein.

Sie sind es wert, Wertschätzung zu erfahren. Wie eine seltene exotische Pflanze müssen Sie sorgfältig und regelmäßig gewässert, gedüngt und von Sie bedrängendem Unkraut befreit werden.

Darauf kommt es an

SIE SOLLTEN LERNEN, der kleinen Stimme in Ihrem Inneren den Mund zu verbieten, wenn sie Sie glauben machen will, Sie seien unwürdig.

Das Universum hat diese Stimme in Ihr Bewusstsein gepflanzt, um Sie dazu anzustacheln, dass Sie über sich selbst hinauswachsen. Es will, dass Sie sich auf Ihre eigene Würdigkeit besinnen. Die kleine Stimme ist die Aufforderung des Universums an Sie, Ihre Macht anzunehmen und Mitgefühl und Freundlichkeit für sich selbst aufzubringen. Damit Sie lernen, sich als würdig zu empfinden, müssen Sie Ihre Wertschätzung für sich selbst kultivieren. Statt ernst gemeinte Komplimente infrage zu stellen, ein Geschenk als »zu groß« zu bezeichnen oder angebotene Hilfe zurückzuweisen, sollen Sie sich daran erinnern, sich selbst von ganzem Herzen zu lieben und sich als würdig zu empfinden. Warum? Weil Sie es sind. Sie waren schon immer würdig und werden es immer sein.

Liebes Universum,

ich bin mit der Kernessenz meiner Seele verbunden.
Ich weiß, dass ich alles wert bin, was ich mir mit dem Herzen wünsche.
Ich bin genug. Ab sofort stehe ich Wache am Tor zu meinem Denken
und weise alle Gedanken zurück, die meinen Wert infrage stellen.
Je mehr meine Würdigkeit wächst, desto mehr
kann ich anderen geben.
So sei es, und so ist es.

ZUFRIEDEN

ZUFRIEDEN ZU SEIN ist einer der besten Zustände, den man mit Körper, Geist und Seele einnehmen kann. Um in Ihrem Leben mehr Zufriedenheit zu manifestieren, müssen Sie mehr von den Dingen tun, die Ihnen Freude bereiten, bei denen Ihr Herz vor Glück geradezu platzt, weil es im Moment nichts gibt, was Ihr Leben noch besser machen könnte.

Darauf kommt es an

IN IHREM LEBEN muss nicht alles perfekt sein, damit Sie Zufriedenheit erleben können.

In Ihrem Tag könnten sich hundert kleine Augenblicke der Zufriedenheit einstellen, die zusammen das Gesamtbild ergeben. Probieren Sie aus, wie es sich anfühlt, wenn Sie bewusst bei diesen kleinen Augenblicken der Zufriedenheit innehalten, um sie wahrzunehmen. Für mich gehört der Augenblick dazu, wenn ich am Morgen die Wange meiner kleinen Tochter Ava küsse. Ich bin schon zufrieden, wenn ich auch nur kurz unsere Verbundenheit spüre. Wenn Sie dabei Hilfe brauchen, dann probieren Sie es aus und spielen in dieser Visualisierung mit dem Universum:

Halten Sie inne, und stellen Sie sich vor, dass Sie sich in einem Meditationsgarten mit Blick auf den Ozean befinden. Auf dem weichen Gras sitzen Sie bequem im Schneidersitz. Die kleine Brise, die vom Meer herüberweht, hat genau die richtige Temperatur – nicht zu warm und nicht zu kühl. Die Wellen brechen sich sanft am Ufer und benetzen den Strand. In der Entfernung hören Sie Kinder lachen. Alles in Ihrem Körper fühlt sich angenehm an. Sie fühlen sich in Ihrer Haut zu Hause. Sie fühlen sich mit Ihrem Geist wohl. Und Sie sind jetzt in Ihrem Herzen am rechten Platz.

In diesem reinen Zustand der Zufriedenheit und des reinen Seins werden Sie sich der Tatsache bewusst, dass Sie nichts weiter wollen und nichts weiter brauchen. Sie nehmen lediglich bewusst wahr, wie entspannt und ruhig Ihr Atem fließt, und wie sehr Sie erfüllt sind von seliger Zufriedenheit. Sie fühlen sich eins mit dem Gras, auf dem Sie sitzen, und mit dem Ozean vor Ihnen, mit dem Himmel, den Wolken und der Wärme der Sonne, die auf Ihre Haut scheint. Dieser Augenblick ist die sichtbare Verkörperung des Gefühls der Zufriedenheit.

> *Liebes Universum,*
>
> ich bin dankbar dafür, dass ich diesen Grad
> von Glück und Zufriedenheit jetzt in diesem Augenblick erlebe.
> Immer wenn ich die Essenz dieses Augenblicks brauche,
> bitte ich dich, dieses Gefühl vor meinem inneren Auge
> sichtbar zu machen. Ich manifestiere diese Erfahrung
> in meiner gegenwärtigen Wirklichkeit.
> *So sei es, und so ist es.*

Teil vier

DIE DYNAMIK DER INSPIRATION AUFRECHTERHALTEN

Die ZEHN GRUND-ELEMENTE der MANIFESTATION

Wenn Sie mit dem Universum zu Ihrem erstaunlichen Abenteuer aufbrechen, dann ist es wichtig, den Schwung der Inspiration aufrechtzuerhalten und die Energie des Erinnerns zu entfachen. Hierzu sollten Sie sich an die nachfolgenden zehn Grundelemente »erinnern«, die Sie auf Ihrer Reise zur Manifestation unterstützen.

1. Ich erinnere mich daran, DASS ICH IMMER MIT DEM UNIVERSUM ZUSAMMENARBEITE, -SPIELE UND -FLIESSE.

Es gibt keine Trennung zwischen Ihnen, dem Einssein allen Lebens und der Energie, die jedes einzelne Atom im Stoff des Kosmos' belebt. Alles, was ist, wird gesteuert von der allerhöchsten Energie – bezeichnen Sie sie als Gott, Quelle, die Kraft, das Universum oder wie immer es Ihnen beliebt. Das Universum ist die höchste Schwingung der Liebe und des Überbewusstseins. Sie *sind* das Universum und der Ausdruck ebendieser Energie. In diesem Bewusstsein erinnern Sie sich an die Ihnen gegebene Macht, Ihre eigene Wirklichkeit selbst zu erschaffen.

2. Ich erinnere mich daran, DASS ALLES MÖGLICH IST.

Tief in Ihrem Herzen müssen Sie davon überzeugt sein, dass Ihnen alles und jedes möglich ist, sogar und insbesondere dann, wenn es jeder Logik zu widersprechen scheint. Sie müssen herausfinden, wie Sie an etwas glauben können, ohne es zu »sehen« und losgelöst von der Frage, »wie« sich etwas manifestiert. Für alle vorstellbaren und unvorstellbaren Möglichkeiten offen zu sein gestattet es Ihnen auch, daran zu glauben, dass sich in Ihrer Wirklichkeit Wunder ereignen können.

3. Ich erinnere mich daran, DASS ICH LERNEN MUSS, DEM PROZESS DER MANIFESTATION ZU VERTRAUEN UND MICH IHM HINZUGEBEN.

Sie müssen lernen, Ihre Energie zu lenken und dann dem Prozess zu vertrauen, sobald Sie dem Universum Ihre Intention oder Ihren Wunsch übermittelt haben. So kann das Gesetz der Anziehung seine Wunder wirken. Hingabe ist nicht das Gleiche wie Aufgeben: Hingabe bedeutet, dass Sie Ihre Energie steuern und keine Widerstände mit Ihrer Intention verbinden, die sie daran hindern würden, sich in Ihrer Wirklichkeit zu manifestieren. Ein verkrampftes Starren auf das ersehnte

Ergebnis kann niemals zum Ziel führen, deshalb wirkt Ablenkung Wunder. Sie sollten sich also etwas suchen, was Sie davon abhält, unablässig nach Ergebnissen oder Zeichen oder Hinweisen für die Manifestation Ihres Wunsches Ausschau zu halten. Beispielsweise könnten Sie eine Fernsehsendung ansehen, einen Spaziergang machen, ein Bild malen, eine Mahlzeit zubereiten, eine neue Sprache lernen. Alles ist willkommen, was Sie aus Ihrem Kopf herausführt in einen Zustand des Vertrauens darauf, dass das Universum sich in absolut göttlichem Timing um die Details kümmert.

4. Ich erinnere mich daran, DASS DIE ENERGIE, DIE ICH AUSSENDE, IMMER ZU MIR ZURÜCKKEHREN WIRD.

Sobald Sie das Gesetz der Anziehung verstanden haben, wissen Sie, dass jegliche Energie, die Sie investieren, immer wie ein Bumerang zu Ihnen zurückkehrt. Deshalb dürfen Sie bewusst nur solche Energie aussenden, von der Sie möchten, dass das Universum Sie zu Ihnen zurückschickt. Unsere gesamte Existenz ist ein gewaltiger Spiegel, der uns zeigt, was wir zu lernen haben, damit wir als Menschen wachsen können.

5. Ich erinnere mich daran, DIE AFFIRMATION »DAS ODER ETWAS BESSERES« ZU BENUTZEN.

Das Universum liefert das von Ihnen Gewünschte auf vielerlei Art und Weise. Doch wird bei dem Prozess gerne übersehen, dass Sie immer nur das anziehen, wofür Sie sich innerlich geöffnet haben. Daher kommt es manchmal zu Enttäuschungen darüber, dass die Manifestation nicht genau dem Gewünschten entspricht. Wenn Sie diese Erfahrung gemacht haben, dann meditieren Sie darüber, dass das Universum alles in perfektem göttlichem Timing und zu Ihrem Besten liefert. Bedenken Sie auch: In Ihrem Wunsch könnte etwas stecken, was Ihre Seele am Gedeihen und Wachsen hindert. Ihr höheres Selbst weiß und vertraut darauf, dass Sie sich immer auf dem richtigen Weg befinden.

6. *Ich erinnere mich daran,* DASS MEINE WORTE MEIN ZAUBERSTAB SIND.

Die Reise zur Manifestation machte es erforderlich, die eigenen sprachlichen Gewohnheiten und die Wortwahl zu meistern. Die Emotionen als Begleitgepäck Ihrer Worte sind die energetische Essenz dessen, was Ihre Manifestationen antreibt. Einfach ausgedrückt: Ihre Gedanken sind elektrisch aufgeladen und Ihre Emotionen sind magnetisch.

Wenn Sie sich Ihre Sprachgewohnheiten bewusst vor Augen führen, dann werden Sie äußerst sorgfältig auf Worte und Sätze verzichten, die Ihnen nicht mehr länger dienen. Die Vermeidung von Worten wie »hassen« oder Verallgemeinerungen wie »immer«, »jeder«, »alle« und »nie« sorgen dafür, dass Ihre Schwingung für alle wundervollen Möglichkeiten offenbleibt. Gleichzeitig befreien Sie sich so von allem weniger Hilfreichen. Ihre Worte verfügen über die unglaubliche Macht, Ihren Weg in die Zukunft zu formen. Ermächtigende Worte können Sie hoch hinausführen, während Worte, die von einschränkenden Überzeugungen getragen werden, Sie klein halten. Welch ein Segen, dass Sie wählen dürfen.

7. *Ich erinnere mich daran,* MICH IN DER KUNST DER DANKBARKEIT ZU ÜBEN.

Indem Sie sich daran erinnern, für wirklich alles dankbar zu sein, was sich in Ihrer Wirklichkeit zeigt, schaffen Sie Raum für das Universum, damit es noch mehr Wunder und Magie in Ihrem Leben bewirken kann. Ihr Dank selbst für die allerkleinste Manifestation wird Ihre Schwingung erhöhen und den Weg freimachen für das Erscheinen des Größeren und noch Besseren.

Vergessen Sie nicht, am Ende jedes Tages drei Dinge in Ihr Tagebuch zu schreiben, für die Sie dankbar sind. Auf diese Weise leisten Sie Ihrem Unterbewusstsein vor dem Einschlafen magische Nachhilfe. Die magnetische Energie der Wertschätzung steht in Verbindung mit dem Universum und sendet ihm entsprechende Mitteilungen darüber, dass Sie für den Empfang weiterer Wunscherfüllungen bereit sind.

8. *Ich erinnere mich daran,* GUTEN UMGANG ZU PFLEGEN UND SEELENVERWANDTE ZU FINDEN.

Wenn Sie sich mit Menschen umgeben, die Sie auf Ihrer Reise inspirieren und unterstützen, dann haben Sie die Möglichkeit, über die Emotionen zu sprechen, die Ihre einzelnen Abenteuer bei Ihnen auslösen. Sich mit gleichgesinnten, verwandten Geistern zu umgeben, hilft Ihnen, Ihre Energie auf einem hohen Niveau und Ihr Herz in Schwung zu halten. Wir sind die energetische Summe der fünf Menschen, mit denen wir die meiste Zeit verbringen. Falls es Ihnen nicht gelingt, sich innerhalb Ihrer Gemeinschaft gleichgesinnten Menschen anzuschließen, dann fassen Sie die Intention, solche Menschen in Ihre Wirklichkeit hineinzuziehen.

Wenn Sie Englisch sprechen, dann haben Sie die Möglichkeit, sich meiner Manifesting Academy anzuschließen und alles über unsere exklusive Seelenfamilie zu erfahren. Hier ist für Sie der Raum geschaffen, in dem Sie über Ihre Reise zur Manifestation sprechen und in dem Sie lebenslange Freunde finden können.

9. *Ich erinnere mich daran,* DASS GELD NICHTS ANDERES IST ALS ENERGIE.

Menschen, die keine Probleme mit Geld haben, gelingt es leichter, Fülle zu manifestieren. Sie glauben nicht, dass »Geld die Wurzel allen Übels ist«. Tatsächlich behandeln Sie Geld sogar wie einen guten Freund und beschützen es. Weil sie ihm so viel Liebe schicken, vermehrt es sich. Das liegt daran, dass Geld Energie ist. Geld ist der als Bewusstsein zum Ausdruck gebrachte Dank des Universums für Ihre geleisteten Dienste. Alles, dem Sie Ihre Liebe schicken, dehnt sich aus – und mit Geld verhält es sich nicht anders.

10. *Ich erinnere mich daran,* STARKE VORSÄTZE ZU FASSEN UND MICH DARAUF ZU FOKUSSIEREN, WIE ICH MICH FÜHLE.

Wer ein ausgezeichneter Manifestator ist, der schafft großzügigen Raum für die Ziele, die er im Leben erreichen will. Ein begabter Manifestator weiß (ohne jeden Zweifel), dass er für das Manifestieren Zeit benötigt, um die Details mit einzigartiger Genauigkeit zu entwickeln. Er verwandelt den Prozess in ein angenehmes Spiel mit dem Universum und vertraut (ohne jeden Zweifel) darauf, dass sich seine Wünsche im angemessenen göttlichen Zeitrahmen verwirklichen werden.

Ihre Entscheidung für spezifische Intentionen schafft einen sicheren und geheiligten Raum dafür, dass sich in Ihnen die Liebe immer über Ihre Angst erheben kann, damit Sie Träume und Wünsche in großzügigen Dimensionen hervorbringen können. Ganz egal, ob Sie davon träumen, ein bekannter Autor zu werden oder ein erfolgreicher Fußballer, Ihren Seelenpartner finden oder eine ganz besonders präsente Mutter sein wollen … die Regeln dieses Spiels sind einfach:

- Machen Sie sich klar, was Sie wirklich wollen.
- Schreiben Sie es auf.
- Arbeiten Sie physisch (durch inspiriertes Handeln) und energetisch (indem Sie Ihre Emotionen lenken) an der Verwirklichung Ihrer Intention.
- Gehen Sie mit Ihrer Intention so um, als hätte sie sich bereits verwirklicht.
- Seien Sie dankbar.

DIE ESSENZ DER VISUALISIERUNG ENTFACHEN

Geneviève Behrend, 1881 geboren, war eine Autorin und Vermittlerin der Neugeist-Bewegung in New York. Sie wünschte sich, nach Cornwall in England zu reisen, um sich dort von einem neuen spirituellen Lehrer unterweisen zu lassen, doch sie besaß dazu nicht die finanziellen Mittel. Jeden Abend und jeden Morgen stellte sie sich in allen Einzelheiten vor, wie sie zwanzig Eintausenddollarscheine auszählte – viel mehr Geld, als sie für Ihre Reise eigentlich benötigte. Aber die Vorstellung half ihr, ihre Energie auf unbegrenzte Möglichkeiten einzustimmen. Vor ihrem geistigen Auge sah sie, wie sie ihre Fahrkarte nach London kaufte und bezahlte, wie sie an Bord des Schiffes ging und zuletzt, wie sie Ihrem Lehrer gegenübersaß und wie sich das anfühlte.

Genevièves Affirmation lautete: »Mein Verstand ist ein Zentrum göttlicher Vorgänge.«

Sie benötigte ungefähr sechs Wochen, um das Geld zu manifestieren.

Als mächtiger Erschaffer müssen Sie die erforderliche Zeit investieren, um Ihre Ziele, Träume, Wünsche und Sehnsüchte zu visualisieren. Viele Gründe sprechen dabei für eine Traumcollage. Sie stärkt wirkungsvoll Ihre Verbindung zum Universum und ermöglicht Ihnen außerdem Klarheit darüber, was Sie in Ihrem Leben wirklich hervorbringen wollen. Entscheidend ist es, dass Sie sich gestatten, die Emotionen zu empfinden, die Sie mit den Bildern und Objekten auf Ihrer Traumcollage verbinden. Es sollte bei Ihren Träumen nicht ausschließlich um materielle Dinge oder um irgendwelche Sachen gehen, denn je mehr Sie sich darauf konzentrieren, was Sie empfinden, desto weiter dehnt sich diese Energie aus. Es geht um die Erfahrung und die damit einhergehenden Gefühle, einen brandneuen Tesla zu besitzen, und nicht zwangsläufig um den Tesla selbst.

Hier ein Beispiel. Im Jahr 2013 planten mein Liebster Sean und ich unsere Hochzeit. Wir lebten damals in Australien, doch wir wollten unseren besonderen Tag in einem kleinen Luxushotel in Las Vegas feiern. Ich entschloss mich, eine Traumcollage zu basteln, auf der alle Elemente einen Platz bekamen, die mir lieb und teuer sind. So konnte ich der Energie, die ich mir für unseren besonderen Tag wünschte, eine Form geben. Mitten in die Collage klebte ich ein wunderschönes Foto von Pfingstrosen in großen Körben. Beim Aufkleben stellte ich mir vor, wie es sich anfühlen würde, am Arm meines Vaters den Gang hinunterzugehen zu meinem neuen Ehemann, der Liebe meines Lebens.

Ich wünschte mir Pfingstrosen in meinem Brautstrauß. Als der Zeitpunkt kam, um die Blumen zu bestellen, erhielt ich die Mitteilung, dass Pfingstrosen keine Saison hatten und dass es aussichtslos sein würde, sie zu dieser Jahreszeit zu einem erschwinglichen Preis zu beschaffen. Also bestellte ich andere Blumen (Rosen) und akzeptierte einfach, dass sich meine Vision in diesem Punkt nicht erfüllen würde.

Tatsächlich geht es hier darum, dem sich entwickelnden Prozess zu *vertrauen* und ihn mit der Affirmation »Das oder etwas Besseres« zu bestätigen. Indem Sie sich dem Fluss überlassen, befreien Sie sich von den inneren Widerständen gegen das, was Sie wirklich manifestieren wollen.

Am Tag der Hochzeit unterlief den Floristen ein Fehler, und sie lieferten die falschen Blumen. Sie riefen mich an und entschuldigten sich ganz zerknirscht dafür, dass sie einen Brautstrauß mit Pfingstrosen anstatt mit Rosen vorbereitet hatten! Es handelte sich um genau das Arrangement von Pfingstrosen, das ich Monate zuvor in meine Traumcollage geklebt hatte; sogar die Farben stimmten!

Das Universum liefert das, was wir in unserem Unterbewusstsein verankert haben, denn es ist darauf eingeschworen, unsere Wirklichkeit um unsere Gefühle herum zu errichten. Es ist nicht unsere Aufgabe, zu entscheiden oder zu wissen, *wie* sich irgendetwas manifestiert; wir sollen lediglich darauf vertrauen, *dass* sich alles im Rahmen perfekten göttlichen Timings entfalten wird.

WIE MAN EINE TRAUMCOLLAGE ANFERTIGT

Am besten klappt die Anfertigung einer Traumcollage, wenn Sie Ihre Materialien zu diesem Zweck intuitiv sammeln. Schneiden Sie Abbildungen aus Zeitschriften, Broschüren und Werbeblättern aus und außerdem Begriffe, die in Ihrem Herzen eine emotionale Reaktion auslösen. Hinzufügen könnten Sie außerdem Orakelkarten, Zitate, Lesezeichen, Federn, Aufkleber oder sogar Glitzerstaub – alles, was Ihnen hilft, in den empfundenen Raum der Inspiration zu gelangen. Kleben Sie alles, was Sie zusammengetragen haben, auf einen großen Bogen Karton.

Wenn Sie sich daranmachen, Ihre Traumcollage anzufertigen, dann sorgen Sie dafür, dass Sie zu diesem Zweck ein paar ungestörte Stunden haben. Schenken Sie sich ein Glas Wein ein oder brühen Sie sich eine Tasse grünen Tee auf, schalten Sie Ihr Handy aus, und freuen Sie sich entspannt auf einen erfreulichen Prozess. Musik kann ebenfalls hilfreich sein, um die Magie dieser kreativen Aktivität in Gang zu setzen.

Sehen Sie vor Ihrem inneren Auge das Ideal Ihrer Lebensweise. Tauchen Sie ein in die Dankbarkeit für den gegenwärtigen Augenblick, als seien Ihre Träume bereits verwirklicht. Die Macht des gegenwärtigen Augenblicks ist der Dreh- und Angelpunkt der Manifestation. Denken Sie daran: Es gibt keine Regeln! Sie können Ihre Collage so anfertigen, wie Ihre Inspiration es Ihnen eingibt. Es steht Ihnen auch frei, für jede Ihrer Intentionen eine eigene Traumcollage anzufertigen, wenn Sie es wollen.

Sobald Ihre Traumcollage fertig ist, platzieren Sie sie an einem Ort, auf den Ihr Blick regelmäßig fällt. Sie können auch ein Foto davon machen und als Bildschirmschoner auf Ihrem Computer einrichten oder als Hintergrundbild auf Ihrem Handy. Auf diese Weise kann das Bild tief in Ihren Geist einsinken.

Falls Sie Englisch können und Klarheit darüber erlangen wollen, was Sie in Ihrem Leben manifestieren und wie Sie sich dabei fühlen wollen, dann laden Sie gerne mein kostenloses Geschenk herunter, das ich für Sie unter SarahProut.com/gift eingerichtet habe. Das Universum kann besser reagieren, wenn Sie sich zuvor Klarheit darüber verschafft haben, was Sie in Ihrem Leben wirklich sein, tun und haben wollen.

IHREN GEHEILIGTEN RAUM ENTWERFEN

Nun, da Sie Ihre Traumcollage hergestellt und kraftvolle Vorsätze gefasst haben, ist es wichtig, in Ihrem Zuhause einen geheiligten Platz einzurichten, der der Unterstützung Ihres Abenteuers dient. Die Einrichtung eines Altars ist ein magisches Mittel, um in Ihrem direkten Umfeld, sei es zu Hause oder am Arbeitsplatz, das Gespräch mit dem Universum in Gang zu bringen. Sie können an Ihrem Altar meditieren, dort mit Affirmationen und Mantras arbeiten oder das visualisieren, was Sie hervorbringen wollen. Der Altar als fester Platz verstärkt Ihre Intention und Ihre Schwingung. Außerdem verkörpert er den geheiligten Raum für die Manifestation Ihrer Wünsche. Ein Altar erfüllt nicht nur einen dekorativen Zweck und hat nicht nur die Aufgabe, hübsch auszusehen, er versammelt Gegenstände, die Sie darin unterstützen, Ihren Fokus, Ihre Inspiration und den machtvollen Fluss Ihrer Energie aufrechtzuerhalten. Da der Altar ein spiritueller Platz ist, sollten Sie außerdem darauf achten, dass er das symbolisiert, woran Sie tatsächlich glauben.

Es kann viel Spaß machen, einen Altar bei sich zu Hause einzurichten! Achten Sie darauf, dass er sich in einer ruhigen Ecke befindet, in der Sie ungestört sind. Auf gar keinen Fall sollten Sie gezwungen sein, neugierige Fragen von Kindern oder Gästen zu den Gegenständen auf Ihrem Altar zu beantworten, die Sie energetisch mit Ihrer eigenen Magie aufgeladen haben. Außerdem darf alles, was dort steht oder liegt, nur von Ihnen selbst oder von einem von Ihnen geliebten Menschen – mit Ihrer vorherigen Erlaubnis – berührt werden.

Hier ein paar Ideen dazu, was Sie auf Ihrem Altar platzieren könnten:

- Kristalle (Rosenquarz für Liebe, Zitrin für Fülle)
- Kerzen (in Farben und mit Düften angereichert, die in Ihnen Staunen oder Bewunderung hervorrufen)
- Symbole und Figuren: Ich habe auf meinem Altar eine Lakshmi-Figur, weil sie die Hindu-Göttin der Fülle ist. Mein Mann Sean hat auf seinem Altar eine wirklich coole Merlin-Figur. Finden Sie Götter oder Bilder, die Ihnen etwas sagen.
- Tagebuch: Sie könnten ein eigenes Dankbarkeitstagebuch auf Ihren Altar legen. Damit verstärken Sie Ihre Intentionen.
- Essenzen und Duftöle: Die Einbeziehung der Pflanzenmagie ätherischer Öle lässt sich zurückverfolgen bis ins alte Ägypten. Die Verknüpfung Ihrer Intentionen mit bestimmten Düften wird es Ihnen leichter machen, sie in Ihrem Unbewussten zu verankern.
- Salbei: Das Räuchern mit Salbei reinigt die Energie. (Sie erhalten Salbei entweder im Lebensmittelladen, in Gartengeschäften oder bauen ihn selbst in Ihrem Garten an.)
- Orakel- oder Inspirationskarten
- Blumen: Frisch geschnittene Blumen sind wunderbar geeignet, um die Energie Ihres Altars lebendig und im Fluss zu halten.
- Besondere Bücher (Hier mein Wink mit dem Zaunpfahl: zum Beispiel Ihr Exemplar von *Rückenwind vom Universum*. Ein Foto mit dem Buch auf Ihrem Altar könnten Sie auf Instagram teilen; nutzen Sie hierzu #DearUniverse.)
- Schmuck: Kleinigkeiten und besondere Erinnerungsstücke – Gebetsperlen, Anhänger, Symbolisches – laden Ihren Altar mit mächtiger Energie auf.

Dahinter steht die Intention, Ihren Altar mit Gegenständen zu bereichern, die Ihnen im Herzen etwas bedeuten und Ihnen wichtig sind. Sie sind geheiligte Erinnerungen daran, dass Sie gemeinsam mit dem Universum daran arbeiten, Ihre eigene Wirklichkeit zu erschaffen.

TÄGLICHE RITUALE ALS BINDEGLIED

Um den Schwung der Inspiration im Fluss zu halten, ist es sinnvoll, sich täglich neu durch Rituale mit dem Universum und Ihren Intentionen zu verbinden. Es könnte dabei etwa um Handlungen der Selbstfürsorge gehen wie um ein heißes Bad, die Lektüre eines inspirierenden Buches, ein Gesellschaftsspiel mit Ihren Lieben, die detaillierte Visualisierung Ihrer Intention oder um eine fünfminütige Meditation.

Die Meditation ist die eigentliche Grundlage für die Aufrechterhaltung Ihrer Verbindung mit dem Universum und spielt deshalb in diesem Buch auch die zentrale Rolle. Haben Sie gewusst, dass Meditation Ihnen helfen kann, sich von den emotionalen Blockaden zu befreien, die Sie daran hindern, Ihre Wünsche und Träume zu manifestieren? Wir leben in diesem einzigartigen Universum, in dem alles Energie ist, und dann vergessen wir ausgerechnet die Macht, die uns gegeben wurde, damit wir Zugang zu unserem grenzenlosen Potenzial erhalten – vorausgesetzt, wir geben der Beschäftigung mit ihr einen festen Platz in unserem angefüllten Tagesablauf. Wissenschaftliche Studien zeigen unmissverständlich, dass Menschen, die regelmäßig meditieren, ein physiologisches Alter aufweisen, das zwölf bis fünfzehn Jahre unter ihrem tatsächlichen Alter liegt. Grund genug, sich im Rahmen einer täglichen Meditation auf die Energie des Universums einzustimmen.

»UNIVERSELLE AUGENBLICKE« MIT ANDEREN TEILEN

Als letztes Element zur Aufrechterhaltung Ihres inspirativen Flusses könnten Sie das, was Sie inspiriert, mit anderen teilen.

Falls die Geschichten in diesem Buch Sie berührt haben, würde ich mich sehr freuen, auch von Ihnen etwas über ein paar Ihrer »universellen Augenblicke« zu erfahren (oder auch über die Ihrer Freunde und Angehörigen). Falls es Ihnen möglich ist, die Sprachbarriere zwischen uns zu überwinden, stehen Ihnen mehrere Wege offen, um mit mir über meine Website (SarahProut.com) oder über die sozialen Medien (@sarahprout) in Verbindung zu treten.

Der Prozess, *Rückenwind vom Universum* zum Leben zu erwecken, ist für mich die Manifestation eines lange gehegten Traumes. Ich wünsche mir, dass die Mitteilungen und Unterweisungen in diesem Buch Sie dazu anregen, sie weiterzuverbreiten – und dass Sie teilen, was Sie inspiriert hat. Gemeinsam wollen wir eine Bewegung ins Leben rufen, mit der wir anderen helfen können, über die Angst hinauszuwachsen, Liebe aufzugreifen und uns der Macht zu erinnern, die uns zur Verfügung steht, um »universelle Augenblicke« der Transformation zu manifestieren.

Von meiner Seele direkt zu Ihrer übermittle ich Ihnen meine tiefste Anerkennung dafür, dass Sie diese Reise gemeinsam mit mir aufnehmen.

In Liebe und Dankbarkeit,

Sarah Prout

Dank

DANKBARKEIT.

Herzlichen Dank an meinen Verleger Justin Schwartz und das Team bei HMH, meinem amerikanischen Verlag, dafür, dass Sie an mich glauben. Ein besonderes Dankeschön geht an Katelyn Morse für die wunderschönen Illustrationen.

Mein Dank geht außerdem an meine Agenten bei Sterling Lord Literistic: Jaidree Braddix und Celeste Fine, Sie sind unglaublich. Ich danke Ihnen dafür, dass Sie die Magie dieser Reise entfacht haben.

Sean Patrick Simpson, ich liebe und sehe dich. Du bist die Liebe meines Lebens, mein Spiegel. Du bist meine allerbeste Manifestation, und ich bin unendlich dankbar dafür, dass ich dieses wilde Abenteuer mit dir erleben darf.

Thomas Anthony, Olivia Rose, Lulu Dawn und Ava Moon, ich danke euch dafür, dass ihr hier seid. Worte können nicht fassen, wie sehr ihr mein Herz mit Freude beschenkt. Ihr seid erstaunliche, großartige und wunderschöne Menschenwesen – ich fühle mich geehrt, eure Mutter sein zu dürfen.

Tony Prout und Louise Findlay, ich liebe euch beide unendlich.

Eine herzliche Umarmung und ewigen Dank meinen lieben Freunden Dallyce Brisbin und Scott de Moulin.

Gewaltige Wellen der Dankbarkeit gehen an das ganze Team bei Soul Space Media, insbesondere an Kim West, Mavi Barrena und Jon Marino. An unsere Kundinnen und Kunden, die Schülerinnen und Schüler der Manifesting Academy, die Mitglieder unserer Seelenfamilie, die Leserinnen und Leser von SarahProut.com, die Zuhörerinnen und Zuhörer des Podcasts »Journey to Manifesting«, unsere Abonnentinnen und Abonnenten und unsere Fans: Ihre Unterstützung bedeutet mir alles; Sie inspirieren mich mit Ihren Geschichten der Hoffnung, Transformation und Erkenntnis.

Meine Dankbarkeit gilt außerdem Roger Simpson, Bree Argetsinger und Bodhi, Grace Smith, Bernardo Smith-Feitosa, Marla Mattenson, Kris Britton, Ryan Yokome, Bronya Wilkins, Amber Petty, Rebecca Lange, Cathy und Gemma Penglase, Alyce Pilgrim, John Ronaldo Brans, Samuel Hawley, Henrietta Prout, David Fraser, Reuben Crossman, Vishen Lakhiani, Miriam Gobovic, Klemen Struc, Mindvalley.com, DigitalMaketer.com, Shelly Lefkoe, Andrea Lee, Jess Tomlinson, Joan Georgina, Betsy Green, Mary Veronica Diedrich, Kirpal Singh Ji Gill, Joy Patterson. Tatsächlich müsste ich mich bei Hunderten von Menschen bedanken und ihre Namen aufzählen. Ihr wisst, wer ihr seid!

Mein Dank geht auch an »Max« – ohne unsere zehn turbulenten gemeinsamen Jahre wäre dieses Buch undenkbar. Unsere Geschichte hat so viele Menschen ermächtigt und inspiriert, deshalb bin ich dir unendlich dankbar.

Und zuletzt geht mein ganz besonderer Dank an das Universum für das magische und wunderschöne Abenteuer namens Leben, das in jedem von uns fließt.

Hilfsmittel

RÜCKENWIND VOM UNIVERSUM — ONLINE

Der Schlüssel zum Erfolg liegt darin, die richtige Unterstützung auf Ihrer Reise zur Manifestation zu finden. Im Folgenden eine Liste der verschiedenen Hilfsmittel, die die Magie der unbegrenzten Möglichkeiten entfachen und Sie in der Fortsetzung Ihres Abenteuers der »universellen Augenblicke« unterstützen sollen.

DAS GESCHENK

Laden Sie sich kostenlos das *Rückenwind vom Universum*-Arbeitsblatt herunter, das Ihnen bei der Entscheidung über Ihre Intentionen hilft. Es wird Ihnen verdeutlichen, wie Sie sich in Ihrem Leben wirklich fühlen und was Sie manifestieren wollen. Sie finden das englische Arbeitsblatt auf SarahProut.com/gift.

DER BUCHKLUB

Hier handelt es sich um mehr als den üblichen Buchklub. Hier geht es um Ihre Reise durch die zweihundert Meditationen in *Rückenwind vom Universum* und das Teilen Ihrer Erfahrungen mit anderen. Wir werden Gespräche darüber führen, wie man Ängste überwindet, Liebe annimmt und sich an die eigene Macht erinnert. Mehr dazu finden Sie auf SarahProut.com/bookclub.

DIE VISUALISIERUNG

Rückenwind vom Universum geleitet Sie durch Ihre Emotionen. Dies in Verbindung mit der Visualisierung wird Sie in Verbindung bringen mit einer zukünftigen Version Ihrer selbst. Entzünden Sie dieses geheiligte Gespräch mit dem Universum, um eine Vorstellung davon zu bekommen, wer Sie sind und wer Sie in naher Zukunft sein werden. Der Zugang findet sich über SarahProut.com/visualization.

VERBINDUNG AUFNEHMEN MIT SARAH PROUT

Ich liebe es, mit meinen Lesern und Fans in Verbindung zu stehen. Nachfolgend Ihre Möglichkeiten, um Kontakt mit mir aufzunehmen:

Facebook: Sie erreichen mich über @LoveSarahProut. Instagram ist mir unter den sozialen Medien am liebsten: @SarahProut. Achten Sie darauf, dass Sie #DearUniverse nutzen, um von den Meditationen zu berichten, die bei Ihnen einen besonderen Nachhall gefunden haben.

SarahProut.com: Auf meiner Internetseite finden Sie Hunderte von Beiträgen, die Ihre Abenteuer der Manifestation inspirieren können.

E-Mail: Erzählen Sie mir von Ihren »universellen Augenblicken« über hello@sarahprout.com.

Podcast: Er heißt »Journey to Manifesting« und wurde mit der Intention eingestellt, Sie dazu zu inspirieren, das Leben Ihrer wildesten Vorstellungen zu verwirklichen. Es werden wöchentlich neue Episoden hinzugefügt.

(Leider gibt es alle diese Angebote bisher nur in englischer Sprache.)

ÜBER DIE AUTORIN

Sarah Prout ist Mitbegründerin der Manifesting Academy, preisgekrönte Unternehmerin und Motivationsrednerin. Im Mittelpunkt ihrer Arbeit stehen das »Gesetz der Anziehung«, unsere einzigartige Verbindung zum Universum und die Schöpferkraft positiver Gedanken. Sarah Prouts authentische und bodenständige Herangehensweise an spirituelle Themen ist die Basis ihres Erfolgs. Über Social-Media-Netzwerke und Vorträge inspiriert sie Menschen auf der ganzen Welt dazu, mehr Magie in ihr Leben zu bringen. Sarah Prout ist in Neuseeland geboren, in Australien aufgewachsen und lebt heute mit ihrem Mann und ihren vier Kindern in Las Vegas / USA.

www.sarahprout.com